教师素养系列

著名语文教育家 于漪 总主编

教师心理问题的调适

李玉荣／副主编

周茹／主编

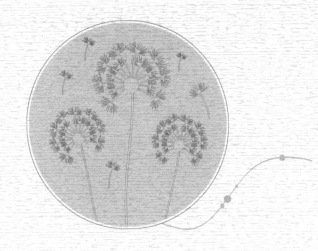

习于智长，优与心成

今天做教师最需要具备的基本素养

JIAOSHI XINLI WENTI DE TIAOSHI

东北师范大学出版社

NORTHEAST NORMAL UNIVERSITY PRESS

·长 春·

图书在版编目（CIP）数据

教师心理问题的调适/周茹主编. —长春：东北
师范大学出版社，2020.7
ISBN 978 - 7 - 5681 - 6989 - 9

Ⅰ. ①教… Ⅱ. ①周… Ⅲ. ①中小学—教师心理学—
研究　Ⅳ.①G443

中国版本图书馆 CIP 数据核字（2020）第 127023 号

□责任编辑：任桂菊　□封面设计：方　圆
□责任校对：曲　喆　□责任印制：许　冰

东北师范大学出版社出版发行
长春净月经济开发区金宝街 118 号（邮政编码：130117）
电话：0431—84568105
网址：http：//www.nenup.com
东北师范大学音像出版社制版
辽宁新华印务有限公司印装
沈阳市张士经济技术开发区
中央大街六号路 14 甲－3 号（邮政编码：110021）
2020 年 7 月第 1 版　2020 年 7 月第 2 次印刷
幅面尺寸：169 mm×239 mm　印张：16.5　字数：236 千

定价：93.00 元

序

教师从事的是塑造灵魂、塑造生命、塑造人的工作，其艰巨性与复杂性，难以用语言表述完备。

青少年是一个个鲜活的生命，他们的生命基因、家庭情况、情智水平、兴趣爱好、行为习惯等等，各不相同，各具个性，教师要进入他们的世界，了解、熟悉、摸清他们的内在需求，绝非一日之功。而且，他们天天在发展，天天在变化，有的平稳向前，有的起起伏伏，有的突然拐弯转向。教师不把心贴在他们身上，就不能洞悉他们的变化，当然也就谈不上因事而教，助推成长。当今，社会上的价值多元、文化多样，信息工具普及，学生生活在这样的时代大潮中，思想、行为、性格、爱好、追求等，无不打上时代的印记。教书育人工作中的新情况、新问题层出不穷，如何应对，如何破解难题，是每位教师都要面对的。因此，每位教师都须攻坚克难，用勤奋与智慧提升教育质量。为此，教师自己的成长，教师队伍的建设就成为教育的重中之重。

教师是培育学生成长、成人、成才的人，首先自己应该是一个堂堂正正、光明磊落、有社会担当的人，以自己高尚的人格、高雅的情操熏陶感染学生，引导他们形成完善的人格和健康的审美情趣，以扎实的科学文化学养激发他们旺盛的求知欲，引领他们打下科学文化基础，并有向科学宝库、文化宝库积极探索的强烈兴趣。故而，古今中外对教师几乎都有共同的要求，那就是：德才兼备。教师要做"谦谦君子""人之榜样"，要"腹有诗书气自华"，有厚实的学术文化功底。然而，在当今时代，还得有新的要求。《国家中长期教育改革和发展规划纲要（2010—2020年）》中关于教师队伍建设的要求是：建设一支师德高尚、业务精湛、结构合理、充满活力的高素质专业化的队伍。显然，"结构合理"是教育行政部门须考虑的，而"充满活力"却是教师须探索并加以落实的。这是时代的要求，在从事教育教学工作中须强化创新意识，发挥创新精神，锤炼实践能力，精神饱满，气宇轩昂，满怀自信去创建优质教育。

直面教育现场，教师加强研修、自觉成长自然就成为应有之义。人的成长是一辈子的事，学历水平不等于岗位水平，因为教育不是一个结果，而是生命展开的过程，永远面向未来。在当前社会急速变化的情势下，要想挑起立德育人的刚性责任，创造教育教学的精彩，教师就须自觉地与学生一起成长。

成长有众多因素，与同行交流是其中有效途径之一。现场倾听交流是一种方法，阅读同行的文字表达也是一种方法。东北师范大学出版社组织撰写的《教师素养系列丛书》就是针对教师素养的几个方面从理论与实践结合的高度进行探讨、交流的，以期心灵感应，取得更多共识。

祝愿教师同行通过阅读交流，有所启迪与借鉴，走向优秀、走向卓越的步伐更扎实，更敏捷。

于　漪

前　言

"学高为师，身正为范。"由于教师职业的特殊性，如示范性的工作性质、多样化的教育对象、复杂的教育任务、广泛的教育内容，并且教师的工作要接受来自学生、家长、学校、教育局和社会的直接或间接的监督，所以教师在教育教学中容易出现各种各样的心理问题和问题行为。教师的问题行为与心理问题交互影响，问题行为会诱发心理问题，同时心理问题会通过问题行为表现出来。因此，教师需要关注自身的心理问题，维护自身的心理健康，预防和减少问题行为的出现。教师的心理健康是教师素质的核心要素，是高水平教育教学效果的保障，是教师自身生活和职业幸福感的基石，并直接影响着学生的健康成长和发展。

教师出现心理问题的原因是多方面的，既与当前社会变化带来的冲击有关，也与学校组织环境中过重的工作压力、家庭教育与学校教育对接不畅直接相关，另外与教师自身工作与家庭角色的冲突及自身素质也有关系。

全书分为五章，第一章通过直面、把脉、识别教师的心理问题，从教师自我调适的角度梳理归纳出亟待调适的四大类心理问题，即情绪问题、认知问题、人格问题、压力问题，这四类问题分列于本书后四章，每章细分为六节专题式内容，对如何调适教师的心理问题进行了探讨。

全书一节一聚焦，围绕各个专题分别从案例直击、案例诊断、理论导航、行动研修四个方面展开。在"案例直击"中通过呈现教师的动态化案例，直击现象，引起教师的共鸣和代入感；"案例诊断"紧扣案例中教师的表现与症结，指出问题所在；"理论导航"从心理学专业视角出发，为教师广泛地认识、深入地分析和理解问题提供理论依据；"行动研修"则从心理学微观视角出发，为教师应对和解决问题提供了细化的、具有可操作性的研修策略和行动指导。全书针对教师在教育教学和生活实际中最常见且影响巨大的心理问题的调适进行了较为深入的探索，以期实现对教师心理健康的维护，提升教师的职业幸福感。

本书撰写工作的分工如下：第一章前四节由张昊智编写，第五节由董家鹏编写；第二章第一、二、四节由王晓雯编写，第五、六节由孙晶编写；第三章由王剑编写；第二章第三节及第四章第一、二、五节由李雪萍编写；第四章第三、四、六节由韩冰编写；第五章由曲葳编写。全书由周茹统稿和定稿。所有编写人员均为心理学专业硕士毕业，且从事一线教学与研究多年。

由于时间仓促，编者各类工作并行，且自身水平有限，本书有不尽如人意之处，恳请广大读者批评指正。

周　茹

2020 年 7 月于大连

目　　录

第一章

教师心理问题概述

第一节　心病还需心药医，关注教师心理健康

案例与分析

案例直击

　　早上五点半，刘老师就起床了，爱人和孩子还在熟睡。今年她带了一个毕业班，七点上早自习，她得过去监督。刘老师在脑子里迅速过了一遍自己今天的工作安排：一上午连上三节课，中午在学校吃完饭后要进班级给学困生补差，批改上午的作业。班里有个原来成绩还不错的孩子现在有点不愿意学习，她还想利用中午的时间找他谈谈心，看到底是怎么回事，她不想让任何一名学生在这个节骨眼儿上出现问题。校长也跟她谈过几次，让她一定抓好这个班级，这个班考得好与坏直接关系到学校的荣誉，也关系到她个人的荣誉。最近，她觉得自己的脾气渐长，很难耐心对待学生，刚才碰到同事跟自己打招呼也只是简单应付了一下，真是不愿意多说话。快下班了，刘老师想着回到家给家人做点热乎乎的饭菜，突然来了一位单亲家庭的家长，要跟她交流一下孩子的情况。交流完都快七点半了，她拖着疲惫的身子回到家，饭根本来不及做，甚至懒得跟孩子和爱人说点儿什么。

案例诊断

　　案例中的刘老师因为带了毕业班，她早出晚归，在学校要上好几节课，又要批改作业，补差，还要跟学生谈心，完全超负荷工作。她已经出现难以控制情绪、脾气渐长、对学生缺乏耐心等心理问题，人际关系也出现了问题，表现为在学校和同事懒得打招呼，回到家后和家人懒得交流。学校又压了重担，要成绩，其关系到学校荣誉和个人荣誉。这种长时间的重压和超负荷的工作容易使教师疲惫不堪，身心疾病增加，以致出现心理问题。

理论与应用

◎ 理论导航

一、认识心理健康与教师心理健康

（一）心理健康的含义

心理健康是现代人的健康不可忽视的重要方面。心理健康指一种持续且积极发展的心理状态，在这种状态下，个体能够适应发展着的环境，具有完善的个性特征，且其认知、情绪反应、意志行为处于积极状态，并能保持正常的调控能力。在生活实践中，心理健康的人表现为能够正确认识自我，自觉控制自己，正确对待外界影响，心理保持平衡协调的状态。

（二）教师心理健康的含义

参照前面对心理健康的理解，笔者认为，教师心理健康指教师的内心世界与客观环境的一种平衡关系，是教师自我与他人之间的一种良好关系的维持。身心的健康发展是教师接受教育、发挥教育效能的基础。如果身心出现问题，教师的一切活动都会变成空中楼阁，发展将成为空谈。很难想象，一个在心理上存在问题甚至障碍的教师能够正常发挥自己的作用。一般的心理问题在个体身上主要表现为失落、孤独、空虚、抑郁、无助、绝望、矛盾、焦虑不安、心绪不宁等情绪反应，以及失眠、记忆力下降、注意力难以集中、自控力减弱、缺乏持久性、自我否定、自我封闭等行为特征，难以保持良好的精神状态。这使得个体连正常的工作、生活都难以进行，更不用谈思考关于人生理想、人生追求的问题了。环顾我们的周围，那些被感情问题、人际关系问题困扰而忧心忡忡的教师，那些因控制不住自己的情绪一时冲动而违法违纪的教师，其症结都表明了心理是人的一切活动的根本，表明了心理健康教育在整个教育中的地位和作用。重视教师的心理健康教育，是教师个人成长和职业发展的基础和前提，是教育目标实现的重要保证。

二、教师心理健康维护面临的现实困境

相对于学科专业知识和教学技能而言，教师自身的心理健康有着更为重要的教育影响力。而对教师心理成长的忽视，会直接影响到教师心理健康的发展，并由此引发教师心理健康维护面临现实困境。

（一）超负荷的工作

教师每天要完成繁重的教学任务，还要备课，改作业，上公开课。如果是班主任，那么还要处理班上的偶发事件，与家长沟通，以及应对各种各样的考试。这些超负荷的工作使教师本来就存在的适应不良更加严重。教师的工作责任重，竞争强，加之维护心理健康的措施和方法不完善，导致教师心理问题日益复杂化。

（二）对教师的过高期望

传统观念中，人们习惯于将教师看作竭尽全力的奉献者，"春蚕到死丝方尽，蜡炬成灰泪始干"，只讲奉献不能索取，否则就有损教师的形象。这些对教师过高的期望给教师带来了生存的困境。

有这样一则招聘启事："寻找有大学学历，愿意每天工作很长时间，却不要求相应报酬的人。他能够在恶劣的环境下工作，他的管理者不欣赏他，他的客户不欣赏他，其中的许多人甚至不愿与他接触。他不介意所需资源匮乏，不介意服务设施短缺。他同意承担未被告知的不确定责任。他要对不欣赏他、不愿与他接触的客户的行为负责，并使他们满意。此人愿意接受微薄的薪水，没有在一生中将收入翻一番的愿望。有应聘意向者请将简历交到××学校招聘办公室。"这则启事虽略显夸张，但也反映出有些教师目前的生存状态。教师承担着社会的高期待，肩负着传授知识、育人成才的责任，而职业成就却依旧捆绑在学生的分数上，不只职业成就感源头单一，甚至担心排名垫底，从而不堪重负。

（三）难以逃避的职业倦怠

今天，教师的职业倦怠已经成为一种普遍现象，也是教师心理发展状况的现实写照。倦怠是一种特定的心理状态，表现为情绪衰竭、人格解体和低成就感。其中，情绪衰竭是倦怠的核心成分，指教师个人工作热情耗尽，表

现为厌倦、易怒和热情衰竭，是一种情绪极度疲劳的状态。这种状态会直接削弱教师对教学工作的投入质量，减少对学生的赞扬以及师生互动。人格解体是指教师对学生表现出冷漠、消极的行为，对学生持否定态度，尽可能疏远学生等。低成就感是指教师对自己的工作不满意，表现为发现自己的努力未能给学生带来任何变化，自己的付出未得到应有的回报和承认，因而降低了工作中的效能感，强化了对自己消极评价的倾向。

三、教师心理健康对学生发展产生的影响

教师心理健康是教师完成工作职责的前提。教师职业的特殊性决定了教师必须具备比常人更好的心理素质。教师的心理健康直接影响学生的心理健康、学生的社会性和人格品质的发展。从某种程度上说，教师的人格、心理健康水准比他的专业知识水平更重要。教师的心理健康通过潜移默化的作用对学生产生影响，许多情况下教师的心理健康水平会直接决定学生的心理健康水平。教师心理健康对学生的影响是全方位且深刻而长远的，这种影响主要有以下几个方面。

（一）影响学生的学习态度和生活态度

在学校里，教师是影响学生身心健康发展的最重要的环境因素。学生在学校的表现、在学习上和生活上的追求，都极大地受到教师言行的影响。亲其师，信其道。如果教师在教学活动中能够保持积极、乐观、向上的心态，能根据学生的心理特点教学，学生就会积极主动地与教师互动，努力克服学习过程中遇到的困难并有所创新，也会保持积极的心态。如果教师的言行和心态有不良倾向，带给学生更多的便是消极影响，那么学生容易以消极的态度对待学习和生活。

（二）影响学生的人生观、价值观的形成

学生的人生观、价值观会被教师在人际关系、工作态度、教学风格等方面的榜样作用无形中影响，这是因为价值观蕴含在教学活动中，教师通过表情、态度、言行等对学生产生潜移默化的影响，进而影响学生人生观、价值观的形成。

（三）影响学生的心理健康

心理健康的教师总是持有乐观、积极的心态，能克制生活中不愉快的情绪，以愉悦而安详、沉稳而冷静的态度对待学生，以热情、豁达的人格魅力影响学生，对学生一视同仁，对不良事件冷静处理，使学生胸襟宽广、热爱生活、遇事不惊，无形中培养学生的诚挚、谦逊、大度等优良品质。反之，教师心态不健康常是造成学生心理障碍的重要原因。有的教师由于工作上遇到挫折或与同事关系紧张等问题，导致情绪消沉，心情烦躁，当出现这种消极情绪时，他不是理智控制或合理化解，而是将心里的怨气发泄在学生身上。

（四）影响学生的人际关系

师生关系融洽对学生之间建立良好的人际关系起着至关重要的作用。但在具体的工作中，很多教师没能建立这种关系，导致学生斤斤计较，胸无大志，遇难则止，争名夺利。

由此可见，教师的心理健康对学生良好人际关系的形成的影响之大，因此，采取各种有效措施维护和提高教师的心理健康水平具有十分重要的现实意义。

❀ 行动研修

一、教师心理健康的一般标准

人的生理健康是有标准的，心理健康也是有标准的，不过心理健康标准不及生理健康标准具体和客观。当教师掌握了衡量心理健康的标准后，以此对照自己，进行心理健康的自我诊断，可以发现自己的心理状况在某个或某几个方面与心理健康标准存在的距离，就能有针对性地加强心理锻炼，以期达到心理健康水平。如果教师发现自己的心理状态严重地偏离心理健康标准，就要及时地求医，以便早期诊断与早期治疗。

衡量教师心理健康的标准主要有以下几点：

（1）积极的自我观念。了解自己，悦纳自己的优点，也接受自己的缺点。

（2）良好的教育认知水平。能面对现实并有效地适应环境与教育工作要求。

（3）愉快地接受自己的职业角色。能从教师工作中获得自我安慰与自我实现，从工作中获得成就感并提高自我价值感。

（4）具有稳定而积极的教育心境。能在现实环境中撷取过去的经验，并策划未来。

（5）能控制各种感受与情绪。真实地感受，并恰如其分地控制，不至于太过或不及。

（6）和谐的人际关系。一位心理发展健康的教师，必须能融洽地协调教师与学生、教师与教师、教师与学校、教师与家长等的相互关系，具有集体生活的能力；与人相处时，尊重、信任、爱与关心等正面态度要多于仇恨、敌对、嫉妒、漠视、厌恶等负面态度。

二、走出心理问题的误区

有时候教师之所以没有去解决自己的心理问题，并非不具备自我调适的能力，也不是这些心理问题没有影响到心理健康，而是因为他对心理健康和心理问题在认识上存在一定的误区。

（一）误区一：有心理问题就是有精神病

许多教师对心理问题十分敏感却装作不屑一顾，认为有心理问题的人是十分可笑、可怕且可耻的，他们认为存在心理问题就是有精神病。这是一种极其错误的理解。教师是普通人，会有正常的心理困惑，如果调节不当就会形成心理问题或心理障碍，长久得不到解决就会发展为心理疾病。当今社会中，很多人有这样或那样的心理问题，但不会都发展成精神病。

（二）误区二：心理问题可以一次性解决

心理问题往往是无法通过一次自我心理调适或是一次心理咨询就能解决的。这是因为心理问题不是一朝一夕形成的，因此也不能期望通过一次心理调适就可以解决。比如，错误认知观念的转变、不健康行为方式的消除、童年不幸经历的创伤都不可能一夜之间得到解决。因此，对解决心理问题具有一定程度的耐心是必要的。

解决心理问题需要的时间一般来说取决于两个因素。第一个因素是我们自身解决心理问题的意愿：如果我们没有解决问题的意愿，就会对心理调适产生抵触，从而拖延心理问题解决的时间。第二个因素是心理问题的严重程度和泛化程度：心理问题形成的时间越长，所需要的心理调适时间就越长；心理问题对工作、学习、生活、家庭等方面的影响越大，解决起来就需要越长的时间。

（三）误区三：心理问题不用着急解决

心理问题造成的影响往往不如生理疾病那样直接和现实，因此很多人不认为解决心理问题是一件迫在眉睫的事情。生理疾病由于有较明显的症状而使得患者无法或不愿意忍受，从而产生强烈的求治动机。因为心理问题没有明显而急迫的躯体症状表现，人们往往会拖延调适。其实，心理问题对于我们的生活、工作和家庭的影响可能大大超过了生理疾病的影响，心理问题会严重地降低我们的生活质量。比如，一个人有了心理问题，可能导致亲子关系冲突，同事关系不良，工作效率低下，凡是跟他有关的人可能都会受到他的心理问题的影响。因此，心理问题与生理疾病一样需要受到我们的重视。

三、教师职业倦怠的自我调适

（一）建立合理的专业期望

作为教师，应了解自己事业的可能与限制性，而不能只是一味强调专业的自主性与为社会培养人才的重大责任，应承认自己也是一个平凡的人。教师只有明确了自己的优缺点所在，才能消除那些事业上的迷思，做一个真实的人，而不是古书上的圣贤。

（二）寻求社会支持

有关研究表明，当威胁健康的因素出现时，缺乏社会支持的人比那些经常和朋友交往、具有较多社会支持的人更可能生病或死亡。当教师受到压力威胁时，不妨与家人或知心朋友一起讨论目前压力的情境，在他们的帮助下确立更现实的目标，以便对压力的情境进行重新审视，一些消极情感如愤怒、恐惧、挫折等便可以得到某种程度的发泄，这对舒缓压力和紧张的情绪是非常有效的。如果情况比较严重，那么教师可以通过心理咨询和治疗来争取必要的心理援助。

由于职业的特殊性，教师在教育工作中容易出现各种各样的心理问题，而这些心理问题会通过教学活动直接或间接地影响学生。在当今快速发展的社会中，学生的心理健康教育问题受到普遍关注并已经向纵深发展，而教师有一个健康、积极向上的心理无疑是对学生最有说服力的教育，所以，我们应该提高对教师心理健康问题的关注程度。

第二节　知晓问题行为表现，直面教师心理问题

案例与分析

案例直击

预备铃响过之后，李老师拿着书本走进教室，看见黑板上还留着上节课的内容，他眉头一皱，大声问道："今天谁值日？为什么不擦黑板？"讲台下鸦雀无声。李老师见没人答应，火气就上来了，提高嗓门又问了一遍。这时，坐在后排的张同学跑上来，匆匆擦了起来。这是一名学习成绩靠后的学生。他认真而有力地擦着黑板的每一个角落，弄得教室内粉尘飞扬。李老师说："同学们，都瞧见了吧，这就是由一个人的不负责造成的。"不知是谁小声嘟囔了一声："今天不是他值日。"这时，一名学习成绩优异的学生慢腾腾地站了起来，用几乎听不到的声音说："今天……是……是我……值日。"李老师干咳了一声，说："你先坐下，下回注意。"张同学擦完黑板，低着头走回了座位。学生在下面窃窃私语："×××不值日，老师就不责罚他。上次我忘了擦黑板，就被罚了。""谁叫你成绩不好？""老师就是偏心。"

案例诊断

案例中，李老师刚开始以为是成绩不好的张同学忘了值日，当着全班同学的面批评他，知道真相后又因为真正没有值日的同学成绩优异，并没有对其进行批评。从其他同学小声谈论的话中不难看出，李老师平日就有对成绩优异学生的偏爱行为。有些教师认为只有学习好的学生才是人才，对他们总是特殊"照顾"，平时的态度和评价也较为积极，而对学习有困难的学生则打心眼儿里看不上，对他们的评价容易是消极的。李老师的这种因为成绩的差异而出现的对待学生的不同方式与教师职业道德中要求教师平等待人、一视

同仁相背离，这类消极的偏爱行为属于教师问题行为中的一种。

　　教师是生活于社会中的人，同时是生活于校园中的人。教师面对压力、焦虑、挫折、冲突产生的心理困扰都会不可避免地引起情绪和行为反应，甚至出现情绪失常、行为失控的教育行为，而教育行为出现偏差，又会造成更严重的心理困扰，如此形成恶性循环。

理论与应用

◎ 理论导航

　　教师问题行为，有的研究者又称其为"教师问题心理"，是指教师在教育教学过程中，对其教育对象所做出的各种有违教育要求和教育规律、可能影响学生身心发展的不适当的或不良的行为。教师的问题行为表现有以下几种情况。

一、企图控制学生

　　有些教师喜欢控制或命令学生，学生却希望教师不要控制他们，而是给予必要的指导，民主平等地对待他们。有心理学者发现，教师的控制行为会降低学生的知识提取能力。通过测试学生的心率和皮肤电反应还发现，教师的控制行为会使学生非常焦虑。而且，处于青少年时期的学生逆反心理特别突出，教师越想控制他，他越反感。学生一旦对教师有了这种抵触情绪，教师要求这样做，学生就偏要那样做，发展下去还可能对学习感到厌烦，不愿上学，觉得学校和教师限制了自己个性的发展。

二、不听学生的见解

　　教师不听学生的见解表现在课堂教学中就是只顾自己讲，学生有问题予以压制。这样无法激发学生的自我探索精神和对他人与外部事物的探索精神，而这种探索精神正是学生的认知发展和人格发展所必需的。从心理健康角度来说，教师不给学生自我表达、自我表现的机会，学生可能会错误地认为教师不重视自己，不喜欢自己，并因此而自卑。如果这种情况多次出现，学生可能会错误地评价自己，否定自己，形成错误的或片面的自我概念。

不听学生的见解还表现在学生犯了错误以后，教师不先了解情况，而是把学生叫来就训。学生若试图解释，教师就批评学生想狡赖。教师的这种行为会使学生认为教师不可理喻，专断独裁，因而对教师失去信任，以后不再与教师交流。

三、寻求唯一正确的答案

在课堂上，教师了解学生是否掌握了教学内容的主要方法就是提问，看学生是否能正确回答教师提出的问题。但很多教师身上会存在一个问题，即自己在提问之前心里已经有了一个答案，并且希望学生的答案与自己所想的答案一样，甚至一字不差。

这样的教学方式对学生有什么危害呢？首先，学生可能并没有真正地掌握教师希望他们掌握的知识。有些时候，教师特别希望学生的答案就是自己心里的答案，甚至不惜用各种方法暗示学生，导致学生的注意力集中在猜教师心里的答案上，而不是根据自己的理解积极地思考。学生对没有经过自己思考而获得的知识很可能掌握得不牢固，不能内化到自己的知识结构中。其次，这种教学方式限制了学生的思维。学生不是自己在想答案，而是在猜教师心里的答案，久而久之，学生很可能养成懒于思考的坏习惯，认为反正自己想出来的答案十有八九都对不上号。这种学习习惯还可能迁移到其他方面，使学生形成固执、僵化的思维方式，做事爱钻牛角尖，不能灵活变通，不能创造性地解决问题。问题解决的失败体验又会引起学生挫折感、焦虑等心理问题，有碍学生身心的健康发展。

四、偏爱行为

有的教师常常会偏爱那些品学兼优的学生。偏爱行为是日常教学中常见的一种问题行为，可以从简单直观的座位安排、课堂提问等教学活动到复杂隐秘的教师态度中体现出来。比如，教师给学生安排座位时，把"好学生"安排在前面或中间等"黄金地段"，而把"差生"安排在最后面等。这种偏爱会带来许多问题。教师的偏心会导致他们对不同的学生形成不同的期待，并表现在行为上。

美国心理学家罗森塔尔进行过一个著名的实验：他们到一所学校随意抽

取一组一年级的学生，却告诉这些学生的教师说，班上的这组学生属于大器晚成者，当后来再次对这组学生进行智力测验时，他们的成绩明显优于第一次。这就是教育界著名的"皮格马利翁效应"。教育实践充分表明：如果教师偏爱某些学生，对他们抱有较高的期望，给他们设定较高的标准与学习目标，并经常对他们进行鼓励，给予关注与更多的个别辅导，这些学生将会以较积极的态度对待学习，将会更加自信、自强，将会更加努力、勤奋，一般都会取得教师所期望的显著的提高与进步。

根据国外学者的归纳，教师对自己抱有不同期望的学生所表现出的行为有很大差异。教师的偏心对学困生的发展尤其不利。教师对学困生的负性态度和行为会使学生觉得自己不如别人，容易自暴自弃，他们也会因此讨厌教师，影响师生关系。

五、对学生家长不满

教师与家长的交流是家校关系中的重要组成部分。教师与家长联系密切，保持和谐关系，是做好教育工作的重要条件。但是，教师和家长在教育学生这一问题上有时会产生矛盾。当矛盾产生时，教师要特别注意不能在学生面前，特别是在全体学生面前表现出对此家长的不满，更不能迁怒于学生。否则，一方面学生会敌视教师，认为教师瞧不起自己，瞧不起自己的父母，而且会觉得同学们都瞧不起自己和自己的父母，就会回避与同学和教师的交往，严重者会形成自闭心理，拒绝跟任何人交流，我行我素，难以接近；另一方面，学生可能会怨恨家长，觉得是家长让自己在众人面前丢脸，由于学生正处于价值观形成的时期，容易自怜，"为什么我生在这样的家庭"，这种想法进一步发展会使学生变得玩世不恭，甚至对社会产生不满。

❀ 行动研修

教师表现出的问题行为，与其社会责任、职业角色的要求都是不相符合的，对师生双方都有不利的影响。首先，教师表现出的问题行为会直接伤害学生的心灵，因而很容易使学生产生对教师的抵触或厌恶情绪，导致师生关系的紧张与恶化，教育效果大大下降。其次，当教师发现学生不听话、不服从自己时，就有可能采用更多、更严厉的措施来"制服"学生，于是形成师生关系的恶性循环，使教师威信下降，教师因而产生更多的情绪问题，损害自身的身心健康。

已有研究表明教师的问题行为会导致教育教学失败，造成师生人际关系紧张，学生发展受阻，这些又与其他因素相互作用，从而诱发教师的心理问题，而教师的心理问题无疑会加剧教师在教育教学或师生交往中的问题行为。为了预防和减少教师的问题行为，我们可以尝试采用下面的做法。

一、教师要做一名合格的倾听者

教师要想做一名合格的倾听者，就不能把学生当成被动接收知识的容器，而应把学生当作完整的有主体意识的人，立足于他们的体验和认知；不能简单地把学生视为整齐划一的群体，而要关注学生之间的个体差异。

学生发言时，教师可以从三个层面展开倾听。首先，"倾听"学生的知识掌握情况，把握其学习的亮点与困惑，有针对性地处理学生遇到的问题；"倾听"学生是否能把所学内容和自身体验结合起来，鼓励学生将这二者相结合，建构具有个人意义的知识体系。其次，"倾听"学生在知识学习背后的思维发展。教师通过倾听可以了解学生在受教育的过程中思维所发生的变化，以此来判断学生是否达到了该阶段应有的思维发展水平。再次，"倾听"学生的学习风格和学习兴趣。教师应了解并尊重每名学生的学习风格和学习兴趣，以便更高效地给学生提供指导，捕捉、激发学生的学习兴趣，促使其学会自主学习。

教育不仅是简单的认知，还涉及师生的情感。教师不仅要帮助学生掌握知识，还要帮助学生健康成长。教师不仅要关注学生的表达，更要关注学生的动作、神情。首先，教师要倾听学生的内心需要和情绪感受。学生的成长经历、背景有所不同，内心体验也不尽相同，教师在教育过程中要倾听出学生当下最急切的内心渴求，并给予积极回应。其次，教师要倾听学生的自我概念。积极合理的自我概念是学生成长的关键内容，教师要倾听出学生的自我认知是否正确，倾听出学生是否能自我接纳。只有师生在情感上达到交融、共生，才能称其为真正的教育，才能实现有效倾听。

那么怎样做到有效倾听呢？下面我们来看看有效倾听的具体方法：

（1）开放的身体姿态。当学生说话时，教师不要双手交叉抱胸，不要手背后，应将身体微微倾向学生，这会让学生感到放松和亲近，促使学生进一步开放自己。

（2）适当的目光接触。教师要用温暖亲切的眼神和学生适当进行目光接触，目光注视的范围可以是学生的眼睛、鼻子、两侧面颊。注意不要长时间盯着学生，这会给学生造成压力，使学生感到紧张不安。教师可以间断性地把目光从对方身上自然离开一会儿，再很快回来。如果发现对方有意避开目光接触，教师则要把目光转移到其他地方，用其他身体语言表达对学生的关注。

（3）专注性的点头。点头是对学生的观点表示肯定和认同，或者是表达"我听懂了，请继续"的意思，鼓励学生持续说下去。

（4）恰当的面部表情。教师要始终紧跟学生说话时的情感变化，以恰当的表情传递关注与同感。一般来说，教师的面部表情应始终是微笑、友善而放松的。当学生说的话题比较沉重，心情比较低落时，教师要调整面部表情，传达安抚或同情之意。

二、教师要避免晕轮效应

经常会有这种情况，如某名学生的语文成绩特别好，教师就会主观推断这名学生聪明好学，各科都学得很好，并且讲文明懂礼貌，所谓"一好百好""一俊遮百丑"。反之，如果某名学生学习成绩较差，教师就会认为这名学生"一坏百坏""一无是处"。这就是晕轮效应，是指主体对别人知觉上的一种偏差倾向。如果认知对象某个突出特征被标明"好"，就会被"好"的光环笼罩，而且他身上的一切品质都会被认为是好的；反之，如果认知对象某个突出特征被标明"坏"，就会被"坏"的印象包围，而且他身上的一切品质都会被认为是不好的。

师生关系中，教师会对学生的某种表现产生强烈的好或坏的印象，掩盖其他表现，从而造成对学生认识上的晕轮效应。晕轮效应的产生往往是由于教师对学生缺乏了解，难以正确地认识学生，公平地评价学生。作为教师，为了避免产生这种效应，应实事求是地了解每一名学生的长处和不足。比如，教师平时可以找学生谈谈心，可以问问其他同学对某名同学的看法，也可以多组织一些班级活动，从多个角度去了解学生。

三、教师需要换位思考

师生平等，并不是指要时时处处把学生看作像教师一样的成人。学生作为处于高速成长期的未成年人，和成年人是不一样的，教师需要设身处地从学生的角度考虑他们的感受和行为。

教师总在面对"幼稚"的学生，长此以往可能习惯性地对孩子们"居高临下"，可能会自以为是地打着一切为孩子好的旗帜要求他们做这做那，却忘记俯下身子听一听孩子们的心声。比如，下课铃响了，教师为了完成自己的教学任务而拖堂，自己觉得是为学生好，却忽视了他们的感受；学生的作业没有保质保量地完成，教师会大声斥责却不耐心听他们解释，因为他们口中的任何理由都是教师心中认定的借口……教师不妨从学生的角度来思考拖堂的问题：孩子们上了一节课，课堂上他们被要求注意力集中，当听到下课铃声时，他们的注意力会不自觉地分散。换位思考一下，当学生听到下课铃声时，他是多么希望教师马上下课，然后可以休息一下，跑出去玩耍，不用像上课时那么拘束。可是如果教师拖堂，他们休息的时间自然变少了，而且室外其他孩子玩耍时发出的各种声音又是对孩子极大的诱惑，这样他们的心思就完全不在教师那几分钟的讲解上。

教师在教育教学过程中要善于换位思考，要和学生多接触，多交流，多沟通，多了解他们的内心世界，了解他们在想什么。

教师要给学生提供多样的发展机会。美国心理学家加德纳的"多元智能理论"认为，每个个体都具有自己独特的智能结构形式，即都具有自己的智能强项和弱项。这种差异并不表现为好坏、高低、贵贱之间的差异，而是多样化的表现。每一名学生都有其独特的价值，教师在教育教学中应该承认差异，适应差异，追求多样性，尽可能提供适合学生发展的机会，保证学生有机会获得适合其特点的教育。

学生的成长好比一面多棱镜，可以折射出家庭的养育、学校的教育以及全社会的方方面面。当家庭、学校和社会三方达成共识，形成教育合力时，孩子自然会展现璀璨的光芒。这里重要的一环就是处理好教师与家长的关系。其实，家长对孩子的期望值比教师还要高，但对某些单亲家庭、留守家庭、文化程度不高的家庭，教师往往容易生出抱怨心理，认为家长不管孩子，把学生都推给教师，这就需要教师进行换位思考。社会分工不同，家长各自有不同的工作压力、家庭的琐碎纷争，也会身心疲惫。当教师理解了家长和问题家庭，会使沟通基于宽容角度，也将更加有效。

那么我们到底该如何做到换位思考呢？下面笔者分享一种换位思考的方法——换位思考四部曲。

（1）假如我是他（她），我现在的心情会是……

（2）假如我是他（她），我现在的想法会是……

（3）假如我是他（她），我希望对方做……

（4）表达理解：将上述思考告诉对方，当你看到/听到我……（事件），你感到……（心情），因为你……（想法），所以我会……（行为）。

你是不是觉得有些抽象呢？下面我们通过刚才"教师拖堂，学生躁动"的例子来具体看一下，如何通过换位思考"改写"结果。

（1）假如我是学生，我现在的心情会是：又急，又气，又担心。

（2）假如我是学生，我现在的想法会是：课间休息就那么点儿时间还被拖堂压缩了，还得上厕所，活动身体，休息大脑，调整注意力，时间好像不够用，好羡慕别的班学生都在尽情地进行课间放松。

（3）假如我是学生，我希望对方做：老师能按时下课，没讲完的内容可以下节课或者在自习课上接着讲。

现在，你的心情是不是平静了许多？

（4）表达理解：同学们，我知道你们听着外面其他学生玩闹的声音又羡慕又着急，还有点儿生气，怕我拖堂，再不下课你们就不够时间课间放松一下了。老师以后尽量按时下课，没讲完的内容下节课或者在自习课上接着讲。今天我也尽快下课，可以吗？

虽然教师在行动上没能完全按照学生的要求去做，但换种有爱的方式提出自己的一点小建议，相信也会让学生更容易理解和接受吧。

教师的问题行为与教师的心理健康交互影响。一方面，教师的问题行为会导致教育教学失败，造成师生人际关系紧张，学生的发展受阻，这些与其他因素相互作用，会诱发教师的心理问题。另一方面，教师的心理问题会通过教师的问题行为表现出来。因此，教师需要关注自身的心理问题，维护自身的心理健康，预防和减少问题行为的出现。

第三节　解析心理问题成因，把脉教师心理问题

案例与分析

🍂 案例直击

32岁的小张是一个自己的孩子还在上幼儿园的母亲，还是一位六年级的班主任。她每天早晨非常忙乱，要先送孩子去幼儿园，自己再赶到学校。丈夫经常出差，很少在家。每周一早晨学校的升旗仪式总是让她更加忙乱，而她每天晚上的时间都被做晚饭、洗衣服、批改作业、照顾孩子占满了。

她在学校也是异常地忙碌，每天都有四节以上的课，还担任班主任。班里一共有58名学生，有6名随班就读的学生需要特殊帮助，还有几名阅读能力低于年级平均水平的学生，她必须挤出时间给他们补课；有3名学生有问题行为，班级总是处于不断的混乱之中，必须予以特殊关注；不断的标准化测试，作为教学水平的"指示器"，她不能掉以轻心，她总是担心自己班学生的成绩太低。此外，还有一些家长提出自己的孩子要得到特殊关照，而别的家长认为她对其他学生不公平，学校领导又不能提供直接的帮助。最近，小张觉得自己要崩溃了——工作没有劲头儿，天天想要休息，却总是失眠，第二天精神状态就更不好，有一点小事就火冒三丈，动不动就训斥学生。

🦋 案例诊断

案例中，小张老师的心理问题是由学校工作压力过大、工作与家庭的冲突导致的。她每天正常授课超过四节，又担任一个班的班主任，除了日常班级工作外，还需要照顾随班就读的特殊学生，学校又要成绩，还要给学困生补差，单纯的教学工作量已经满负荷甚至超负荷。同时，家校关系比较复杂，有"关系"的家长希望她对孩子特殊照顾，而没有"关系"的家长希望她一碗水端平。除了正常教学工作外，她还需要平衡家校关系。自己的家庭又不能提供很好的支持，丈夫常年不在家，家里有孩子需要照顾，她每天晚上的时间都被做家务、批改作业、照顾孩子占满了。由于时间和精力的有限、工

作的复杂性、家庭的负担，致使小张老师心理失衡，觉得工作没意思，意志消沉，粗暴对待学生等，甚至出现了失眠的躯体化症状。

理论与应用

◎ 理论导航

造成教师出现心理健康问题的原因是多方面的，既与当前社会变化带来的冲击有关，又与学校组织环境中过重的工作压力、家庭教育与学校教育对接不畅直接相关，并且与教师自身工作与家庭角色的冲突及教师自身素质也有关系。

一、社会对教师角色过高的期待

"好老师"的社会角色期待是"要给学生一滴水，自己就要有一桶水"。一位"好老师"首先是一个知识丰富的人。当前，知识更新速度加快，教育改革步伐加大，现代教育技术手段不断涌现，新教学理念对传统观念发起了挑战，这就要求教师必须付出数倍于以往的精力才能紧跟发展的步伐。作为传道授业解惑者，学高方能为师。"好老师"不仅要做知识的先驱，更要做道德的楷模。在"师者，人之模范"的传统观念影响下，教师们恪守师德，在各种场合严格履行楷模职责。但是伴随着人性的复苏和回归，教师应有两种身份，一是社会的人，二是职业的人。作为社会的人，他们有自己对客观事物价值的追求与志向，可以像常人一样去追求属于个人的利益；作为职业的人，教师的职责是培养和造就一代新人，因而他们必须是学生的楷模。但由于传统观念的影响，教师在角色上被单一认定为"楷模"，自身也在多年的"楷模"意识中忘记了自己还有"社会的人"的角色。在"君子耻于言利"的古训束缚下，教师作为"社会的人"的角色被压抑了，甚至被扭曲了，所以极易出现心理问题。

二、过于繁重的工作任务

学校片面追求升学率和以升学率评价学校是多年来制约教育发展的瓶颈。

虽然近年来国家对此进行了改革，如改革招考方式等，但以升学率评价学校、评价教师、衡量学生的局面没有发生根本性的转变。此外，学校对教师的管理采用教学督导、学生评教、校内排名以及年度评优等项措施，造成教师之间竞争激烈，而使教师产生心理压力。应试教育与素质教育的"拉锯战"让教师尤其是毕业班教师疲于高强度的教育教学工作。

随着新课程的实施，教师的角色要从"唱主角"和"一言堂"转变为学生学习的引导者、帮助者、服务者或者协调者。教师要组织和引导学生运用教材，使学生自己获得学习知识的能力，让学生从被动接受转变为主动参与，直至发展成主动学习，充分体会和享受成功的快乐和体验。教师要研究教学，研究教材，研究学生，成为专家型的教师。

另外，由于当前教育体制、教育法制不健全及多数学校师资紧张的现实因素影响，所以很多教师在做好教书育人工作的同时要扮演好其他角色，完成更多的任务。班主任有时会扮演妈妈的角色，事无巨细地照顾本班同学；学校开展各种大型活动时，教师还要扮演设计者、编剧、导演等各种角色；多数男教师在校园暴力发生时扮演着保卫校园、保卫师生的警察角色；等等。这些工作都在无形中增加了教师的工作压力。教师疲于应对繁重的工作，容易出现心理失衡。

三、家校教育不衔接

学生不喜欢学习、厌学是令多数教师头痛的事情。学生越来越难教成为许多教师普遍的感受。"学生难教"除与教师的教学方法、教学策略及学生的学习动机、学习策略有关之外，一个很重要的因素是家庭教育和学校教育的不衔接。学校是促进学生健康成长的场所，学校教育只是对学生实施教育的一个重要环节，家庭也有教育的职责和义务。学生的成长离不开学校和家庭两者之间的紧密联系及相互协调。然而，在现实的教育中，人们往往过于重视学校教育对学生发展所起的作用，认为学生的发展应当在学校完成。许多家长把学生发展的全部责任都归结于学校，而忽视了家庭教育，有的家长甚至不支持、不配合学校教育。在家庭教育和学校教育不衔接的情形下，学校教育势单力薄，教师负担增大，更容易出现心理问题。

四、自身工作与家庭角色冲突带来的压力

中小学教师除了工作压力之外，自身的家庭也是其压力的来源之一。当前，中小学教师的经济待遇有了一定程度的提高，经济负担对教师家庭已不是最主要的问题。由于教师在工作中投入了过多的时间、精力和情感，往往出现对自己的家庭无暇顾及的情况，工作和家庭两方面的压力在某些方面出现了难以调和的矛盾，从而产生工作与家庭的冲突。研究表明，教师感受到的工作对家庭的影响程度明显高于家庭对工作的影响程度。

五、教师自身素质

（一）归因方式

归因方式是人们在长期生活中形成的对自己和他人行为结果的原因的一般看法，它是人们个性特征的一个组成部分，并对人们的行为发生深刻的影响。心理学家罗特从社会学习理论的角度提出一种有关个人归因倾向的理论观点：个人对于自己生活中发生的事件的后果有不同倾向的归因，倾向于本性归因的个体更相信自己的能力、努力能控制事情的发展与行为的后果，这种人称为"内控者"；倾向于情境归因的个体更相信命运、运气等因素对行为后果的影响，这种人称为"外控者"。有研究表明：外控性强的人较难应付困难，心理健康水平较低；而内控性强的人积极追求有价值的目标，心理健康水平较高。与外控者相比，内控者更注重自我对事件的控制能力，是社会适应良好的表现。

（二）情绪智力

情绪智力即情商，它是认知和表达情绪、促进思维、理解和分析情绪以及调控自己与他人情绪的能力。情绪智力连接着认知与情绪两个基本的系统，而这又直接或间接地影响着个体的心理健康水平。情绪智力可以影响行为过程，指导个体的社会行为，帮助个体更好地向求生、求建设的方向发展，进而促进人格健康、良好地成长。所以有理由说，情绪智力是促进个体心理健康的重要心理资源，是一种促进心理健康的能力。研究表明，个体若意识到自己的情绪并进行适宜有效的调控，合理地对待消极情绪，尽量转消极情绪

为积极情绪，则能使自己心情愉悦；而对他人情绪的理解可以有效地改善人际关系，提高自己的适应力和社交能力，使自己拥有更多的朋友和社会支持。

❀ 行动研修

中小学教师心理健康的维护与促进是一个系统工程，需要全社会的大力支持和全体教师的不懈努力。针对教师心理健康问题产生的原因，我们提出以下几条建议，希望能对改变目前教师心理健康不良的状况、有效地提高教师心理健康水平有所帮助。

一、合理认识压力，正确认识自己

"井无压力不出油，人无压力轻飘飘"，压力是生活中的"必需品"，是生活的一部分。教师虽然面对着来自社会环境、学校、学生及家长等各个方面的压力，但这一切是成为一名优秀教师所必需的。压力也是生活的动力，适度的压力可以给人以振奋，促进注意力的集中，提升工作的动机，引发正向情绪（如兴奋），增加成功后的成就感。因此，当我们面对压力时，无须畏惧，而应积极、从容、乐观、自信地应对。同时，教师要正确地认识自己，应充分认识到人民教师这一职业是光荣的职业，是一个深受社会各界尊重的职业，自己应热爱教育工作，培养高尚的职业道德和职业情操。教师应充分分析自身的优势和不足，合理地评估自己的能力，给自己以合理的定位，学会悦纳自我，做到既不自卑更不自负。

二、科学运用心理保健策略，提高自身心理调适能力

（一）采取积极的压力应对模式

当压力来临时，我们应该首先对其采取明确的认识和接受的态度，然后理智地分析压力情境，在积极控制压力情境的基础上自觉调整自己。

我们可以采取下面的操作方法：

（1）当压力来临时，首先告诉自己：压力就在眼前，这是不可改变的事实，我只能接受，不能欺骗自己。

（2）分析压力情境，即压力是什么、压力有多大、压力是怎么产生的，以及根源在哪里。

（3）调整自己的应战状态。人在面临压力时的第一想法就是逃跑，我们可以通过理智的控制做到不在第一时间逃跑，把对心理压力的回避模式转为主动模式，把情绪定向应付转为问题定向应付。

（4）采取有效的措施应对压力。教师面对压力时，要做的不是思考压力为什么会来临，而是思考如何解决问题，并且积极主动地尝试用各种方法应对压力事件。

（二）主动寻求社会支持

寻求社会支持是有效应付压力的方法。他人的帮助与支持可以帮助我们恢复自信。社会支持水平直接影响一个人的心理健康水平，即社会支持水平越高，心理健康水平越高。对教师来说，同事尤其是学校管理者的帮助和支持、家人的支持，都能有效减轻心理压力，减少心理问题的产生。如果无法取得同事、领导、亲人的帮助和支持，专职心理咨询师可以是求助的对象。

（三）转换观念

同一现实或情境，如果从一个角度看，可能引起消极的情绪体验，使我们陷入心理困惑，但从另一个角度看就可能发现积极意义。学会转换视角，常常会让人从感到痛苦不堪的心理困境中解脱出来。有的时候，我们的烦恼不是源于我们的遭遇，而是源于我们对世界的看法。

（四）提高情绪智力，善于调控情绪

情绪是人发自内心的本能表达。一个人的承受能力有限，适度地表达情绪有助于健康，防止负性情绪因长期压抑而导致负面后果。工作场所中，教师的情绪表达已不再完全是自己的事，在很大程度上属于学校的问题。在教师自身体验与工作场所中所需表达情绪往往不一致的情形下，提高自身情绪智力水平、善于理解情绪、正确评价情绪、及时调节情绪格外重要。

总之，中小学教师不仅要负担繁重的教育教学工作，还要面对来自社会环境、学生及家长、学校和自身家庭等各方面的压力，心理问题是由多方面的原因引起的，因此，当探究心理问题产生的根源时，我们也需要从多方面入手进行分析，以便采取相应措施，提高教师的心理素质，促进教师的心理健康。

第四节　了解心理问题类型，识别教师心理症状

案例与分析

案例直击

蒋辉，54 岁，涪陵教育学院毕业，从教 27 年。他在接受采访时，语气很激动，还不时挥动双手，摇晃身体。

记者：为什么要骂学生？

蒋辉：她几次不做作业，一节课只做一道题。我心情急躁得很，说了几次也不听。我觉得她是故意针对我的，就想跟我作对。

记者：你的性格一直是这样的吗？

蒋辉：教了几十年书，我从没落后过，带的班级成绩都不错，我的学生中还有硕士研究生。

记者：你自我评价是个怎样的人？在学校人际关系如何？

蒋辉：我很内向，性子毛躁，好强，有什么事都憋在心里，连跟家人也不说，人际关系一般。

记者：骂学生的时候，你是怎么想的？

蒋辉：我干了几十年，就想评个"优"，晋升一级工资，每个月多拿七八百元，日子会宽裕一些。情急之下，我才会一时控制不住。我每月的工资才2500 元左右，而跟我同时参加工作的老师，高的已经拿到 5000 元了。我压力大，出了这事，更是觉得沉重。

记者：压力主要来自哪些方面？

蒋辉：爱人没工作，两个孩子成年了，也没工作，一家人都靠我这点儿工资吃饭。加上买了新房子，还欠着 30000 元外债。

记者：你说你的教学成绩不错，为什么评不上"优"？

蒋辉：我刚有资格评"优"那些年，领导动员我把名额让给了别人。这几年，我接的班的学生底子太差，只能带到中等水平。现在眼看要退休了，我想做出点成绩，争取得几个"优"，好涨工资。我们通常要得两三个"优"

才能涨一级工资。

案例诊断

案例中的蒋辉老师因为学生没有写作业而在情急之下骂了学生。在他与记者的对话中，我们能看出：蒋辉老师因为学生几次不做作业、做题速度太慢而产生了急躁情绪，没有采取合理的方法来管理自己的不良情绪；认为学生故意跟他作对，对他有敌意，对学生产生了认知偏差；自述性格内向、好强，有什么事都憋在心里，连跟家人也不说，属于内向型人格，人际关系一般，社会支持弱；又感受到来自家庭、评优选先的较大的压力，临近退休，想出成绩，希望涨工资，因为出了这事更觉得压力沉重。蒋辉老师的心理问题包括情绪、认知、人格和压力等多个方面。

理论与应用

理论导航

我们将教师常见的心理问题进行分类整合，分成以下四大类，即情绪失调、认知偏差、人格缺陷和职业压力感。

一、情绪失调

当前，教师队伍中存在一个普遍性问题，即很多教师缺乏观察了解情绪的能力，对于自身情绪的察觉度非常低，容易导致情绪化课堂的出现，影响教学质量，同时对学生造成非常不好的影响。学校在对教师的管理中倾向于教学成果、升学率高低、学习进度、学习方法等方面，而对于教师本身的关注不够，对于教师情绪管理的重视就更不够了。教师在教学活动中对学生的关注更多，不仅仅是学生的学习，对于学生的安全也更加关注。同时，教师要面对家庭生活的压力，如子女就学、房价上涨、老人赡养等一系列社会问题，他们的情绪起伏因此变得更大。相关数据显示，大部分教师在情绪管理方面是相当匮乏的，主要表现为对消极心理的回避态度。

情绪劳动是教师工作的突出表现。教师的工作对象是作为独立个体存在的人，为能实现人与人之间的沟通交流必然需要进行情绪表达，以期达到自身内在要求的满足以及教育教学任务的达成。不恰当的情绪劳动作为一个

"起火源"，使教师长期处于烦恼、紧张、愤怒、暴躁、焦虑、抑郁等情绪失控的状态，致使教师的工作动机减弱，工作兴趣从而降低，严重时会造成教师情感冷漠，甚至出现心理健康问题，最终导致教师对职业的认可度、满意度降低，影响工作质量，并增加离职的可能性。此时，如果教师不能很好地调节自己的情绪，很可能会把工作中的不良情绪带到家庭中，并把不良情绪传递给自己的家人，甚至发泄到亲人身上，从而破坏家庭和谐，影响家庭生活质量。教师从事的是高情绪劳动职业，需要时刻表现出亲和、阳光、愉快的积极状态，但同时这是一个女性从业者占多数的行业，由于群体的特殊性，极易受到情绪、情感的影响，群体的波动性也更为显著，因此，当其遇到一些使自己感到委屈、难过甚至愤怒的事情时，较易表现出不适宜的行为。有的教师说，在学生违反活动规则、捣乱课堂纪律、大吵大闹时自己就会莫名地愤怒，甚至会出现一些把自己的愤怒情绪演变为伤害行为的现象，即情绪劳动的失调行为，这就造成了教师情绪劳动的失调窘境。

二、认知偏差

心理学的研究表明，认知是心理发展的核心。帮助教师形成合理的认知方式，调整不良的认知结构，达到认知优化和认知重建，是促进教师心理健康的关键所在。认知理论认为，每个人都会因对自己、他人、事物有不同的认识而产生不同的心理变化。认知是刺激与反应的中介，反应并不是刺激的直接后果，而是由认知引起的。按照认知理论的观点，一个人的心理问题常常是受其错误的、扭曲的认知影响而产生的，与其说是某种事件引起了心理问题，不如说是因为自己有认知偏差而产生了心理问题，因此，促进教师心理成长的重心在于改变或修正不良认知。

由于教师在对教学认知的过程中要受到内外各种因素的影响，特别是教学认知活动对象的多方面性与复杂性，往往会造成教师在对教学对象认知时出现顾此失彼的现象，从而直接导致认知偏差的产生。教师在实际的教学过程中常常会根据对学生的各种行为表现的知觉，做出对学生这样与那样的判断，并会根据其判断对学生做出种种评价，而这主要是教师基于一定的思维认知加工活动的结果。教师对学生的各种行为及其表现进行判断和评价的思维认知活动更是一种十分复杂的认知加工过程，在这样一种认知活动中，由于各种因素的影响与作用，教师也可能产生对学生判断及评价方面的认知偏差。

由于教师所面临的教学工作往往头绪较多，同时一些即时性的甚至是偶然性的事件需要教师在很短的时间内加以处理，而在此种情形下教师所利用的信息十分有限，教师往往采取启发式认知方式，这是一种缺乏严格逻辑思考的直觉判断的认知方式，因此会不可避免地造成教师对学生的判断偏差。教师对学生的判断偏差集中表现为：一是教师对学生个体判断方面的偏差。教师平时对学生个体的了解并不是全面的，对每名学生个人信息的掌握往往有限，因此，他们很容易凭借个别有限的信息形成对不同学生的认知判断。有的教师会因首次获得的信息形成对学生的各种判断而产生首因效应偏差，有的教师则只是根据学生最近的信息形成对学生的各种判断评价而产生近因效应偏差，有的教师只是根据所获得学生的个别信息形成对学生的整体判断与评价而产生明显的晕轮效应偏差，有的教师有可能根据学生的容貌形成对学生的判断而产生以貌取人的认知偏差，还有的教师甚至根据学生的家庭背景形成对学生的各种判断评价而产生刻板印象的认知偏差。二是教师对学生类型的判断偏差。在教学实践中，教师常常会根据学生某些方面的个别表现对学生进行类型的划分。有的教师仅根据学生的几次考试成绩，将学生分为"优生"和"差生"；有的教师根据学生课堂上是否守纪律的表现，将学生分为"好学生"和"坏学生"。显然，教师所依据的分类标准是片面的，教师如果以此对学生进行类型的划分标定，势必直接造成对学生评定方面的认知偏差。三是教师在比较方面的认知偏差，即教师倾向于用同一个尺度或标准对学生进行各种比较，从而形成所谓的"好学生"和"坏学生"的比较判断。例如，教师常根据传统的划分标准将"听话""守纪律"的学生视为"好学生"，而将"不听话""不安分"的学生视为"坏学生"。又如，教师往往根据学生的考试成绩这样一个单一标准而形成对学生聪明与否的判断。有的教师往往忽视学生的基础与客观上存在的个别差异，将学生进行各种横向比较，这样就会不可避免地产生对部分学生的认知偏差。

三、人格缺陷

人格是指构成一个人思想、情感及行为的特有模式，这个独特模式包含了一个人区别于他人的稳定而统一的心理品质。人格具有独特性、稳定性、统合性、功能性。教育心理学认为，教师是教学关系中的主导因素，个体的人格对其行为、情绪、动机等均会产生重大的影响。也就是说，教师的人格特征在整个教育教学活动中具有至关重要的地位。

教师的人格缺陷对其心理健康的影响较为明显，这是因为具有不同人格类型特征的人，对各种社会生活事件及心理冲突等的情绪反应也不同。属于外向型人格的人，虽然情绪反应较为强烈，但体验的深刻程度不大，情绪的持续时间也不长，恢复心理平衡较容易；属于内向型人格的人，情绪反应深刻而持久，恢复心理平衡的过程较长。教师人格的健全发展是其心理健康的重要标志，而心理健康的水平又会反过来影响教师人格的健全发展。有研究发现，心理问题与教师人格特征中的挫折忍受力、责任心呈显著负相关，与焦虑水平呈显著正相关，表明心理问题的存在会降低教师对遭遇挫折的忍受力和已有的责任心，增加教师的焦虑症状。调查表明，部分教师在一些个性因素方面存在严重缺陷，心理健康水平不高。其中，情绪激动、急躁不安者占 23.5％，孤独、冷漠者占 17.4％，敷衍、缺乏责任感者占 14.8％，思维迟钝、理解能力弱者占 10.4％。根据一项对北京市西城区青年教师个性品质的调查，并结合平时与青年教师的接触，笔者发现部分青年教师，尤其是青年班主任，存在程度不同的权威型、冲动型、自恋型和轻躁狂型等不良个性倾向。这些研究结果告诉我们，加强教师心理健康教育，提高其自我概念水平，促进积极人格特征的发展，是提高教师心理健康水平、预防心理疾病的有效途径之一。

四、职业压力感

教师的职业压力是指教师在教育实践活动中所产生的身心负荷。教师的压力是教师的一种不愉快的、消极的情绪经历，如生气、焦虑、紧张、沮丧或失落，而这些均是由教师这一职业引起的。由于教师在日常生活和职业活动中扮演着多重角色，教师职业面临空前的压力和挑战，其被认为是一种高压力职业。

有关调查表明，教师职业所带来的公众压力多于其他行业。压力给教师带来积极和消极的影响。在积极影响方面，适度的工作压力可能促使教师更加积极地去面对人生及工作。但当工作压力过大或教师不能有效处理压力时，压力就会带来各种消极的影响。教师的压力与其身心健康之间有密切关系，能根据教师压力变量预测教师身心健康变量。有研究认为压力是致病的关键，40％—50％的疾病与压力有关。教师的职业压力对教师本身产生的消极作用主要表现在心理、行为和生理方面。还有研究表明长期的工作压力会造成情绪失常和情感疲倦，具体表现为莫名的焦虑、压抑、挫败感、无助感以及缺乏安全感。在国内多数研究中，普遍认为教师职业压力和健康之间存在显著相关，教师职业压力被看作教师健康状况下降的原因。有研究者在一个学年中对一组教师进行了两次问卷测试后，发现压力因素影响了教师的一般紧张度水平，然后导致其心理和生理机能的紊乱。一项数据研究抽取了83名中国香港教师，使用教师压力问卷和一般性疾病问卷评价了教师的身体问题、睡眠问题、焦虑、烦躁不安和自杀意向，研究结果表明被试身体疾病症状呈现高水平，其次是焦虑和烦躁不安。可见，教师的压力和健康之间有显著相关。

❀ 行动研修

只有明确教师心理问题属于哪一类型之后，我们才能进行有针对性的调整。下面我们从四个方面介绍教师心理问题的调适策略。

一、注重情绪管理，优化情绪劳动

1. 正视消极情绪

教师应当注重对自身情绪的管理，转变个人观念，正视个体的消极情绪，注重对于外界的求助，积极寻求心理疏导。教师在教学活动中，不但要注重对学生心理健康的干预，还要注重对个人情绪的管理。无论是工作还是生活中的消极情绪，教师都应当积极正视，明白这是生活的一部分，不存在"可耻"的概念，要认识到不积极求助、漠视情绪压力才是不对的。正确的情绪认知不仅有利于教师自身的健康发展，而且能为学生树立良好的榜样，从而身体力行地教育学生在处理情绪问题时应当怎么做。因此，教师应当在自身情绪出现问题的时候积极应对，追寻出现情绪问题的根源。

2. 教师情绪劳动的优化策略

教师应从自身做起，学会认知与理解情绪劳动以提高情绪劳动智力，从而更好地表达情绪劳动。比如，寻找适当途径合理发泄自己的不当情绪，或通过换位思考来感知情绪劳动失调给学生身心造成的伤害，或通过同事间的交流来缓解自己的不当情绪等。学校方面还可以通过校内培训、校外培训等方式使教师的情绪劳动能力得到提高，使教师更好地理解情绪劳动的要求，帮助其掌握情绪劳动的技巧方法，从而更好地胜任教师这一高情绪劳动工作。

二、修正认知偏差

1. 教师要理性地对待认知偏差，自觉减少因认知偏差而造成的不良影响

教师对学生的认知偏差是客观存在的。教师要想克服对学生的认知偏差，必须正视偏差的存在，并理性地对待与处置。首先，教师应该清醒地觉察到因种种原因会不可避免地产生对学生的认知偏差，应该通过不断的自我审视及时发现自己的认知偏差，应对自己所持有的一些认知偏差有一个清晰的认识和了解。其次，教师应该意识到不管是怎样的认知偏差，都有可能给学生和自己的教学带来一定的负面影响。因此，教师平时应该努力地去发现其认知偏差有可能带给学生怎样的负面影响，自己应该尽最大的努力去减少或克服因认知偏差给学生及教学带来的负面影响。

2. 教师的思维应具有广泛性与灵活性，防止因思维的单一性与刻板性造成对学生的认知偏差

教师的思维习惯和思维方式是影响教师社会认知的重要心理因素。由于教师社会认知的主要对象是学生，学生的成长与变化要受到各方面因素的影响，有的来自直接的生活现实，有的来自他人，有的有一定的历史与社会背景，有的可能是受到自身内在因素的影响。如果教师以线性或平面的思维方式去认知学生，难免会产生各种片面的甚至错误的看法。教师要想克服与纠正自己片面的认知，就应该学会用多维的思维方式去分析和研究学生。在现实的教学管理中，教师的思维既要从正面入手，也不要放过对问题的反面分析；既要分析学生所处的现实直接原因，也要从一定的历史背景中去寻找原因；既要认真分析认知对象的主观因素，又要注意对认知对象以外的各种客观条件的了解。只有运用多维而灵活的思维方式去认识和分析学生的问题，才能掌握学生各种有用的信息材料，从而使自己在认知学生的过程中更客观和全面。

三、自我人格优化

教师的自我人格优化是教师通过特定的文化心理结构，选择、接受与吸收新的社会文化，淘汰旧的人格模式，而后确立新的人格模式的过程。我们可以将其心理机制细分为三个环节，即选择环节、整合环节和内化环节。第一，选择环节，是教师根据既有的经验运用自己的思维方式对外来信息进行筛选、识别而后取舍的过程。第二，整合环节，是教师对外来信息进行加工处理并使之与自己既有的人格结构发生对接与融合或者重新建构的过程。第三，内化环节，是教师在选择和整合的基础上通过直接或间接的实践活动，将新的人格要求内化为自身人格特质的过程。

教师人格的自我塑造需要个体不懈的追求和努力。教师加强自我塑造，从自我教育入手，通过不断的学习、实践和反思来提高与完善自我。

（1）不断学习。牢固树立"学而不厌"的终身学习理念，在职业素质方面达到必要的智力水平与知识结构，具备了专业教育能力之后，拓展、丰富、发展与完善自我。

（2）不断实践。实践出真知，教师只有积极投身教育实践，才能更快更好地成长为具有真才实学、业务精湛的实干家。

（3）不断反思。"学而不思则罔，思而不学则殆"，通过反思，教师可以发现教育教学活动中的得与失，并以此为基础调整自己的工作思路与方法，提高自我认识与自我监控能力，认同和悦纳教师职业身份，并积极参与教育实践。

四、有效管理压力

面对压力事件人们往往有两种选择：一是积极应对，二是消极逃避。对于后者，尽管可以暂时缓解心理压力，但是逃避的结果是为今后的工作和生活又设置了潜在的障碍，随着这种障碍的不断累积，必定会给自己造成更大的压力。"人无远虑，必有近忧"，所以较理想的选择是面对压力事件，深入分析，沉着应对。

处理问题的正确态度应该是冷静面对并加以解决。解决问题的标准步骤如下：

（1）认清压力事件的性质；

（2）理性思考并分析问题事件的来龙去脉；

（3）确认个人对问题的处理能力；

(4) 寻求并累积能帮助解决问题的信息；

(5) 运用问题解决技巧，拟定解决计划；

(6) 积极处理问题；

(7) 若已完全尽力，问题仍未在短时间内得到解决，则表示问题本身处理的难度很高，有可能需要长期奋战，除了必须培养坚忍不拔的斗志之外，可能还需要其他的精神力量支持。

综上所述，教师常见的心理问题包括情绪失调、认知偏差、人格缺陷和职业压力感四种类型，我们要给予关注，科学分析，找出症结所在，然后采用科学有效的、具有针对性的方法对教师的心理问题进行调适和维护。

第五节　聚焦心理调适策略，维护教师心理健康

案例与分析

🖊 案例直击

孙老师人到中年，作为一名优秀教师，她身兼数职，既是班主任，又是教研组长，在学校要面对工作压力、成绩压力，要管理学生，还要领导组内的教学。回到家中，她本以为可以放松一下，但孩子面临中考，成绩不理想，和父母交流时情绪非常激动。家人认为孙老师这段时间应当把精力放在家庭上，但她放不下班里的学生，而丈夫工作也非常繁忙，两人因此动不动就会争吵。家人的不理解导致孙老师心态失衡，最近一段时间心情非常压抑，工作上感觉力不从心，即使和同事诉说也没有明显的缓解。她怀疑自己得了抑郁症。

🌸 案例诊断

分析孙老师的情况，她没有得抑郁症，但是工作和家庭的问题的确让她心力交瘁，这种表现可以解释为心理能量耗尽，具体表现就是情绪低落、压抑，容易激动。教师心理健康的维护是一个漫长的调整过程，这种调整过程离不开社会各界的支持和理解，但最重要的还是教师自我心理调适。教师要充分认识到心理健康的重要性，加强自我心理锻炼和调整，用"心"智慧呵护"心"健康。

理论与应用

◎ 理论导航

一、社会支持理论

社会支持是一种资源，它包括情感支持（爱、喜欢、尊重）、认可（增强士气和认可实际行动的正确性）、直接帮助（工作中的援助、信息传递和金钱资助）。

社会支持发挥作用的一种假设是缓冲器假设。该假设认为，社会支持可以调节压力与疾病的关系，高支持可以使个体免受压力产生的消极影响。社会支持如同防晒霜，如果用了防晒霜，尽管紫外线（压力源）依然存在，但不会对皮肤造成不良影响。当代科学哲学家库恩和威尔斯指出，当需求和可以得到的支持相匹配时，便产生缓冲器效应。

二、需要、认知、态度与情感调节的关系

心理调适的目标是排除心理障碍，恢复心理平衡，消除痛苦情绪，营造快乐心境。要实现这一目标，必须遵循情感发生发展变化的规律。心理学认为，情感是人对客观事物是否满足需要而产生的态度体验。由此可见，影响情感发生的因素主要有以下三个。

（一）需要是情感发生的基础

人的情感是在客观事物的作用下引起的。没有客观事物的作用，情感不会凭空产生。符合人的需要的事物会引起积极的情绪体验，如高兴、愉快、欣慰等；不符合或违背人的需要的事物就会引起消极的情绪体验，如痛苦、烦恼、愤怒等。而那些与人的需要无关的事物则对于"情感"无足轻重。所谓心理失衡，就是指在外界诱因的刺激下，主体的某种需要未能满足或受到阻碍，致使原来平衡的心理格局打破，因而引起种种与环境不适应的主观感受或情绪体验。所以，要想调适失衡的心态和不良情绪，就必须从调节需要着手。

（二）认知是情感发生的前提和调节器

情感是伴随认知的发生而发生、发展而发展、变化而变化的。人们对同一事物的认识与评价不同，也会产生不同的情感。美国心理学家艾利斯认为，一切错误的认知方式或不合理的信念是心理障碍、情绪和行为问题的症结。

（三）态度制约情感发生的性质

态度是个体对某一对象所持有的评价和行为倾向。态度和情感都要以需要为基础，受认知所调节。人的态度具有主观能动性，可受思想意识调节。即使客观事物不符合人的需要，人仍然可以对它抱有宽容的、善意的态度，从而产生正性的情绪体验。

三、认知转换压力理论

自寻烦恼是人的本性。人同时具有自毁倾向和自救能力，面对压力的时候如何将"自毁"和"自救"二者协调好，从而趋利避害，关键要靠改变认知。

心理学家拉扎勒斯的认知转换压力理论的核心概念是评价过程。外部刺激首先被评定为是构成伤害还是损失，是构成威胁还是挑战。评价决定反应，反应可以是逃离消极刺激，也可以是发动攻击（积极改善消极情境），或被动接受消极刺激（如无助）。最后，人们也可能重新评价压力情境（防御性再评价方式），并得出环境中并不存在危险或威胁的结论。这一理论说明，个体对压力的认知直接影响其心理健康水平，而通过个体的认知转换，可以重新评价来自各方面的压力，从而形成对压力的新的认知。

四、自我认知理论

自我认知指的是对自己的洞察和理解，包括自我观察和自我评价。自我观察是指对自己的感知、思维和意向等方面的觉察；自我评价是指对自己的想法、期望、行为及人格特征的判断与评估，这是自我调节的重要条件。认识自我，实事求是地评价自己，是自我调节和人格完善的重要前提。

❀ 行动研修

一、正确认识自己

"自知之明"对一个人的心理健康及其发展具有非常重要的作用。自知，就是自己对自己的清楚全面的认识，就是对自己能够正确、客观地认识和评价。因此，教师应努力从多侧面、多渠道了解自己，要积极从周围的环境中提取有关自我的真实反馈，形成全面的自我认知。此外，教师要试着无条件地接受自己，悦纳自己，坦然地面对自己的一切，坦诚地承认自己的缺陷与不足，即使有无法弥补的缺陷也泰然处之，而不是轻视自己，更不能自暴自弃。下面给出几个小方法：

（1）懂得独处。当我们独处的时候，会慢慢地安静下来与自己对话，感受自己的身心，帮助我们认清自己和自己的需要。

（2）接受自己的渺小和无能为力。你不是超人，并非无所不能、不可或缺。

（3）摆正自己的位置。合理的定位有助于你工作顺利，生活幸福。

我们不妨一起来完成下面的表格。

你认为自己适合做一名普通教师还是更擅长管理工作	
你对在学校中兼职一部分工作是游刃有余还是负担很重	
你觉得任教的班级成绩必须名列前茅吗	
你觉得自己的教学能力如何	
你觉得自己的班级管理能力如何	

另外，教师要想改善自我观念，确立良好的自我意象，改变对自我的不恰当的认识，必须处理好现实自我与理想自我的关系。现实自我指个体对自己现状的认识和评价，而理想自我是自己希望自己成为的样子。现实自我和理想自我距离适当的人，能根据自身的实际情况来确立恰当的、力所能及的目标，能够体验到成功的快乐，不断地增强自信和自尊，使自己已有的良好的自我意象更加巩固、深化，良好的自我意象又能促进个体才能的充分发挥，从而形成良性循环，促进教师心理的健康发展。

让我们一起来完成下面的表格吧。

理想自我	
现实自我	
两者能否融合	

二、正确对待他人评价

他人评价是认识自我的方法之一。他人评价的作用相当于"镜中自我"。

送给大家下面两句话：

（1）"人永远活不成别人眼中的自己，所以走自己的路让别人说去，不要太在意别人对自己的评价，做自己就好。"许多事实证明，轻易接受建议是危险的，有时旁人的建议无法使你变成自己想成为的样子，反而容易被操作成别人理想中的样子。芭芭拉·格罗根曾说，无论做任何事情，开始时，最为重要的是不要让那些爱唱反调的人破坏了你的理想。

（2）"有时候别人对自己的评价是善意的，比如父母、师长、好友等，这些人的评价我们要在意，因为他们是真正为你着想的人。"

三、调节情绪，保持心理平衡

（一）运用认知情绪调节策略，转换角度，积极认知，优化情绪

改变认知是一种非常重要的调节策略，避免认知绝对化，形成合理的自我认知，保持适中的期望值。任何事情都有两面性，积极的认知就是在看到事物不利方面的同时，更能看到有利方面。这种看待问题的方式容易让人增强信心，情绪饱满。

（二）有效的情绪调节方法

1. 遗忘调控

当某种事情引起你的消极情绪时，最好把这件事情尽快忘记，不要老是去想这件事。

2. 转移调控

当自己情绪激动时，为了使它不至于立即爆发，使自己有冷静地分析和考虑问题的足够时间和机会，可以有意识地通过转移话题或做别的事情的方法来分散自己的注意力。

3. 音乐调控

美妙的音乐通过被人体吸收，可以激发人体的能量，从静态变为动态。

四、建立良好的人际圈，营造社会支持网络

下面列举了几个能够帮助教师建立更加积极、健康的社会支持网络的小建议。

（1）欣然接受不同意见。我们都是与众不同的个体，会从不同的角度来审视这个世界。欣然地接受大家之间的不同，是建立良好人际关系的一个美好的开始。

（2）专心倾听别人在说什么。倾听是一项非常重要的技能。倾听与理解别人传达给我们的信息，是成功交流与沟通的非常重要的部分。

（3）提升沟通技巧。通过谈话使别人理解你才是有效沟通，然而沟通潜

在的危险是我们往往自认为对方理解了我们的意思。

（4）学会信任。有一个关于人际关系的哲学辩论："爱情、信任和激情，哪一个在关系中更重要？"实际上，信任在任何关系中都是最重要的，因为如果没有对等的尊重与信任，爱就不存在。

（5）换位思考，理解别人，跨越自私。如果我们能够站在别人的角度思考问题，那么许多冲突和矛盾都可以化解。你可以试着暂时忘记自己的想法，进入他人的世界，体会他人的感受，从而跨过自私的门槛，成为一个拥有广阔胸怀和博大气度的人。

五、科学管理压力，让生活和工作都有滋有味

处理好工作与生活的关系，是教师应对压力的法宝，也是教师维护身心健康的有效策略。但怎么才能做到呢？

（一）让生活慢下来

我们身处一个"只争朝夕"的时代，进入新世纪后渐渐发现仅仅有效率的生活并不是幸福的生活。在这个追求质量的时代，效率已经不能代表生命的全部。工作中当然需要高效率，然而我们的生活需要慢下来，需要悠着点儿。

那么什么是慢生活呢？首先，要适当放松休闲。休闲可以是疗养、度假，也可以是散步、听音乐，这些都可以缓解疲劳，使我们得到享受。其次，要细嚼慢咽品味生活。快餐形式的狼吞虎咽失去了生活品位。一道菜肴是否可口，不在价格，不在名贵，而在味道，在文化，在感情，在氛围，在健康。再次，要适当锻炼身体。现在人们都知道锻炼身体的好处，却有不少人成了运动癖。一切事情都需要适当、恰如其分，因为过犹不及。最后，要来点文化体验的味道。我们需要一点沉思、静观、内省的生活，跟自己做朋友，跟"平静"搞好关系，可以坐在阳台上，沏杯茶，读一天的书。

（二）互相促进

其实，工作与生活本质上是一种相互促进、相互依赖的关系，好好工作是为了获得更好的生活，而快乐生活可以促进更加成功的工作。只有热爱自己的教育工作、把工作当作乐事而不是负担的教师，才能够保持健康的心理。试着像热爱生活一样去热爱工作，用认真的态度珍惜身边的生活，你就会发现每天都是美好的。

六、善用"费斯汀格法则"改写结局

美国社会心理学家费斯汀格有一个很出名的判断，被人们称为"费斯汀格法则"。他是这样说的：生活中的10％由发生在你身上的事情组成，而另外的90％则由你对所发生的事情如何反应决定。换句话说，就是要紧紧抓住事情本身，正视它，解决它，然后忘掉它，这样10％的事情就不会扩展成90％的麻烦。

费斯汀格举了这样一个例子：卡斯丁早上起床后洗漱时，随手将自己的高档手表放在洗漱台边。妻子怕手表被水淋湿，就随手拿过去放在了餐桌上。儿子起床后到餐桌上拿面包时，不小心将手表碰到地上摔坏了。卡斯丁心疼手表，就照儿子的屁股揍了几巴掌，然后黑着脸骂了妻子一通。妻子不服气，说是怕水把手表打湿，卡斯丁却说他的手表是防水的，于是二人激烈地斗起嘴来。卡斯丁一气之下早餐也没有吃，直接开车去了公司，快到公司时突然发现忘了拿公文包，他又立刻折返回家。可是家中没人，妻子上班去了，儿子上学去了，卡斯丁的钥匙在公文包里，他进不了门，只好打电话向妻子要钥匙。妻子慌慌张张地往家赶时，撞翻了路边的水果摊，摊主拉住她不让走，要她赔偿，她不得不赔了一笔钱才摆脱。待拿到公文包后，卡斯丁赶到公司时迟到了15分钟，挨了上司一顿严厉批评，卡斯丁的心情坏到了极点，他下班前又因为一件小事跟同事吵了一架。妻子也因为早退被扣除了当月的全勤奖。儿子这天参加棒球赛，原本夺冠有望，却因心情不好而发挥不佳，第一局就被淘汰了。

在这个事例中，手表摔坏是其中的10％，后面一系列事情就是另外的90％。由于当事人没有很好地掌控那90％，才导致这一天成为"糟糕的一天"。试想，卡斯丁在那10％发生后假如换一种反应，如抚慰儿子"不要紧，手表摔坏了没事，我拿去修修就好了"。这样儿子高兴，妻子也高兴，他自己心情也好，那么随后的一切就都不会发生了。可见，你控制不了前面的10％，但完全可以通过自己的心态与行为决定剩余的90％。

人生总会遇到风雨，倘若我们能善用"费斯汀格法则"，在逆境和困难中转换角度积极认知，怀抱希望，停止抱怨，积极地去做当下应该做的事情，那么就一定能突破困难，改写结局。我们要努力让所有的不顺利和不如意在10％上停下来，不要让它蔓延出另外的90％。

总之，教师心理健康需要有策略地自我调适，通过合理的自我认知、积极的情绪调节，建立良好的人际关系和社会支持网络，科学管理压力，用这些心理智慧化解生活中的困扰，维护好自己的心理健康。

第二章

教师情绪问题调适

第一节 认识教师情绪，正负起伏有周期

案例与分析

案例直击

张老师是一名年轻的小学教师。她的课堂生动活泼，深受学生喜爱；她对同事热情大方，整天嘻嘻哈哈。她自己经常说："我没心，我没肺，我开心，我快乐！"但是人总有不开心和烦恼。某天她因为学生的捣乱而烦躁、家长的不配合而发愁、领导的批评而伤心时，大家都劝她："小张老师，都是小事，没什么好烦的，让学生看见该笑话你了！""妹子，发愁能解决问题吗？想办法呀。"更有甚者开玩笑道："我们的开心果哪儿去了？别深沉了，整得我心情都低落了！"她一想："是啊，这么点小事就伤心发愁，学生怎么看我，同事和领导怎么想我？我是谁啊？我是没心没肺的小张老师啊！这些有损我美好形象的负性情绪和我有关吗？我苦恼有用吗？我确实不该这样，凡事应积极面对。"

可是，人怎么可能一直开心而没有一点忧愁呢！

案例诊断

教育行业是一个情绪密集型的行业，角色的多样性、工作的复杂性、矛盾的多重性，致使教师每天面临着各种挑战，因而产生一定的负性情绪是不可避免的。受当今倡导正能量、发挥正能量、传递正能量的影响，大家都认为负性情绪是不好的，会影响身体健康、工作效率、人际关系和生活质量。小张作为教师更深以为然，觉得负性情绪只会产生痛苦，没有什么用处，因此不想体验，也不愿意接纳自己的负性情绪。

理论与应用

◎ 理论导航

一、教师情绪的概念

（一）情绪的概念

情绪伴随着我们，存在于生活中的每时每刻，那么情绪到底是什么呢？

以心理学上的定义来说，情绪是人对客观事物的态度体验以及相应的行为反应。一般认为，情绪是以个体愿望和需要为中介的一种心理活动。

情绪具有独特的生理唤醒、主观体验和外部表现三种成分。

主观体验是个体对不同情绪状态的自我感受。每种情绪有不同的主观体验，它们代表了人的不同感受，如是喜悦还是悲伤，是平静还是烦躁等，构成了情绪的心理内容。

情绪的外部表现通常称为表情，它是在情绪状态发生时身体各部分的动作量化形式，包括面部表情、姿态表情和语调表情。面部表情是指所有面部肌肉变化所组成的模式，如愤怒时横眉怒目，咬紧牙关，面部发红。姿态表情是指面部以外的身体其他部分的表情动作，包括手势、身体姿势等，如人高兴时手舞足蹈，恐惧时身体发抖，愤怒时握紧拳头等。语调也是表达情绪的一种重要形式。语调表情是通过言语的声调、节奏和速度等方面的变化来表达的，如兴奋时语调高昂急促，悲伤时语调缓慢低沉。

生理唤醒是指情绪产生的生理反应。不同情绪的生理反应模式是不一样的。例如：愉快时心跳节律正常，血管扩张；恐惧或暴怒时，心跳加速，血压升高，呼吸频率增加，甚至出现间歇或停顿；痛苦时血管收缩等。

（二）情绪的分类

关于情绪的类别，长期以来说法不一，心理学家依据不同的标准和理论建构对情绪进行了不同的分类，但一般认为喜悦、愤怒、悲哀和恐惧是常见的四种基本情绪，即人们常说的喜、怒、哀、惧。随着对情绪研究的深入开展，用于描述情绪的词语越来越多，但情绪词汇的过于宽泛不利于分析与研究，因此最方便的分类莫过于根据情绪的效价维度将情绪分类为正、负两极。

位于正极的称为积极情绪或正性情绪，符合主体的需要和愿望，会引起积极的、肯定的情绪，通常带来愉悦感受，如心理学家芭芭拉认为积极情绪包括喜悦、感激、宁静、兴趣、希望、自豪、逗趣、激励、敬佩和爱。位于负极的称为消极情绪或负性情绪，不符合主体的需要和愿望，会引起消极的、否定的情绪，通常产生不愉悦的感受，如心理学家沃森等编制的正性负性情绪量表（PANAS）中列出的内疚、恐惧、敌意、易怒、紧张、害怕、害羞、心烦、心神不宁和坐立不安 10 种负性情绪。积极情绪和消极情绪的划分方式符合我们的常识，能快捷、有效地对某一具体情绪进行定位与分析。

（三）教师情绪的概念

教师情绪指教师在工作中的态度体验以及相应的行为反应，包括教师在日常工作中体验到的快乐、爱、自豪、希望等积极情绪，以及愤怒、沮丧、心烦、悲伤等消极情绪。

二、教师情绪的意义

既然情绪分为积极情绪与消极情绪（正性情绪与负性情绪），那么是不是积极情绪越多越好，消极情绪越少越好呢？或者说我们将消极情绪消灭，只拥有积极情绪就好呢？下面我们来找寻一下这两种情绪的意义。

（一）积极情绪的意义

1. 积极情绪能拓展我们的注意、认知、行动的范围

当人处在积极、乐观的情绪状态时，它使我们能够考虑到在其他情况下看不见的可能性，表现出更高的创造性，增强问题解决能力，并且其行为比较开放，愿意接纳外界的事物。比如，当你获得了"国优"课一等奖时，心情美美的，这时候遇到不遵守课堂纪律的孩子，你是不是觉得他也没那么"烦人"，并且能想到更多更好的解决方法呢。

2. 积极情绪能建构我们的资源

这里所说的资源包括身体资源（身体技能、健康）、智力资源（知识、心理理论、执行控制）、人际资源（友谊、社会支持网络）和心理资源（心理恢复力、乐观、创造性），它们为我们的社会适应准备了更为有利的条件，可以提高我们的社会适应能力。

3. 积极情绪可以消解消极情绪的滞存影响

比如，正当你沉浸在班级拔河比赛失败带来的失望中时，被告知班级获得了 800 米接力赛冠军，你是不是就没那么失望了。积极情绪可以对消极情绪引起的心跳加快、心血管扩张、血压升高起到缓释作用，使躯体平静，还可以在消极情绪体验后修复灵敏的思维。积极情绪的反复体验，让我们充满希望地看待挫折和失败，促进我们探求思维和行动的新路径，给我们从困境中恢复的信心和力量。

4. 积极的情绪有利于身体健康

研究发现积极情绪对于疾病的预防和治愈起着重要的作用。积极情绪能产生较低水平的压力相关激素以及更高水平的成长相关激素和人际关系相关激素。积极情绪能加强免疫系统的运作，提高免疫功能，进而促进身体健康。

（二）消极情绪的意义

1. 消极情绪可以传递需求信息

消极情绪直接反映我们的生存状况，表示我们面临着困难，暗含着我们内心的需要、期待和渴望，可以让他人理解此刻我们的需求与愿望。比如，忧伤会让人吐露心事，获取安慰和帮助。

2. 消极情绪能提高我们的活动效率

比如，适度的紧张和焦虑可以使身心处于活动的最佳状态，促使人积极地思考和解决问题，推动人们有效地完成任务。

3. 消极情绪可以激励我们为追求自己的需求采取行动

比如，无聊可以让你深思生命的意义，甚至迫使你采取改变行动，激励你采取行动改变自己或改变你的世界。

4. 消极情绪有助于我们生存及适应周围环境

消极情绪可以提高神经系统的灵敏度和对潜在问题的警觉性，从而获得正常情况下不能得到的信息，生成特定行为，使个体获得生存和发展。比如，遇到老虎时，恐惧使我们或者反抗，或者逃跑；遇到校长暴怒时，你可能会退避或碍于他的身份而压抑自己的消极情绪，从而让我们更好地适应社会。

由上可见，情绪并无好坏之分，积极情绪和消极情绪都有其存在的理由和价值。那是不是所有的情绪对我们都是有益的呢? 也不尽然, 过度的情绪反应 (如范进中举后, 由于狂喜而疯掉了) 和持久的消极情绪 (如新冠肺炎疫情后, 多数人能从恐惧、焦虑等不良情绪中摆脱出来, 而有些人却从此变得抑郁和消极, 甚至影响身体健康) 是不利于我们的身心发展的。

三、教师情绪产生的理论基础

随着情绪研究的深入, 当今的情绪理论种类繁多, 如情绪的生理理论、情绪的认知理论、情绪的行为理论、情绪的社会建构理论、情绪的感染理论、情绪的智力理论、情绪的调节理论等。但关于情绪的产生主要包含以下几种基本理论。

(一) 早期理论

1. 詹姆斯—兰格理论

美国心理学家詹姆斯和丹麦生理学家兰格分别于 1884 年和 1885 年提出了内容相同的一种情绪理论, 他们强调情绪是植物性神经系统活动的产物。后人称这一理论为情绪的外周理论, 即情绪刺激引起身体的生理反应, 而生理反应进一步导致情绪体验的产生。

2. 坎农—巴德情绪理论

美国心理学家坎农认为情绪的中枢不在外周系统, 而在中枢神经系统的丘脑, 外界刺激通过神经冲动传至丘脑, 再由丘脑产生作用, 从而引起情绪体验和生理反应的同时发生。坎农的情绪学说得到了他的弟子巴德的支持和发展, 故后人称坎农的情绪理论为坎农—巴德情绪理论。

(二) 认知理论

1. 阿诺德 "评定—兴奋" 说

美国心理学家阿诺德认为刺激情境并不直接决定情绪的性质, 从刺激出现到情绪产生, 要经过对刺激的估量和评价。情绪产生的基本过程是刺激情境—评估—情绪。同一刺激情境, 由于对它的评估不同, 会产生不同的情绪反应。

2. 沙赫特的两因素情绪理论

美国心理学家沙赫特和辛格认为, 情绪的产生有两个不可缺少的因素,一是个体必须体验到高度的生理唤醒，二是个体必须对生理状态的变化进行认知性的唤醒。情绪状态是认知过程、生理状态、环境因素在大脑皮层中整合的结果，其中认知过程起主导作用。

3. 拉扎勒斯的认知—评价理论

拉扎勒斯是情绪认知理论的另一位代表，他认为情绪是人与环境相互作用的产物，是个体对环境事件知觉到有害或有益的反应。情绪活动必须有认知活动的指导，人们需要不断评价刺激事件与自身的关系。此理论具体有三个层次的评价，即初评价、次评价、再评价。

（三）动机—分化理论

弗洛伊德、利铂、汤姆金斯和伊扎德等主张情绪具有动机的性质，其中以汤姆金斯和伊扎德为代表，建立了情绪动机—分化理论。伊扎德的情绪动机—分化理论以情绪为核心，以人格结构为基础，论述情绪的性质与功能。该理论认为情绪是人格系统的核心动力，情绪包含着神经生理、神经肌肉的表情行为、情绪体验三个子系统，它们相互作用、联结。情绪特征来源于个体的生理结构，遗传是某种情绪的阈限特征和强度水平的决定因素，认知是情绪产生的重要因素，但认知不等同于情绪，也不是其产生的唯一原因，只是参与情绪激活与调节的过程。

四、教师情绪的周期

你有没有发现，每隔一段时间就会莫名地情绪低落，对什么都提不起兴趣，抑或特别容易发脾气，时不时就急躁起来，这是怎么回事呢？

其实，情绪是有周期性的。德国医生费里斯和奥地利心理学家斯沃博特分别在19世纪末和20世纪初发现了一个奇怪的现象——有一些病人因头痛、精神疲倦等每隔23天或28天就来治疗一次，于是他们将23天称为"体力定律"，将28天称为"情绪定律"。美国加州大学的雷克斯·赫西教授进行了一项科学研究，发现人类的情绪周期平均为5周。也就是说，个体的情绪从高潮到低潮，再从低潮到高潮，其间大约5周时间（个体的情绪周期及各个阶段的表现和体验的变化是因人而异的），这与人体内部的周期性张弛规律，即"情绪生物节律"有关。在高潮期内，人的情绪高涨，精力充沛，心情愉悦；

在低潮期内，人的情绪低落，意志消沉，喜怒无常。

❀ 行动研修

众所周知，情绪对我们有着非常重要的影响，尤其是作为情绪工作者的教师。无论是在课堂教学、班级管理、师生交往，还是同事相处、与领导的沟通中，教师的情绪始终贯穿其中，极大地制约着教育教学活动和管理工作的效果和质量，影响着学生的身心发展，并且对教师自身的身心健康、幸福生活和社会适应均具有重要意义。许多时候，我们的情绪困顿源于我们对自己情绪的认识不够、不深，不知如何与其相处。下面我们就试着从这六个方面来了解自己的情绪，并与之和谐相处。

一、觉察自己的情绪

我们只有及时觉察自己的情绪，才能有意识、有针对性地进行调节，来保持自己的风度、状态，以便更好地处理当下的境况。比如，公开课上有学生随意讲话，你握紧拳头，气血翻涌，呼吸急促，意识到自己要发火了。"赶紧调节，这么重要的场合怎能发火！"看，如果我们能够轻松地识别情绪，那么更易于调节情绪。

可是，我们了解自己的情绪状况吗？能说出它的名字吗？能察觉到它的表现吗？能发现自己的情绪规律吗？下面就向大家介绍觉察情绪的方法。

（一）认识情绪

我们可以通过有意识地观察、回顾自己的情绪，对自己的情绪有更理性的认识。比如，我们可以将最近连续一段时间产生的情绪或者人生中重大事件引起的情绪记录或者画下来，包括事件、情绪（名称或表现）、结果等。通过回顾，我们能更好地觉察自己的情绪，确切地了解自身所处的状态和面临的现实。

（二）觉察情绪

当刺激事件发生时，先停下来，然后感受一下我们的身体、心理、生理变化（"理论导航"中有详细介绍）等，最后识别情绪，为其命名。这样便能做到早知早觉，而不是后知后觉，之后再采取适宜的行动。比如，当领导把骨干教师培训的机会再次给了别人时，你的心情久久不能平静，你很生气，有些失落和沮丧，一遍一遍地想这是为什么，是领导有偏见，还是同事比我优秀？但如果你平静下来，感受并确定自己当下的情绪就是愤怒，你就将无尽的纠结变成了一个待解决的问题，即消除愤怒带来的痛苦感受，然后尝试用各种办法来缓解自己的愤怒。

（三）发现规律

前面已经讲过情绪是有周期的。你是不是很好奇自己的情绪周期是怎样的呢？下面向大家介绍一种简单方法，帮我们了解情绪周期。我们可以任选一个月份，纵列为日期，横行为不同的情绪，如兴高采烈、愉悦快乐、感觉不错、平平常常、感觉欠佳、伤心难过、焦虑沮丧等，将其制成表格（表2-1），每天在表格中记录自己的情绪变化，在符合的方格里进行标记（如画○或△）。记录完一个月或几个月后，用曲线把所有的标记（○或△）连起来，这就是我们的情绪生物节律。

表 2 - 1　情绪记录表

日期	1	2	3	4	5	6	7	8	9	10	11	12	13	14	15	16	17	18	19	20	21	22	23	24	25	26	27	28	29	30	31
兴高采烈																															
愉悦快乐																															
感觉不错																															
平平常常																															
感觉欠佳																															

续 表

日期	1	2	3	4	5	6	7	8	9	10	11	12	13	14	15	16	17	18	19	20	21	22	23	24	25	26	27	28	29	30	31
伤心难过																															
焦虑沮丧																															

二、接纳负性情绪

通过前面在"理论导航"中的探讨，我们了解到情绪是人们在不同情境下的正常反应，负性情绪的产生是必然的、正常的心理现象，也有它的价值和意义，没有好坏之分，因此教师要接纳自己的负性情绪。接纳就意味着"我不认为负性情绪是好还是不好"，就是接受它的存在、它的样子。比如，升旗时，学生不听指令扰乱秩序，你刚要发火，想到全校师生都在场，就默默地告诉自己，"不能发火，这样太情绪化了"，愤怒暂时被压抑下来，但不会消失，只会积累下来，日后若被相似的情境引发，将会变成更大的愤怒，甚至一发不可收拾。而如果我们处在愤怒中时，将注意力放在自己的感受上，而不是放在引起愤怒的人、事、物上，允许它的存在，承认此时此刻"我"是会愤怒的，不认同，不批判，当我们觉察、感受到它时，它正在向我们传递着信息，提供着能量，那一刻它的使命就基本完成了，我们也趋于平静了。

三、捕捉正性情绪

正性情绪（积极情绪）意义非凡，它让我们感觉良好，改变我们的思维，提升我们的幸福感。然而有时候我们太过注意生活中的坏事，对于好事却关注不多。其实生活中有很多美好的事物，让我们产生喜悦、感激、宁静、兴趣、希望、自豪、逗趣、激励、敬佩和爱，只要我们能有意识地去发现它、捕捉它，就会收获幸福。比如，学生的一张贺卡让我们感觉到纯真的爱，学生在比赛中获奖让我们由衷地自豪，孩子的童言童语让我们觉得格外有趣，家长的认可让我们备受鼓舞，学困生的进步让我们欣喜，等等。我们不妨借助塞利格曼的"三件好事练习"来捕捉我们的正性情绪：每天晚上写下当天的三件好事，以及它们发生的原因。

四、了解情绪产生的根源

根据情绪的定义，我们知道情绪是以个体愿望和需要为中介的一种心理活动。符合主体的需要和愿望，会引起积极的、肯定的情绪；不符合主体的需要和愿望，就会引起消极的、否定的情绪。情绪认知理论告诉我们，情绪的产生与认知（评价、信念）密切相关。《非暴力沟通》强调感受的根源在于我们自身，我们的需要和期待及对他人言行的看法导致了我们的感受。也就是说，我们通过情绪的产生能了解到自己的价值观、期望，对根源的探寻可以帮助我们更好地调节内在，使其更加和谐。比如，当学生把纸团随意扔到地上时，我们非常生气。为什么生气呢？换句话说，是我们的什么需要没得到满足呢？有人会说："我的需要就是他把废纸扔到垃圾桶里。"不，这不是需要，这是我们期待的行为。我们可以按照《非暴力沟通》中的方法来了解情绪的根源（不针对哪个特定的人或特定的策略）：我们生气，是因为我们需要干净整洁的环境。当我们了解到自己的需要时，我们的需要就满足了一半。

五、合理运用情绪生物节律

在前面的探讨中，我们了解到情绪存在周期性，知道了生活中许多情绪波动都是情绪生物节律引起的，属于正常现象，并通过研修发现了自己的情绪生物节律。虽然我们不能改变自己的节律，但可以通过合理利用来调节情绪。当我们的情绪周期处于低潮期时，可以安排一些熟练的、轻松的工作，如日常教学、备课、作业批改等；当情绪处于高潮期时，可以安排相对重要的、复杂的工作，如准备精品展示课、举办班级大型活动等，这样可以达到事半功倍的效果。

六、情绪可习得和调节

我们经常听到有人说："我天生是林黛玉型抑郁质，高兴不起来。""我也不想发火，可是我控制不住。"情绪是天生的，不可改变吗？我们对它无可奈何，控制不了吗？人们通常认为情绪是与生俱来的，是不可控的，但相关心理学实验和情绪的智力理论以及情绪的社会建构理论告诉我们，情绪是可以习得的，可以通过后天的学习、训练得以改善。情绪的产生理论告诉我们，情绪与生理反应、外部环境、认知评价、人格特征等有着内在的必然联系，情绪是可以调节的；情绪的调节理论告诉我们，可以通过生理调节、情绪体验调节、行为调节、认知调节、人际调节、环境调节等来改善情绪（下文中有详细介绍）。不管怎样，最重要的是，我们知道了可以通过自己的努力（比如可以通过看书、听讲座、参加训练等学习心理学的知识、方法、技能等）来改变我们的情绪状态，使我们的生活更加和谐幸福。

总之，各种情绪的产生都是正常的心理现象。尤其是教师行业，教师被认为是高情绪工作者，需要高情感投入和高情绪劳动。情绪会给教师的工作和生活带来积极或消极的巨大影响，但只要我们充分认识它，理解它，运用它，就能对自己的情绪进行合理的调节，表达出适合教育、教学的情绪，充分发挥情绪劳动的积极作用，为我们的生活、工作增光添彩！

第二节 阻断消极情绪，负面影响不蔓延

案例与分析

案例直击

小李是某小学四（1）班的班主任，同时担任本班的语文教师。小李很能干，班级管理得井井有条，课也上得有模有样，很得家长、领导认可。星期五早上，小李刚进办公室，语文科代表就送来了昨天留的作业：作业没收齐，科代表还一问三不知。隐忍的怒火一触即发，小李批评了科代表，让他认真些、负责些。科代表回到班级，仔细检查后发现有两名同学没写，一名同学忘带了。忘带的是张三，他经常"忘带"作业。科代表义正词严地对张三进行了批评教育，张三却不服气，扭头就出了教室。不多会儿，值周生来报告：张三把厕所门踢坏了！……

🦋 案例诊断

教师也是人，在学校、家庭、社会中生存发展，也会经常遇到不如意的事情，产生消极情绪。如果不加以调节，任由消极情绪蔓延，教师就会不由自主地加入"踢猫"的队伍当中——被人"踢"和去"踢"人，产生一系列连锁反应。上面的案例便是如此，因为科代表没有认真履行职责，小李很生气，她没有意识到消极情绪的感染性，将怒气传递给了科代表，科代表又将其传递给了张三，张三无处发泄，只能对着厕所门出气，进而出现了糟糕的局面。

理论与应用

⊙ 理论导航

一、教师消极情绪的概念

（一）消极情绪的概念

普通心理学认为，当客观事物或情境不符合主体的需要和愿望时，就会产生消极、否定的情绪和情感，如悲痛、愤怒、内疚、苦恼等。

沃森等将消极情绪（负性情绪）描述为一种心情低落和陷于不愉快境况的基本主观体验，包括各种令人生厌的情绪状态，诸如愤怒、耻辱、憎恶、负疚、恐惧和紧张等。

（二）教师消极情绪的概念

教师消极情绪是指教师在工作中体验到的一种心情低落和陷于不愉快境况的基本主观体验，如愤怒、沮丧、心烦、悲伤和紧张等。

二、教师消极情绪的负面影响

在上一节中，我们重点分析了消极情绪的积极意义，同时指出过度的、持久的消极情绪是无益的。那么消极情绪带来的负面影响到底有哪些呢？

（一）不利于身心健康

消极情绪的产生是正常的，但如果不加以调节，长此以往个体就会心理失衡，产生心理问题。有关研究还发现长期的消极情绪体验可以造成免疫功能的下降、内分泌失调（如去甲肾上腺素、皮质醇、促肾上腺皮质激素明显增加），严重影响身体健康，如教师群体中易引发与情绪不佳相关的脑血管疾病，出现头晕、失眠、早醒等症状。

（二）容易引起职业倦怠

长期的消极情绪体验会导致工作能力和工作效率下降，进而降低自我的职业认可度、工作满意度以及自我效能感（如认为自己无法教育好学生，否定自身的专业技能和工作能力），引起职业倦怠。

（三）阻碍人际交往

持久的不良情绪容易导致心情低落，不愿与他人多来往，致使人际关系变得疏离；或是对人对事敏感，情绪不稳定，脾气暴躁等，致使摩擦增多，造成人际关系紧张。例如，教师的愤怒、烦躁等情绪容易感染学生，阻碍双方的沟通交流，影响师生关系。

（四）影响学生的身心发展

教师这一行业的特殊性，以及学生的模仿性与可塑性，使得教师的情绪不仅会对自身产生影响，也会对学生的身心发展产生影响。通过有关研究发现，处于高度焦虑状态的教师更多地关注任务是否完成，忽视对学生的积极反馈，从而间接地影响学生情绪的发展和学业技能水平的提高。教师的情绪失控容易引发"踢猫效应"（一种典型的负性情绪的感染，指对弱于自己或者等级低于自己的对象发泄不满情绪而产生的连锁反应），影响学生的情绪状态和行为结果。

三、教师消极情绪的理论基础

（一）情绪 ABC 理论

ABC 理论是由美国心理学家埃利斯创建的，这一理论的要点是情绪不是由某一诱发性事件本身引起的，而是由经历了这一事件的个体对这一事件的解释和评价引起的。

在 ABC 理论模型中，A 指诱发性事件（Activating events），B 指个体在遇到诱发事件之后相应而生的信念（Beliefs），即他对这一事件的看法、解释和评价，C 指在特定情境下个体的情绪及行为的结果（Consequences）。也就是说，人的消极情绪和行为障碍结果（C）不是由某一诱发事件（A）直接引发的，而是由经受这一事件的个体对它不合理的看法、解释和评价，即不合理信念（B）直接引起的。

韦斯勒等总结出不合理信念的三个特征：绝对化的要求，过分概括化和糟糕至极。"绝对化的要求"是指人们以自己的意愿为出发点对某一事物怀有必定会发生或必定不会发生的信念。这种特征通常与"必须"和"应该"这类词联系在一起，如"这次拔河比赛我们班必须赢"。"过分概括化"是一种以偏概全的不合理思维方式的表现。它是个体对其自身或他人不合理的评价，其典型特征是以某一件或某几件事的结果来评价自身或他人的整体价值，如"连一个学生都教育不好，我真是太没用了"。"糟糕至极"是一种认为如果一件不好的事发生将是非常可怕和糟糕的、是一场灾难的想法，如"如果这次评不上高级（职称），我就完了"。

（二）情绪感染理论

关于情绪感染形成机制的理论，当前主要包括模仿—回馈机制、联想—学习机制、语言调节机制、社会比较机制、认知评价机制、直接诱导机制等。张奇勇、卢家楣在情绪感染的概念和已有文献资料的基础上论证了情绪感染的机制问题：情绪感染是一个"察觉—模仿—反馈（激活镜像神经系统）—情绪"的过程；在情绪感染的形成过程中，个体差异性、性别、文化构成了主要的调节变量，影响着个体情绪感染的强度。还有研究者发现：个体受情绪感染影响的程度在一定程度上受到个体情绪调节能力的影响；群体情绪感染具有循环效应，可以在多人间交互产生，不断增强。在群体成员情绪感染过程中，研究者们发现群体领导者扮演着重要的角色。

（三）情绪调节理论

关于情绪调节的研究有着悠久的历史，如早期精神分析理论把情绪调节看作被动防御机制。近年来，情绪调节获得了学者们的广泛关注，形成了各种情绪调节理论。例如，情绪调节的情境观，将情绪调节看成应对情绪情境时的一种心理反应；情绪调节的过程观，认为情绪调节在情绪发生过程中开展；情绪调节的结构观，重视情绪调节的构成成分；等等。

其中，格罗斯的过程与策略理论为情绪调节的实证研究提供了重要的理论支持。该理论认为情绪调节是在情绪发生过程中展开的，情绪的发生过程可分为情境选择、情境修正、注意分配、认知改变和情绪反应调整五个阶段，在情绪发生的不同阶段会产生不同的情绪调节。基于此理论，延伸出五种情绪调节策略：情境选择、情境修正、注意分配、认知重评和表达抑制。

（四）教师情绪劳动理论

教师的情绪劳动是指教师在教学工作与人际互动时，表达组织以及教学工作所要求的情绪过程。这种情绪的表达既包括按照工作要求的个人情绪的自然流露，还包括以伪装的方式展现其外在的情绪，以及教师尝试改变内在的感受，从而与教学工作要求的外在情绪表达一致。情绪调节理论认为情绪劳动的产生是个体受到情境刺激后，通过情绪调节产生情绪表达。个体通过表层扮演或深层扮演表达与组织一致的情绪。表层扮演指当内在的情绪与组织要求不一致时，通过调节面部表情、声调、手势和身体姿态等外显行为伪装并表达出符合要求的情绪，但内心的感受并未改变；深层扮演指通过改变认知、注意力转移等调整与组织要求不符的内在感受并表达出组织所需的情绪，情绪表达和内心想法都发生改变。

❀ 行动研修

消极情绪的产生是一种正常的心理现象，但过度和持久的消极情绪会给我们带来严重的负面影响。尤其是教师，不仅会影响自身的工作效果、生活质量和身心健康，还会影响学生的学习状态和心理健康。因此，当我们陷入消极情绪时，可以试着从以下几个方面进行调节，缓解或消除消极情绪带来的不良影响。

一、不为他情、他事负责

由消极情绪的定义我们知道，消极情绪是当客观事物或情境不符合我们的需要和愿望时产生的。众所周知，客观事物或情境是我们不能控制和改变的（如领导发火，同事抱怨，某生今天很暴躁，甚至包括学生不写作业等），是不以我们的个人意志和愿望为转移的。那就允许它们的存在，不评判，不纠结，因为可能有某种合理的原因。比如学生不写作业，是不是家里有什么急事耽误了，或者是作业比较难，他不会。这样我们的情绪就不会轻易被他情、他事所感染和带动了。

但是有时候，有些人和事可能是我们不易理解的。比如《垃圾车法则》中讲到的一个故事：作者在乘坐出租车去中央车站时，一辆黑色轿车不遵守交通规则冲了出来，差点酿成重大车祸，轿车司机却朝他们破口大骂。出租车司机出奇地友善，竟只微微一笑，挥了挥手。鉴于作者的吃惊询问，出租车司机回答道："许多人就像垃圾车，他们装满了垃圾四处奔走，充满了懊恼、愤怒、失望的情绪，随着垃圾越堆越高，他们就需要找地方倾倒，释放出来。如果你给他们机会，他们就会把垃圾一股脑倾倒在你身上。所以，有人想要这么做的时候，千万不要收下。只要微笑，挥挥手，祝他们好运，然后继续走你的路。相信我，这样做你会更快乐。"所以，当我们遇到这样的人或事（心理扭曲、性格极端、醉汉等）时，就允许其存在，不纠缠，因为负能量是会传染的，我们没必要为他人的言行承担后果。

二、担起自己的情绪责任

我们经常听到有人说："你这样说，让我很难过；你这样做，让我很失望；你不说不做，让我很生气。"总之都是你害的，不关他的事！真的是这样吗？美国社会心理学家费斯汀格有一个很出名的判断——费斯汀格法则：生活中的10％由发生在你身上的事情组成，而另外的90％则由你对所发生的事情如何反应决定。也就是说，生活中有10％的事情是我们无法控制的，而另外的90％却是我们可以选择和掌控的。情绪ABC理论告诉我们，我们的消极情绪不是由某一诱发事件直接引起的（生活中的10％），而是由我们对这一事件的不合理的看法、解释和评价（另外的90％），即不合理信念所直接引起的。比如，学生不写作业让你很生气。实际上，学生不写作业只是你生气的一个导火索，你之所以生气，最终决定因素是你的信念，即认为学生就应该写作业的绝对化要求。所以，是否体验到消极情绪取决于我们自身，我们要为自己的情绪负责。教师是班级的组织者、教育者和领导者，在学生的情绪感染过程中扮演着重要的角色，因此要谨防消极情绪感染的循环效应，警惕"踢猫效应"的出现。只有担起自己的情绪责任，你才能掌握对消极情绪进行调节、管理的主动权，做情绪的主人。

三、认同自身角色，采取有效劳动策略减少心理损耗

教师的情绪劳动是一把双刃剑，它可以帮助教师控制和管理情绪，表现出适合教学的情绪，提高工作绩效。但有关研究表明，过高负荷的情绪劳动会带来情绪失调、情绪耗竭，引起职业倦怠和离职意愿增加。因此，我们要合理看待教师的情绪劳动，选择有效劳动策略，缓解情绪劳动带来的消极影响。

（一）认同自身的职业角色

教师是情绪工作者，工作中需要丰富的情绪表现，以帮助我们实现教育教学任务。例如，面对扰乱秩序的学生，我们要严肃、严厉，使其认识到错误；面对学习受挫的学生，我们要和善、鼓励，使其重拾信心。因此，我们要充分认识到教师这份职业的工作性质和要求，看到情绪劳动的意义，做好心理预期。我们要从心底认同教师职业角色，发现教育工作的美好和乐趣，感受工作的成就和意义，体验职业带来的幸福感，即使在教育教学中遇到不如意的事也能通过调节快速适应。

（二）采取有效劳动策略

有关研究发现表层扮演会导致职业倦怠，深层扮演反而会降低职业倦怠水平，提升工作满意度。表层扮演看似简单，实际上因内心真实感受与外部表现不一致，反而会产生心理冲突与矛盾，消耗更多的心理资源，容易使情绪耗竭。而当我们采用深层扮演，通过主动改变认知、转移注意力、换位思考等真诚地表达自己时，不仅会提高工作成效，还能提高成就感和幸福感。因此，我们应提高深层扮演的使用频率，降低情绪劳动的消极影响。例如，考试前你已经强调过很多遍一定要先审好题再作答，可成绩出来后发现某生还是因为不审题导致成绩不理想。如果我们采用表层扮演来进行情绪工作，即做出微笑的表情来安慰、帮助他正确分析考试时，我们实际上是生气的，心理上是冲突的，这样会消耗很多心理资源；但如果我们选择深层扮演策略——换位思考，"我要是学生，现在肯定很懊悔也很伤心，并且人都有疏忽的时候"，我们可能就不生气了，就会耐心地"同理"他，等他心情平静后再帮他进行试卷分析。

四、调节管理自己的消极情绪

那如何对消极情绪进行调节和管理呢？我们可以尝试通过以下方法进行调节。

（一）觉察接纳

消极情绪是我们对特定情境的自然反应，人人都有。但我们通常不允许它自然发展，总是试图消除这些令人不悦的感受，结果却事与愿违，让我们更加痛苦。比如，优课大赛时你有点紧张，拼命告诉自己"不要紧张，不能紧张，这样会发挥不好的，上次就是因为紧张忘了词"，结果越这样你越紧张，越焦虑。但如果我们能觉察到自己的消极情绪及无尽的思考，及时停下来，允许自己与当下的体验共处，关注它们，接纳它们，那我们的体验就会发生改变，我们也就可以有意识地选择恰当的回应方式。

正念练习是觉察和接纳情绪非常好用的一个方法。下面让我们感受一下《八周正念之旅》中的正念练习——与困难共处：首先，进行正念呼吸和躯体扫描，待身体放松时，邀请困难进入，有意识地将觉察带到身体上那些与不悦体验相关联的感觉强烈的部位，体会一下有哪些具体的感觉。然后，将温和、友善的觉察带到身体的那些部位——紧缩感、紧绷感、对抗感的部位，可以想象"吸气进入"，再"呼气离开"这些部位，对身体感觉进行正念关注，告诉自己它已经在这里了。继续体验、觉察这些感觉，同时允许它们存在，不评判，不指责，不认同，只是接受它们，允许它们按本来的样貌存在。我们并不需要喜欢这些感受，可以告诉自己不喜欢是正常的。

（二）改善环境

不同的环境会让人产生不同的心情，格罗斯认为情境选择和情境修正都可以调节我们的情绪。这里将其合为改善环境（自然环境、人文环境、心理环境），也就是说我们可以通过接近或避免某些人、场合、事件（如与同事产生矛盾时可暂时离开现场，心情不好时不要去拥挤脏乱的地方，可以去环境优美或曾令你开心的地方，心里不痛快可以去找知心朋友，教室比较嘈杂难以安心备课时可以改去办公室等），或改变情境对情绪进行调节（如与同事产生矛盾后及时澄清，将凌乱的办公桌收拾整齐，养几盆漂亮的花等）。

（三）转移注意力

格罗斯将注意力分配作为情绪调节的策略之一，并将其划分为分心、专心与沉思三个维度。研究证明沉思会产生更多的负性情绪，因此可以采取分心和专心这两种策略来调节情绪。我们将其合为注意力转移，就是将注意力放在情绪性事件或情境之外。例如，当我们想到某件伤心事时，可以有意识地想一想令自己高兴的事；当我们心绪不宁时，可以去操场散散步或打打球等；当我们因期末复习而焦躁时，可以利用课间听听音乐，舒缓一下自己的心情；心情不好时，可以专注于平时感兴趣的事，练一下书法，画画，看书等；因为孩子的学习问题烦恼时，可以有意地安排一些工作任务（如备课、批改等），使注意力集中在工作上而忘却烦恼。

（四）认知改变

情绪 ABC 理论告诉我们，出现情绪困扰是因为我们秉持了不合理的信念。所以当遇到情绪困扰时，我们可以找出非理性信念（绝对化的要求、过分概括化还是糟糕至极），并与之辩论，进而用合理的信念取代不合理的信念来调节我们的情绪。比如，学生打架让我们很恼火，就这一事件我们应该如何进行认知调整呢？首先，我们要找到令我们恼火的不合理信念，是我们的绝对化要求：学生必须遵守学校纪律。然后与之进行辩论，发现自己原有观念的不合理处：万一他受到了人身伤害或生命受到威胁，他还要遵守学校纪律吗？接下来，我们用合理的信念取代不合理的信念：希望学生遵守学校纪律，而不是学生必须遵守学校纪律。

（五）身体调节

身心是互动的，人的生理和心理相互影响，相互作用。情绪的动机—分化理论中提到人们对不同的表情有着固有的认知模式，从而引起相应的情绪体验，如当我们咬牙切齿、横眉立目时就会产生愤怒的心情，因此我们可以通过身体的调节来改善情绪。

根据情绪的动机—分化理论，我们可以通过调节表情（面部表情、姿态表情和语调表情）来改善情绪体验。比如，当课文中的情境触发了我们的伤心往事时，可以嘴角上扬一点，眉眼弯弯，做出微笑的表情，这样我们的心里也会舒服一些；当公开课前紧张焦虑时，可以双肩打开，目视前方，步伐有力，呼吸均匀，这样我们就能感觉放松一些；当课堂上我们因为学生的沉闷、无反应而着急时，可以放缓语调，这样会让我们慢慢平静下来。

我们还可以进行放松训练来调节情绪，这是一种通过有意识地控制生理状态达到心理放松的方法。常用的放松方法有呼吸放松、肌肉放松、冥想放松等。进行瑜伽、太极等运动也是很好的情绪调节方式，通过调身（姿势）、调息（呼吸）和调心（意念）来达到调节生理和心理状态、优化情绪的目的。

总之，教师承担着众多的角色和职责，工作强度大且时间长，产生消极情绪是正常的。只要我们对消极情绪有足够的认识、理解，掌握适宜有效的调节策略并运用自如，就能收获工作、生活的欣欣向荣！

第三节　化解愤怒情绪，止怒制怒护身心

案例与分析

🍂 案例直击

林老师是一名初中数学教师，三十多岁的他已有多年班主任带班经验。他平时为人正直，低调踏实，教育教学水平深受学生以及校领导认可。正是因为林老师年轻能干，被领导委以重任，接下一个所谓的"问题班级"，他毫无怨言，兢兢业业地管理班级，认真教学，希望不辱使命。

然而，一件事使他的职业生涯出现了转折。班级中有几名十分难管的学生，尽管林老师已经使出浑身解数，他们还是好几次把任课教师都气跑了。有一天，这几名学生又"犯浑"，故意挑衅老师。林老师想到自己的用心付出，这几名学生却冥顽不灵，成天惹事，他一时怒气上冲，没控制住愤怒的情绪，动手打了学生。谁知其中一名学生用手机把林老师动手的过程录了下来，并把视频传到了网络上。事情闹到了教育局，最后迫于各方压力，学校处罚了林老师，他三年不能评优评职称，还被扣除了半年绩效。

🦋 案例诊断

我们不能因为一名教师会产生愤怒情绪而评价他不是一名好教师。愤怒

是人的正常情绪之一，但不能很好地控制愤怒情绪就容易产生过激行为。林老师面对犯错误的学生，没有很好地控制自己的愤怒情绪，进而不能控制自己的行为，做出了不合时宜甚至违反教师师德的事情。一名本来是认真工作、责任心强的好教师，却因为自己的愤怒情绪断送了大好前程，这值得每一位教师借鉴和反思。

理论与应用

◎ 理论导航

一、教师愤怒的产生机制和作用

作为人的四种基本情绪之一，常常一不留神，愤怒的小火苗就被点燃了。愤怒到底是怎么产生的呢？

（一）教师愤怒的产生机制

1. 因个性特征产生的愤怒情绪

不同的个性特征会促进或避免愤怒情绪的产生。有的教师的气质类型是胆汁质，他的情绪灵敏度高，容易愤怒。例如，在工作中遇到同一件棘手的事，胆汁质气质类型的教师就要比黏液质气质类型的教师易发怒。

2. 因社会因素产生的愤怒情绪

个体是社会的一个因子，经常会受到社会因素的影响而产生愤怒情绪，被否定、轻视、厌恶以及被挑衅、不被尊重等都会引起愤怒。我们看到新闻中有教师因为正常管教学生而被殴打甚至因此丧命而愤怒不已，感觉教师这个群体不被尊重，受到了威胁。另外，自由受限、行为受限、利益争夺、利益受损、焦虑和压力不断积累等都会引起愤怒情绪。

（二）教师愤怒的作用

前面我们讲到过，情绪本身无对错。愤怒情绪对于教师的正常生活具有一定的作用。

1. 提示我们需求没有被满足

根据著名心理学家马斯洛提出的需要层次理论，人类具有五种层次的需要。当我们的需要得不到满足或者被剥夺时，愤怒就会随之而来。因此在日常生活中，愤怒很重要的一个意义就在于：它提示我们需求没有被满足或者遭到了剥夺。

2. 告诉我们边界被侵犯

心理学中有一个很重要的词——边界。我们可以把人际边界比作泡泡，它代表着每个人必备的一种私人生活空间和个人基本生存权利。当与他人相恋或互相欣赏时，我们就会愿意把自己的边界和他人的边界相融合，和他共同生活，分享权利。可是，如果他人强行进入我们的边界，在我们不允许的情况下强行融合，这时愤怒就会提醒我们，生活边界受到了损害。可见，愤怒在人际关系中也是有非常强的提示意义的。

3. 愤怒是恐惧和绝望良好的替代品

尽管愤怒令人不快，但比起恐惧、压抑、绝望，它就是一场情绪的盛宴。这句话听起来好像是对愤怒明褒实贬，其实不然。没有人的一生会一帆风顺、阳光普照，没有一丁点儿坏事发生。除非能够达到内心平和、完全与外界脱离的状态，不然坏事发生时我们总是会有负面情绪。愤怒可以说是最好的选择，起码它表示我们还想往好的方向改变。

4. 愤怒给人一种力量

愤怒的人会感到四肢强壮，浑身充满力量。愤怒会让我们做好（思想）斗争的准备。有研究表明，一点点的愤怒情绪有助于人们进行问题思辨，更好地进行批判性思考。

二、发怒是危害教师人际和谐和身心健康的"刽子手"

愤怒情绪本身不只是一种具有破坏性的情感，怒气可以是聪明、有建设、有道德的。很多时候怒气会刺激我们做出不好的事，即愤怒情绪的产生和发展有它自己的积极意义，但发怒行为却可能引发各种各样的危害。

发怒是危害教师和谐的人际关系的"刽子手"。研究表明，人在发怒时，意识范围变得狭窄，思维容易偏激，思考问题的角度容易主观化，自控能力也随之下降，结果平时不起眼儿的小事都会被无限放大，成为爆发冲突的导火索。曾经有一位年轻的男教师，他平时很阳光又幽默，对待学生也很随和，常和同学们互相开玩笑，打成一片。可这天，女朋友和他大吵了一架，他心里本来就火冒三丈，恰巧一名男同学不知底细，还像过去那样和他开玩笑，结果引发了一场全校皆知的纷争，搞得不欢而散。网上曾流行过一个学生们总结的段子：老师不发飙时，和蔼可亲得无法形容，一旦发起飙来，那头发都一根一根地竖起来，眼中的火焰仿佛能让一切灰飞烟灭，那多年苦修的狮吼功此时完全发挥了作用。老师们，是不是看到了愤怒的自己在学生眼里的样子呢？

当然，发怒这棵仙人掌在刺人的同时也会造成自己的内伤。中医就说怒伤肝，因为愤怒时体内会分泌儿茶酚胺，使血糖升高，脂肪酸分解加强，血液和肝细胞内的毒素相应增加，从而损伤肝脏。肝脏是人体内最大的解毒器官，体内产生的毒物、废物及吃进去的毒物、药物等也必须依靠肝脏解毒。所以，发怒之后马上吃饭，甚至一边吃饭一边发怒，不但不利于消化，而且相当于在"服毒"。请回想一下盛怒之下的你，是不是没有食欲，即便硬撑着吃了也容易消化不良，甚至引起消化功能紊乱等问题。所以，经常动怒的教师容易患上高血压、糖尿病、消化系统疾病和冠心病等。另外，研究表明，经常发怒还会降低机体的免疫力。有资料显示，几乎一半的肺癌、乳腺癌患者经常怒火中烧，因此愤怒也有致癌的可能。怒火中烧还会促使支气管哮喘、甲状腺功能亢进、偏头疼、肠绞痛等疾病发生。经历过哺乳期的女教师们会发现，发怒会导致乳汁分泌减少，甚至会分泌出有害物质，不利于孩子的健康成长。愤怒的危害如此之大，就像摧枯拉朽的暴风席卷而过，所到之处一片狼藉。

不仅如此，愤怒有时候还会像洪水猛兽一样夺人性命。因为错过下车站点的重庆刘某的愤怒，导致 22 路公交车全员罹难；因为跟妻子发生矛盾，辽宁建昌的韩某华轻生厌世，导致 6 人死亡、20 人受伤的恶性案件发生；重庆年轻女教师因为和丈夫酒后争吵，愤怒之下从 14 楼一跃而下；17 岁男孩坐在后排车座上，因为妈妈的严厉指责而心生愤怒，突然打开车门，冲向桥边，一跃而下。

发怒像一只愣头愣脑的刺猬，扎伤了别人，也隔离了自己，留下了人际关系的裂痕和风暴。怒火就像肆虐的狂风暴雨，加速了生命耗尽的速度。发怒还像熊熊燃烧的烈火，一把将生命烧成灰烬，徒留生者扼腕长叹。由此可见，发怒是危害教师身心健康与人际和谐的"刽子手"。

三、压抑愤怒的连锁反应

在人类的社会文化中，愤怒往往会被压制。一种情况是因为愤怒的时候没有能力进行反抗，所以愤怒情绪被压抑了下来。另一种情况是不想把情绪发泄出来，为了自身或他人利益将愤怒情绪压抑下去。

被剥夺了愤怒权利的人，会发生一系列的内心连锁反应：第一，会逐渐丧失察觉情绪、满足自我需求的能力，不再试图关爱自己，刻意屏蔽愤怒，也不知道如何表达负性情绪，内心恐慌，失去安全感，变得退缩、封闭；第二，会失去自我防卫的能力，面对危险和侵犯不能适时地反抗和表达，久而久之就会增加被侵犯的可能性；第三，对他人及自身情绪缺乏了解，无法敏锐地察觉他人的感受，或漠视他人的感受，情绪感受力弱，情商低；第四，压抑愤怒本身就是一种自我伤害，当你对一个人、一件事的愤怒被强行压抑住之后，这种内心的负能量并不会因此而消失，而是逐渐泛化到整个生活中，情绪越积越多，到了控制不住的那一刻，最终会以不可预知的更具破坏力的方式爆发；第五，长此以往，会切切实实导致情绪功能上的封闭，会在我们认为应该发怒的时候无论如何怒不起来，取而代之的往往是茫然、胆怯或委屈，甚至会出现病态化的心理问题，如导致抑郁症或躁郁症（双向情感障碍）。很多抑郁症或躁郁症患者都是由于对过去经历的懊悔、自责、愤怒而无法将情绪合理化，导致形成错误的认知观念，产生了心理问题。桑塔亚纳曾经指出，抑郁是愤怒的弥漫性表达。

❀ 行动研修

愤怒是一种潜在的负性情绪，会严重影响教师的日常生活，造成对自己和周围人的伤害，影响教师的身心健康和人际和谐。如何使它不被压抑，又不至于横冲直撞地表现出来呢？我们可以试着从以下几个方面解开"愤怒"的结，让自己产生"愤怒"的抗体，让"愤怒"在生活中有正确的位置。

一、了解愤怒的积极意义，并通过正念冥想静观愤怒情绪的产生、变化，平和地接纳愤怒情绪

我们已了解到愤怒还有一些积极的意义，如提示我们需求没有被满足，

告诉我们边界被侵犯，愤怒是恐惧和绝望良好的替代品以及愤怒给人一种力量等。

接下来，我们看看什么是正念冥想，以及如何通过正念冥想帮助我们平和地接纳愤怒情绪。

正念冥想是冥想的一种方式。之所以冠以"正念"二字，是指"当今、当下"的意思。中文很有意思，"念"字由"今"和"心"组成，意指"今天的心事"。"正念"以一个"正"字更加强调了现在和当下。我们的心往往喜欢做两件事情：一件是不断地跳到未来，规划或担忧一些还没有发生的事情；另一件是回到过去，为已经发生的事情感到后悔或难过。人往往就在这两种心情的反复中错过了当下。这常常被比喻成一颗猴心，就是猴子的心，因为猴子总是从一棵树窜到另一棵树，无法停下来，无法定住。所以，所谓正念冥想，就是把注意力集中到当下的自己，从而获得对身体、情绪和念头的掌控。

在所有的正念练习中，你都需要找到一个安静、温度适宜的空间（不一定非要是房间，坐车、坐飞机、坐地铁时也可以），确保自己不受打扰，然后找到一个优雅、舒适的姿势坐好，双肩自然下垂，放松。

第一步，观念头，念头并非事实。念头本身如同呼吸和身体感觉一样，可以成为正念的联系目标。首先，请留意一下你的呼吸，可以做三次深长的呼吸，深深地吸气，缓缓地呼气。接着，将注意力带到念头上，观察念头的出现、变化和消失。我们一天会产生6万多个念头。当一个念头出现的时候，有意识地将注意力带向它，并对它进行命名，可以把它命名得很具体，如"早晨天微微亮一个人在河边跑步"，或者按照念头的类型来命名，如"计划""回忆""幻想"等。练习一下你就会发现，念头一旦被命名，就会松动、瓦解、消失。留意你的命名和念头消失的过程，然后把注意力重新带回到呼吸或者身体感受上来。

第二步，观情绪，与情绪共舞。深呼吸，并进入放松的状态，带着好奇心和耐心去觉察你的情绪变化。有时候你会觉察到一种情绪；有时候可能会有很多种情绪一起涌出，如愤怒、伤心、恐惧；有时候又基本没有什么情绪，如无聊、麻木等。你需要给你的情绪命名。如果你能给每一个觉察到的情绪做清晰的命名，就能驾驭你的情绪。当你觉察到强烈的坏情绪和消极情绪时，请不要评判，接纳它的存在就好了。情绪出现的时候通常会带来相应的身体反应，如愤怒时脸会发烫，心跳会加快，恐惧时身体会紧缩等。你需要觉察情绪以及情绪带来的身体状态。

二、认识愤怒的产生机制，从认知源头对不合理期待和要求进行面质和反驳，化解愤怒于无形

怒火常常起于教师认为某些事应该如此，而结果与教师的想法背道而驰。在为人处世时，人们习惯于先设定一个"我认为，我希望"，如果事情的走向恰巧符合这个设定便满心欢喜，如果事情的走向偏离了自己的设定，愤怒就应运而生。比如，那位和女朋友大吵一架的年轻男教师，恋爱的时候花费了很多时间、精力，经过一段时间的交往，女孩突然提出终止关系，这位男教师就觉得被骗了，认为这个女孩无情无义，在"套路"自己。这种认为现实应该像自己希望的那样发展的绝对化思维是引发愤怒的根源。

从认知源头对不合理期待和要求进行面质和反驳，是通过对愤怒源头的觉察、反省和思考，使愤怒自行减少并逐渐消失。它不是大众误以为的消极处世态度，也不是逞口舌之强的无所谓，而是认清愤怒的源头不是所遇到的人和事，而是我们对所遇到的人和事的不合理期待和要求。比如，很多教师心中的不合理期待和要求就是"所有的学生都应该是好学生，他们必须听话，不能上课搞小动作，老师们所教的知识他们一定都会"等。一旦学生的表现不是教师想象的样子，他就会愤怒、失望。这时，就需要我们对这些不合理期待和要求进行面质与反驳。我们不能要求所有的人都按我们的想象来，每名学生有自身的特点，他们的起点不一样，接受事物的快慢程度不同，性格脾气各异。认识到了这些，我们的期待会转变成"他一直在努力就好，接受得慢没关系，给他些时间"，"他的缺点就是爱动，这也是他的优点啊，他的体育成绩就很好"，"他的学习态度有问题，需要我多和他沟通"等，这样就会让自己的心态变得平和，情绪就不容易失控。

同时，教师要把引发愤怒的"挫折、不公平、怠慢"等经历看成生活的一部分，明白这些是每个人漫长的生命旅程中必然的经历和体验，因此不要杯弓蛇影，不必大惊小怪，更无须愤愤不平。如果教师能平静地接纳事情的发生和发展，将其视为人生应该有的一种体验，就能多一点平和，少一点怒

火，就能化解愤怒于无形。

三、把怒气合理地宣泄出来，免得怒气在心里滋生

如果教师在日常生活中一味地控制和管理自己的愤怒，那么有可能丧失觉察和满足自己需要的能力，并且变得日趋压抑。因此，教师要学着用合理的方式宣泄愤怒，免得愤怒在心里滋生、疯长。

首先，做运动是最佳方法，通过慢跑、游泳、柔体操、散步等，直接释放身体所产生的愤怒。在运动中，体内会分泌一种物质内啡肽，又称身体的内在"吗啡"，它是一种快乐激素，能让人的情绪变得愉悦轻松。现在很多学校都配备了心理减压室，教师可以在开放的时间进去做一做拳击运动，或者到操场上快走或慢跑几圈，出出汗，把负性情绪宣泄出去。

其次，利用音乐适当地发泄情绪。我们平时可以将自己喜欢的音乐分类放在不同的文件夹里，或共鸣自己的愤怒，或安抚自己的愤怒，或平息怒火。音乐的运用，可以是全神贯注地聆听，可以与其他事情相伴随，还可以在KTV里高歌一曲，或躲在无人干扰的环境里放声歌唱，抑或随时随地轻声呢喃。

此外，教师也可以通过画画或写字来发泄愤怒，这样既将爆发出来的感情变成了一幅画或一篇文字，又不会迁怒于他人或物体。首先，把自己当时

的愤怒心情或想法画出来或写下来，画和写的方式不限，只要能表达出自己的心情就好，也可以涂上颜色。然后，安静地注视自己的作品，在作品上添加一些元素，让画面呈现出心情变好后的样子，或是自己期待的样子，也可以用文字写出来。最后，感受一下自己的心情前后有什么变化，用自己喜欢的方式处理画作和文字，可以扔掉，也可以收藏。举某一位教师的实例：当心情烦闷的时候，她会在纸上随意涂鸦，这些线条就像她的坏情绪一样乱乱的。画着画着，她感觉到轻松了一些。当她看着这些胡乱打结的线条，想着怎么能把它变好呢，既然打结那就变成一个蝴蝶结吧，而她还希望自己的生活能多点色彩，所以就画了一个彩色的蝴蝶结。看着这些胡乱打结的线条也能变成彩色的蝴蝶结，她笑了，心情也好了许多。她还给这幅心情画取了一个名字——"空中的蝴蝶"，收藏在抽屉里。

总之，教师也是正常的人，有愤怒情绪很正常。我们要做的就是通过合理的方法有效化解愤怒，不让愤怒情绪冲昏头脑而做出不合时宜的事情。教书育人，言传身教，教师的言行也会影响学生，所以作为教师，我们首先要"修炼"自己的身心，做一位心态平和、言语得当、心胸宽广的师长。

第四节　缓解抑郁情绪，心怀阳光向未来

案例与分析

案例直击

赵老师是初一（2）班的班主任，同时任教本班数学。他一心扑在工作上，做事认真负责，追求完美。儿子上初二，学习一般，有点叛逆，喜欢打游戏。今年的职称评选失败后，赵老师感到很失落，觉得自己很失败，不仅工作没搞好（职称没评上，任教班级学生的中考成绩不理想），自己的孩子也没教好（不服管教，天天就想着打游戏）。他越想越觉得自己没用，干什么都干不好，最近一段时间情绪低落，什么都不想干，上课没精神，不想与人交往，睡眠也不好。

🏵 案例诊断

抑郁是常见的负性情绪。教师在重重重压之下，当面对负性事件时，以消极的态度评价自己、认识未来，就容易产生抑郁情绪，如果不加以调节任其发展，就会影响社会功能和身体健康。案例中的赵老师由于追求的目标受挫（评职称失败），启动了负向思维，只关注工作生活中的不如意，从而否定了自己的全部价值，对自己下了"没用"的结论，陷入不快和失败的情绪之中，从而影响了工作、生活和睡眠。

理论与应用

◎ 理论导航

一、教师抑郁概念

抑郁是个体对外在和内在刺激的一种情绪反应。孟昭兰指出，抑郁是一种复合性的情绪体验，不同于一般的悲伤，具有比任何一种单一负性情绪更为强烈、持久和痛苦的情绪体验，除了悲伤以外，还伴有愤怒、痛苦、自罪感、羞愧等情绪。这里所说的教师抑郁仅指教师的一种常见的情绪，一种比悲伤更为强烈、持久和痛苦的复合性情绪体验，在不同情境下伴发愤怒、悲伤、自罪感、羞愧等情绪，而并不是精神病学的研究者们认为的抑郁——一种情感障碍。

那么抑郁情绪和抑郁障碍怎样区分呢？下面介绍一个简单的区分方法，但如果要进行专业准确的鉴别还是要去专业机构找专业人士。

（1）从诱因来看，抑郁情绪通常有现实原因，由负性事件（如职称评审失败，被领导当众批评）引起，并可以通过自我调节慢慢消失；抑郁障碍起因不明，即使有现实原因，反应程度也与之不相称，不足以解释抑郁表现（如总是伤春悲秋，看到花谢了悲伤，看到树叶落了也悲伤），并且很难依靠自己走出困境。

（2）从表现来看，抑郁情绪通常只是短时的情绪困扰；抑郁障碍通常持续时间超过两周以上，除了情绪低落外，睡眠质量往往变差，食欲也受到影响，精力不足，对什么都毫无兴趣，出现自杀倾向。

（3）从影响来看，抑郁情绪通常不影响正常的社会功能（如工作、学习、生活和人际交往等）；抑郁障碍影响正常的学习、工作和生活。

二、教师抑郁的负面影响

抑郁是每个人都会遇到的情绪，并不可怕，它是我们心智成熟的助推器。实际上，它只是想给我们传达了一个信息——生活或自己的某些方面出现了偏差，提醒我们适时地关注、反思并做出改变。如果我们不加以调整和改变，那么会造成严重的不良影响。

（一）心理适应不良

长期的情绪低落让人痛苦不堪，会产生认知偏差，往往过分贬低自己，觉得自己毫无价值，悲观绝望，看不到自己的未来，丧失生活信心，严重者会产生心理障碍，甚至出现自杀倾向。

（二）社会功能受损

表现：对工作失去兴趣，上课没精神；工作效率下降，半天批改不完一篇作文；回避人际交往，不愿意与同事接触等。

（三）危害身体健康

长期的抑郁会使人感到身体疲乏，食欲下降，睡眠质量较差（失眠、早醒或嗜睡），有的人还会出现体重下降、肠胃不适、胸闷、头疼等症状，严重影响身体健康。

三、教师抑郁的理论基础

关于抑郁的成因目前众说纷纭，没有一致的结论，研究者们根据自己的研究取向阐述了对抑郁的理解。下面重点介绍一下抑郁的认知理论和积极心理学对抑郁的解释。

（一）抑郁的认知理论

美国心理学家贝克的认知理论认为主要是由歪曲的认知，即以歪曲和消极的方式解释外界信息，产生负性自动思维（消极自我、消极世界、消极未来），导致了抑郁。阿布拉姆森的无望理论认为抑郁产生的最直接原因是无望感，而负性生活事件和负性推断是产生抑郁的间接原因。消极生活事件发生后，具有负性推断的个体会对负性生活事件进行消极的解释和归因，进而产生无望感，最终导致抑郁。由情绪 ABC 理论所建立的理性情绪疗法认为，情绪困扰是由我们的不合理信念造成的，因此改善情绪困扰就要以合理的思维方式代替不合理的思维方式，以合理的信念取代不合理的信念，来减少或消除已有的情绪困扰。其操作模式为 ABCDEF（图 2 - 1），即 A（Activating events）诱发性事件；B（Beliefs）由 A 引起的信念（对 A 的评价、解释等）；C（emotional and behavioral Consequences）情绪和行为的后果；D（Disputing thought）与不合理的信念辩论；E（Effective thought）对 A 的新想法；F（new Feeling）产生的新情绪。

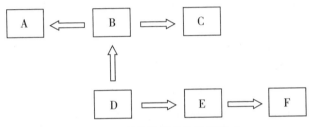

图 2 - 1　理性情绪疗法操作模式

（二）积极心理学对抑郁的解释

积极心理学将抑郁解释为积极资源缺乏，积极的认知"偏差"、积极的情感体验以及积极的意志行为共同构成积极资源，致使抑郁产生的重要原因便是"积极"的匮乏。积极心理干预通过帮助个体将关注点更多地放在积极情绪而非消极情绪上，增加积极情绪，提高幸福感而减少抑郁情绪。

四、教师抑郁的影响因素

为什么面对相同的事件或境遇时不同的教师会有不同的反应？说明除了压力事件（如工作负荷、教学管理、考试成绩、专业发展、人际关系、社会评价、家庭状况、身体健康等）外，还有别的因素对抑郁产生了影响。

1. 认知在情绪的产生中起着重要的作用。抑郁形成的认知因素主要包括两方面：认知歪曲和归因偏差。当负性事件发生时，如果对人对事产生歪曲的看法、解释或评价（如绝对化要求、过分概括化、糟糕至极），采用不恰当的归因方式（将负性事件归因为内部、全局性和稳定的原因），就容易引发对自我、世界和未来的消极评价，进而导致抑郁。比如，当后备干部选拔失败时，有人觉得完了，认为自己能力不行，否定自己，忽视自己的优点，夸大问题的严重性，觉得这辈子没前途了，就容易产生抑郁情绪。

2. 应对方式是指个体在面对压力情境时采取的方法、策略。拉泽罗斯和福克曼将个体应对策略分为问题指向应对和情绪指向应对两种类型。对于可控的应激源（压力事件），问题指向的应对较为适合；而对于不可控的应激源，情绪指向的应对则会更有效。同时，研究发现积极有效的应对方式（如解决问题、求助、视角转换）将减缓或消除压力事件带来的身心冲击，而消极不适应的应对方式（如幻想、自责、回避）则容易导致抑郁。

3. 研究发现，人际支持在抑郁情绪的调节中起着重要的作用。良好的人际支持可以在遇到负性事件时给我们带来安慰、关心、理解等情感支持，使我们获得信息、策略、技术、物质等帮助，增加我们的心理安全感和压力应对能力，所以相对于人际匮乏的个体来说就不易产生抑郁情绪。

4. 自我概念简单来说就是对自己的看法，包括能力、知识、特长、外貌、理想等。研究发现，自我概念与抑郁密切相关，抑郁者有更多的消极自我概念。抑郁情绪常常起源于自我概念，主要由现实自我和理想自我的差异引起。例如，当我们意识到不能达到像自己或重要他人期望的那么好时就会自责，自我批评，从而感到抑郁。

5. 生物学模型认为，抑郁是由身体机能的某些偏差导致的，如生物化学研究发现，中枢神经系统中去甲肾上腺素和 5-羟色胺、多巴胺等特定的神经递质与抑郁的产生有关。

❀ 行动研修

随着生活节奏的加快，来自社会的、管理的、教学的、健康的、发展的重重压力让越来越多的教师感到身心疲惫，抑郁无助。那我们怎样才能够让自己更有活力，从而缓解或消除抑郁带来的不良影响呢？我们可以试着从以下几个方面进行调节。

一、了解抑郁，积极应对

一件事情（如令人抑郁的事）发生了，我们通常首先想到的是如何应对。只有对抑郁的相关知识有足够的了解，才能更好地应对。由抑郁的影响因素

"应对方式"我们知道：对于可控的压力事件，我们采用积极有效的问题指向的应对较为合适；而对于不可控的压力事件，积极有效的情绪指向的应对则会更加有效。由于抑郁是在负性生活事件和认知的共同作用下产生的，所以要消除或缓解抑郁可以从压力事件和认知入手采取相应的应对策略。如果负性生活事件可改变，我们就采用积极有效的问题指向的应对，如积极面对、求助、主动解决；如果负性生活事件不可改变，我们就采用积极有效的情绪指向的应对，如转换视角改变认知。例如，学生期末成绩不理想时，对于本次成绩我们是无法改变的，所以只能采取情绪指向的应对策略，通过改变我们对本次成绩的看法来调节情绪：首先，一次考试成绩不好不能说明什么，它只是对本学期教学成果的一次检验，并不能代表和决定未来；其次，我们可以将其视为一次考验和提醒，帮助我们发现教学中的不足，以便更好地成长。虽然我们无法改变这次的期末成绩，但是我们可以积极地想办法提高下一次考试的成绩，而不应逃避问题，放弃改变。我们可以采取积极的问题应对策略：积极面对本次成绩，挖掘成绩背后的原因；向有经验的教师请教治学良方；制订解决问题的方案。这样我们就会感到问题解决有望，那么我们的心情也就没那么糟糕了。

二、调整认知，合理归因

由抑郁的认知理论我们了解到抑郁形成的认知因素主要包括两方面：认知歪曲和归因偏差。我们可以用合理的信念取代不合理的信念，来减少或消除抑郁情绪。具体应该怎么做呢？首先，要学会找出当负性事件发生时我们的不合理信念；其次，质疑引起抑郁的那些假设，用相反的证据来反驳那些不合理的信念（绝对化的要求、过分概括化还是糟糕至极）；然后，采用不同的解释方法，重新归因；最后，以新的想法取代不合理的想法，产生新的情绪。例如，新任教师小李在精心准备的公开课上失败收场，伤了自尊，觉得无颜见领导、同事，抑郁情绪产生。那么小李应该如何进行认知调整呢？首先，要找到抑郁背后的不合理信念，如"公开课必须成功，不然我就是一个废物"；其次，质疑引起抑郁的这个假设，"难道就因为一次公开课没上好，我就是一个废物吗"，用相反的证据来反驳，"我写的教学论文在国家级期刊上发表过，指导的课本剧获过一等奖，说课比赛获过一等奖……除了这次公开课，其他还有很多成功的地方"；然后重新归因，"我只是这次公开课发挥失常而已，我还有很多成功的地方，所以我不能这样批评自己"；最后，以合理的想法取代不合理的想法，"我想要公开课成功而不是我必须成功，即使不成功我也还有很多其他优势"，这样一想心里就舒服多了。

三、自我同情，觉察接纳

研究表明自我概念与抑郁密切相关。面对压力事件，当我们不能达到理想中的状态时就容易自责，否定自己。这时，我们可以通过自我同情（一种积极的情绪调节策略或积极的自我态度，即接纳、理解、友善宽容地对待自己）进行调节。具体应该怎么做呢？

首先，我们要自我宽容，也就是接纳自己的失败、不完美。人生在世，挫折和压力是不可避免的，甚至是与我们常相伴的。要意识到人人都会失败、犯错或者沉湎于不健康的行为，我们的痛苦不是孤立的，是正常的、普遍化的。既然如此，当我们遭遇失败时，就应有意识地立即停止对自我的苛刻批判和谴责，而是客观地评价自己，理解和接纳自己的不完美。例如，在指导学生参加演讲大赛遇到挫败时，就不要苛责自己没能力，不是个好老师等，而应客观地看待"我只是在指导学生演讲方面稍显不足，金无足赤，我在其他方面做得还是不错的，如上课、会演、科研等"。

然后，通过正念觉知觉察、接纳抑郁的想法和情绪，既不回避，也不夸大，非批判性地接纳它们的存在。首先，进行正念呼吸和躯体扫描，待身体放松时，邀请抑郁进入。接下来，集中注意力对（抑郁）事件的想法进行关注，将注意力聚焦于心中升起的想法，觉察想法如何升起，以及经过、消失的过程，不去控制想法的去留，只是让念头自然地升起和消失。如果一些想法带来强烈的情绪，那么有意识地将觉察带到身体上那些与抑郁体验相关联的感觉强烈的部位，体会一下有哪些具体的感觉。之后，将温和、友善的觉察带到身体的那些部位——紧缩感、紧绷感、对抗感的部位。可以想象"吸气进入""呼气离开"这些部位，对身体感觉进行正念关注，告诉自己它已经在这里了，给它以同情。告诉自己，"亲爱的，我知道你有多痛苦"，继续体验、觉察这些感觉，同时允许它们存在，不评判，不指责，不认同，只是接受它们，允许它们按本来的样子存在。我们并不需要喜欢这些感受，可以告诉自己不喜欢是正常的，接受现在的感觉，缓和抗拒，积极面对与抚慰自己。

四、发掘积极，增加美好

积极心理学认为致使抑郁的重要原因便是"积极"的匮乏，将关注点更多地放在积极情绪而非消极情绪上，增加积极情绪，可以减少抑郁。抑郁来临时只是积极力量受到了抑制，只要我们搁置"消极"，发掘"积极"，就能快速走出困扰。

（一）发现抑郁背后的积极意义

人生不如意事十之八九，然而我们可以选择将其最优化。任何事情都具有两面性，我们关注什么就会得到什么。如果我们关注事情的消极面，我们就会变得抑郁无助；如果选择关注积极的一面，我们的积极力量就会变强，即使在最困难的环境中也依然能看到希望。那么我们应该如何看待抑郁呢？抑郁实际上是一种自我防御，它的出现只是在提醒我们生活或自己的某些方面出现了偏差，让我们能够坦诚面对自己，适时地关注、反思并做出改变，学会接受事与愿违的现实。抑郁的过程可以让人积攒能量，这时我们最容易被接近，也愿意接受别人的帮助，可以与别人建立链接。我们还可以从抑郁中学会客观地认识自己（认识到自己的不足并接纳）、同理心（体会他人的痛苦）和抗挫力。

（二）增加积极情绪

1. 表达感恩

我们每个人都曾经遭遇过挫折、失败、不公正的待遇，可能是别人的帮助让我们渡过难关（如刚工作时老教师教我们备课，遇到调皮学生时同事的支着与安慰等），也都曾接受过别人的祝福、关怀（如同事送的生日礼物，学生送的新年贺卡等）。仔细想想，我们是否对某人心怀感激，但从未郑重地向他表达过这种情感。如果是，请用心地、郑重地表达出我们的感恩，可以采用各种表达方式，如发微信、写信、打电话、录视频、制作感恩卡片等。当我们这样做时，会发现生活中美好的事情增加了，心情也会越来越好。

2. 记录幸运

我们可以在每晚入睡前，写下三件以往任何时候发生在自己身上的值得欣喜的事情，并且思考这些事情发生的可能原因。这些事情不必是重要的事或是大事，它们可以是琐碎的趣事，也可以是稍纵即逝的美好经历，如同事给了我一块小蛋糕，学生帮我擦了黑板，学生给我倒了一杯水，食堂做了我喜欢吃的菜等。当清点美好的事情时，我们的感觉就会变好，就更容易经历积极体验，也会对积极更敏锐，抑郁就会逐渐消退。

五、运动健身，生理调节

研究发现，抑郁与生理因素密切相关，去甲肾上腺素可产生兴奋与愉快情绪，若其减少则会出现抑郁症状；5-羟色胺（血清素）、多巴胺、内啡肽等特定的神经递质可调节情绪，缓解抑郁。所以，我们可以通过改善我们的生理状态来调节抑郁情绪，最简单最有效的方法就是坚持运动。运动能让我们的身体放松，缓解压力，还能促进睡眠，同时让我们的大脑释放出天然的抗忧郁的成分—多巴胺和内啡肽。所以，我们要坚持运动，并且每次持续约三四十分钟。我们可以采取多种运动方式，跑步、游泳、打球、瑜伽、太极、骑单车、跳舞等都可以。研究还发现，深呼吸也可以促进内啡肽分泌（这里的深呼吸指的是腹式呼吸）。

六、倾诉表达，寻求支持

人际支持在抑郁情绪的调节中起着重要的作用。有时候，我们可能会觉得向别人表达自己的负面情绪是怯懦的、不好的，不能被大家接受和喜爱。实际上，任何情绪都是合理的，是人人都会有的一种反应，它只是在提醒我们一些需要关注的事情。所以，当我们抑郁时，与我们关心的人和关心我们的人一起分享经历、想法以及感受，不仅可以安抚我们的痛苦，增加我们的心理安全感和压力应对能力，还可以拉近我们彼此的关系。我们要善于挖掘身边的人际资源，学会寻求支持，可以和信得过的同事、朋友倾诉我们的痛苦，可以向学校、领导反映遇到的情况和存在的困难，寻求帮助，还可以主动和家人沟通，让他们有机会了解我们，继而理解和接纳我们，陪伴我们一起迎接挑战。在面对重大事件时，大部分人都有自行修复的能力。但是，如果上述方式不能有效缓解我们的抑郁情绪，不妨求助于心理咨询师，专业的支持和协助往往能让我们更有勇气和能力走出困境，直面未来。

总之，教师也是普通人，也食人间烟火，也会有压力和挫折，产生抑郁情绪是正常的。抑郁并不可怕，只是一种正常的反应。只要我们对抑郁有足够的认识和理解，掌握了适宜有效的调节策略并付诸实践，就能跳出抑郁，带着阳光走向未来！

第五节　调控焦虑情绪，适度焦虑最高效

案例与分析

🌰 案例直击

温老师是一位 32 岁的初中英语教师。某一天在上课时，她为了让学生多学点知识，要求不要大声喧哗，认真听讲，说"你们只剩一年就毕业了，时间紧，任务重"，没想到几名学生听到后就起哄。更可气的是，一名男生悄悄地将墨水洒在了她的衣服上，学生们笑疯了。班主任偏袒学生，学校也没有处理学生。温老师从小到大没有受过这种委屈，感觉在学生面前一点威信都没有了。现在她一想起这事就觉得憋屈得慌，想起那班有课她就焦虑，看见那班的学生她就紧张，有时晚上还失眠多梦。她觉得快崩溃了，非常希望早日消除这些现象，尽快进入正常的工作状态。

🦋 案例诊断

教师职业是高压力职业之一，有研究者在全国范围内对我国中小学教师的焦虑进行了流行病学研究调查，其结果显示中小学教师焦虑的流行率高达82.75%，焦虑已成为困扰当前教师的主要心理问题。中小学教师既要迎接教育改革和社会发展带来的挑战，又要面临来自教育机构、学生、学生家长、社会的多重压力。压力情境过多必然使人无所适从，最终产生焦虑情绪，这种焦虑情绪又会反过来影响个体的生活质量、工作效率和心理健康状况。案例中的温老师就是因为与学生的冲突没有及时化解，又缺乏班主任、学校等的指导、支持，引发了焦虑情绪反应。

理论与应用

◎ 理论导航

一、教师焦虑的界定

（一）焦虑的界定

1. 焦虑的定义

《中国大百科全书》对焦虑的界定是：焦虑是由紧张、焦急、忧虑、担心和恐惧等感受交织而成的一种复杂情绪反应。它可能在人遭受挫折时出现，也可能没有明显的诱因而发生。焦虑状态通常伴有生理变化，主要是植物性神经系统活动亢进。严重而持续的焦虑反应还有注意力集中困难、联想和记忆能力减弱、工作效率降低、社会活动能力下降和性行为能力减退等表现。病态性焦虑多见于各种焦虑症。焦虑还可由非病理心理情况引起，如维生素B1 的严重缺乏、低血糖综合征和边缘叶病变等。

2. 焦虑的分类

（1）按照焦虑对人们生活的影响，可分为正常的焦虑和非正常的焦虑（即病理性焦虑）。

在出现担心紧张时，如果合情合理，就是正常的焦虑，如担心学生中考或高考落榜、担心股票下跌等；如果不合情合理，就可能是不正常的，而是出现心理障碍了，如经常担心自己身患重病或者得重病死去，总是担心飞机（火车、汽车等交通工具等）发生意外而不敢乘坐等。病态的焦虑指在缺乏相应的客观因素下，出现内心极度不安的期待状态，伴有大祸临头的恐惧感，表现为惶惶不安、坐立不安、精神紧张等。

（2）按照焦虑的形态，可分为状态焦虑和特质焦虑。

状态焦虑是个体处于某一具体情境时所产生的为时短暂、强度多变和紧张的情绪状态，主要表现为某段时间内的不愉快情绪体验，具有情境性、短暂性、不稳定性和多变性等特征。特质焦虑是一种人格特质，是一种具有个体差异且相对稳定的焦虑倾向和焦虑易感性，是一种在不同时间和不同境遇中都保持相对稳定的行为方式，具有稳定性、内隐性和独特性等特征。

（二）教师焦虑的界定

关于教师焦虑的概念界定，现在还没有所有人都赞同的定义。教师焦虑的内容杂多，对其下定义时很难面面俱到。笔者认为：教师焦虑是由教师工作有关的具体情境引发、持续时间较短、强度变化较快的焦虑情绪，它是教师因对教学的内外环境、教学事件等缺乏控制感，对生活事件、物质与精神条件等方面缺乏满足感，或在教师角色、职业自我等方面存在冲突感而引发心理上的恐慌、紧张、忧虑以及生理上的一系列不适反应、行为上的应对反应。

二、教师焦虑的产生机制

（一）产生机制

1. 从内部来看，焦虑是认知、遗传、情感等多种因素集合的产物。其中，认知因素对个体焦虑的产生起关键性作用。认知理论和其他有关焦虑的研究都有大量证据表明，认知加工对焦虑的产生起重要作用，包括先前经验、已有信念、对事件或信息的重要性评价、自我效能感及不确定感等。同一事件，认知不同，产生的情绪和行为结果便迥然不同。

2. 从外部来看，引起焦虑的刺激因素有其特殊性，并且焦虑具有社会文化特性。焦虑和恐惧的一个最主要区别在于恐惧有明确的对象，而焦虑没有。对于焦虑个体来说，外界的危险或威胁一般是比较模糊的、不确定的、难以控制的。另外，焦虑具有社会文化特性。研究发现，不同文化条件下个体的焦虑状态呈现出整体的显著性差异。这说明整个社会文化氛围或家庭教育氛围对个体来说是压抑还是民主，对于引发个体焦虑水平的作用是不同的。

3. 从相互作用的角度来看，焦虑是个体动机性防御系统的重要成分之一。焦虑与恐惧和疼痛一样是有机体的防御性表现，是一种紧张的期待，具有动机意义。焦虑让人很不舒服，因此体验到焦虑的个体总是逃避或设法降低和消除焦虑，正像人们总是试图减少饥饿、口渴或痛苦一样。焦虑促使个体面对自己，它是一个信号，告诉个体现在受到了威胁或陷入了困境，应该想办法补救。

（二）主要来源

现有的研究认为引发教师焦虑的原因主要包括以下几个方面。

1. 与学生有关的因素引发教师焦虑。相关资料表明，学生的学习效果、学生及家长的评价、学生的学习兴趣及态度、师生关系、学生异质性、课堂秩序等与学生有关的因素都会引起教师的特别关注，一旦不符合教师的期望，就容易引发教师焦虑。比如，美国的昂腾教授认为教师焦虑的原因有：教师把学生当作自己的审判者，甚至认为学生对自己来说是一种权威和威胁，他们担心学生不接受、不喜欢或者不尊重自己，担心学生在课堂上质疑自己或者课堂纪律不好，担心学校的高压式管理会动摇自己的威望，担心自己不适应新的教学环境，担心别人对教师隐私的关注等。

2. 与教师有关的因素引发教师焦虑。教师的教学能力、处理课堂突发状况的能力、教学经验、对职业的不确定、低自我认同感、教师的个性特征、心理特质等也会引发教师的教学焦虑。

3. 与教学环境有关的因素引发教师焦虑。教材教具情况、校方教学要求、校方评价、同行评价、学生成绩、班级氛围、职称评聘等也容易使教师产生焦虑情绪。

4. 教育改革引发教师焦虑。教育改革使得教育现状发生改变，教师需要重新适应，一旦他的能力、心理跟不上教育改革的节奏，就极易产生教师焦虑感。比如，孟宪宾、王岭、杨鹏程等人研究发现，教育改革对教师提出了更高的要求，使得部分教师担心自己的能力不足，难以应对教师工作而产生焦虑。

5. 其他因素引发教师焦虑，如计算机、多媒体、病痛、灾害等经历也可能导致焦虑。

许多学者开始研究新手教师和专家教师焦虑的异同，试图通过这些研究找到教师焦虑的原因。比如，英国的卡佩尔教授分析指出：新手教师和熟手教师在面对纪律问题、学生异质性、学习兴趣等情况时，他们的焦虑程度是相近的，但新手教师在怎样教学、日常工作规划、管理班级、与同事合作、他人评价方面更容易焦虑。国内部分学者指出，青年教师焦虑的原因有：自身知识不足，教学规律掌握不够，或对学生管理失控，自己的心理不健康，存在某些不公平现象；社会竞争激烈，教学和科研任务艰巨，生活压力大；

社会对教师价值的认可度与教师的心理定位存在差距，学校之间有差异，实践经验不足；等等。

三、教师焦虑的作用

（一）适度焦虑的积极意义

焦虑是人类在与环境做斗争及生存适应的过程中发展起来的基本人类情绪。在应激时，适度的焦虑具有积极的意义。

1. 焦虑的信号功能

焦虑向个体发出了危险信号，提醒人们警觉已经存在内部和外部的一些危险，人们就可能采取有效的处置措施，来避免和对付危险。

2. 焦虑的动机作用

根据心理学的解释，焦虑是动机因素。也就是说，适当焦虑时，人会萌生出摆脱不良境况的主观意愿，从而更加积极主动地改善眼前不利的处境。

3. 焦虑引发深度学习

所有的深度学习都一定源自认知失衡引起的焦虑。当你发现自己现有的能力不足以解决问题时，又很害怕失败引发的自尊或自信受伤，深入学习的动机就产生了。

4. 焦虑有助于谨慎行动

利用焦虑产生动力、做到深度学习、提高工作效率等，都是发挥焦虑往前冲的作用，除此之外，焦虑还有让你更谨慎的作用。焦虑的人往往会事先把事情想得特别坏，因此更会未雨绸缪地做好风险储备和应对。

5. 适度焦虑可以提高学习和工作效率

心理学上的耶克斯—多德森定律揭示了焦虑与工作效率的关系，呈现为一个倒 U 型的曲线。

不焦虑或焦虑程度很低的时候，工作效率也会低；焦虑程度很高的时候，工作效率同样会低。焦虑程度适中的时候，工作效率就会最高。这个现象可以从生理学上得到解释：人体在正常情况下，功能相反的交感神经和副交感神经处于相互平衡制约状态。当我们处于焦虑状态时，交感神经活动就会起主要作用，从而引发心搏加强和加速，新陈代谢亢进，疲乏的肌肉工作能力增加等，这时人的各种思考和行为反应就都加快了，尤其是认知速度得到了提高。轻度焦虑的时候认知速度最快，高度焦虑的时候认知速度最慢。

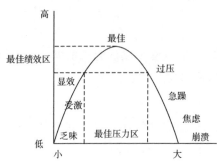

压力倒 U 曲线

压力可能是有益的，适当压力有助于
个人的表现与发挥。
不同的人有不同的压力倒 U 曲线。
压力处于曲线"最佳区域"——绩效高峰。

图 2 - 2　压力与绩效的倒 U 型关系

（二）过度焦虑危害大

长期情绪焦虑的危害通常表现为以下几个方面。

1. 危害身心健康

研究发现，长期焦虑导致交感神经系统往往超负荷，患者常有快速心跳、胃不舒服等症状；焦虑导致情绪过度紧张，也会引发头晕和失眠等症状；长期情绪焦虑易患心脏病，死亡率比正常人高出 23％；严重而持久的焦虑还会引发抑郁、愤怒等其他心理问题。现代医学发现，心理社会因素并不能直接致癌，但它们通常会影响和降低身体的免疫力，并通过慢性持续性刺激增加癌症的发病率。长期处于焦虑、精神压抑、恐惧和悲哀的情绪状态中，更容易导致癌症的出现。

2. 危害认知过程

过度焦虑会分散和阻断注意过程，还会干扰人的回忆过程，使回忆发生混乱，同时对思维过程有瓦解作用，会使人的思维陷入混乱甚至停滞状态。过度焦虑会阻抑个体的认知活动。

与焦虑的影响类似，过低或过高的教师焦虑都会产生不当的影响。教师焦虑不仅会给教师自身造成各种困扰，也会对他的教学对象——学生产生不良影响。一方面，教师焦虑会使教师的生理和心理产生不适与反常。在生理方面，长期处于焦虑情绪中会引发教师身体的一系列疾病，轻则身体感到不适，重则危及生命健康。在心理方面，长期处于焦虑情绪中会使教师对自己的职业产生厌倦，怀疑自己是否适合教师职业。另一方面，教师的焦虑情绪会间接影响学生。有研究者指出："教师教学时的态度和教师对学生的态度会直接影响学生学习这门课程的态度。教师对教学的焦虑会通过师生交流、课堂行为等传递给学生，使得学生产生学科很难、学不会的错觉。"

虽然教师焦虑给教师和学生都造成了困扰，但教师焦虑对自身行为以及对学生的影响不能一言蔽之。我们应该辩证地看待教师焦虑，不能认为所有的教师焦虑都是负面的、消极的。

❀ 行动研修

一、适度焦虑的利用策略

（一）利用适度焦虑让自己产生更大的动力

具体做法分为三步：

（1）识别焦虑背后的障碍或限制，将它们设定为自己要挑战的目标。

（2）将要挑战的目标做分解。因为这个目标一定是乍一看觉得做不到的，所以才会焦虑。设定出自己觉得可以完成的子目标。

（3）制订行动计划。

做到以上三步，你就不会只焦虑不行动，而是可以将焦虑转化为动力了。

（二）利用适度焦虑达到深度学习的效果

你不妨利用"功利性学习策略"，将自己放在一个有挑战的工作环境中。当自己现有的能力不足以解决工作中的问题时，利用这种工作差距带来的焦虑，来激发自己深入学习的意愿和动力。

（三）利用适度焦虑提高自己的工作效率

方法是：确定更紧迫的截止时间，让自己紧张起来。比如，你的教案本来可以最迟到周三中午 12：00 完成，但你可以要求自己最迟在周二中午12：00 前完成，这样就会带来适度的焦虑，从而提高工作效率。

二、过度焦虑的调整策略

（一）觉察焦虑情绪

当个体明显觉察到自身的焦虑情况已经超负荷，甚至严重影响到正常的学习、休息、娱乐等时，应及时找心理咨询师进行咨询，评估严重程度。

（二）接纳焦虑情绪

面临人生中的重大事件，我们都会出现紧张、焦虑的情绪，这是人类的自我保护反应，是很正常的情绪状态。从心理学上讲，压力表明面对困难我们的内心想做得更好，对我们具有非常积极的保护作用。前面提到的耶克斯—多德森定律，揭示了适度焦虑可以提高大脑的反应速度，让我们把注意力集中在当前要解决的事情上，可以提高学习及工作绩效。所以，我们要先接纳焦虑等负性情绪，只有接纳它，才能调整它。同时，我们不要把负性情绪发泄到周围的人身上。

（三）稳定化技术

"先处理情绪，再解决问题"，稳定化技术的主要目标是尽可能使当事人的情绪稳定下来，而不是急于纠正认知错误或行为。常用的情绪稳定化技术有下面两种。

1. 腹式呼吸法

腹式呼吸法是指吸气时腹部膨胀，呼气时腹部收缩，利用横膈肌升降来达到呼吸效果的放松技术。腹式呼吸可以帮助我们放松并降低焦虑产生的生理反应，从而有效缓解焦虑。

腹式呼吸法如何操作呢？慢慢地吸一口气，让气深深地经过鼻子进入肺的底部。如果你是在用腹部吸气，你的手掌可以明显地感觉到腹部的微微隆起。完整地吸一口气，然后停一会儿，再慢慢地将气吐出。用鼻子或嘴巴呼吸都可以，尽可能地将肺部的气体完全呼出，呼出时告诉自己"很舒服，很放松"，肚子轻轻地缩紧，渐渐地全身都放松下来。做 10 次缓慢的、完整的腹式呼吸。试着保持呼吸平顺、规律、缓慢而深沉。可以大概按照吸 4 秒、停 2 秒、呼 5 秒的节奏来呼吸。5 分钟完整的腹式呼吸练习能明显地降低焦虑或恐慌等症状。每天坚持练习 15—20 分钟，将显著减少负面情绪侵袭时的感受程度，让内心更加平静，也更容易采取理性的措施去应对负面情绪的干扰。

2. 蝴蝶拍

蝴蝶拍技术的目的是帮助我们提升自己的资源，增强复原力。训练步骤如下：把手交叉放在手臂上，即左手放在右手臂上，右手放在左手臂上，然后交替拍打，左右各一次算一轮。我们每次可以做 4 到 12 轮，算是一组。拍打的节奏要缓慢。然后在大脑中想象一个最近在过去的经历中给你带来积极感受的事件，提取有关这个事件最为积极的画面，感受这个积极的事件在你身体的哪一个部位有强烈的反应。想象着自己的积极的画面以及身体积极的感受，做 4 到 12 轮慢的蝴蝶拍。也可以继续拍打，直到你积极的体验更为强烈。如果在这个过程中出现了一些负性的体验，请提醒自己：现在我只关注积极的体验，负性的体验等以后再来处理。所以请继续想着积极的画面和积极的体验一起拍打，并为你刚才想的积极的事件想一个词来形容，如温暖、力量等，想着这个温暖的线索词再做几组蝴蝶拍。

（四）认知调整

1. 进行理性的自我对话

认知疗法认为，很多焦虑情绪与个体的自动化认知有关系，较多是因为个体在情境下产生的一种负性自动思维。这些思维有两种显著的特征，一是高估坏事发生的可能性，二是高估坏事发生的严重后果。而正是这种负性自动思维，让人非常焦虑。在认知治疗中，要对负性自动思维进行认知重建，找出负性自动思维的不合理之处。当你被焦虑和恐惧这样的情绪所控制时，不妨多进行理性二问：这些想法符合事实吗？有什么实际证据说明我的想法符合事实呢？通过反复地思维练习，察觉到自己的负性自动思维，也能意识到其中的认知偏差，并反驳自己的不合理信念，从而基本上实现了治疗的目标。

2. 进行积极的注意力转移

焦虑症患者的思维会进入"越焦虑就越胡思乱想，想多了更焦虑"的恶性循环。一旦开始陷入焦虑情绪，就要及时提醒自己分散注意力，防止情绪变得越来越糟。可以做点喜欢的事，如看电影、听音乐或读一本有趣的书，还可以跑跑步、做家务，让自己远离胡思乱想。多结交性格开朗的朋友或退休后义务帮忙做点事，都能避免焦虑。朋友的想法能帮你减少不确定信息，做志愿者则有助于重新找回工作中的热情，缓解焦虑情绪。当注意力放在正性事件和信息上时，我们的情绪也一定是正向的。

3. 寻求帮助

如果我们的紧张焦虑情绪相对较重，一时难以排解，寻求帮助则是必要的。各种研究和实践都证明，社会支持系统是人们应对应激和压力最重要的影响因素。可以与身边信任的人沟通交流，向他们倾诉自己的情绪，把自己的情绪言语化，化解内心的负面情绪。对于学校可能存在的问题，及时向领导反映，化解内心的疑虑。当然，如果感受到很大的情绪困扰的时候，也可以寻求专业的心理咨询，在咨询室中系统地、专业地去解决这些问题。

总之，我们应该辩证地看待教师焦虑，不能认为所有的教师焦虑都是负面的、消极的。教师应该正视焦虑问题，合理运用适度焦虑对身心发展的积极作用，积极调整过度的情绪焦虑，发展完善真实的自我，诗意地栖居，盎然地生活！

第六节　建构积极情绪，幸福愉悦站讲台

案例与分析

🔷 案例直击

小学一年级的一堂美术课上，孩子们正在创作"父与子"主题的连环漫画。但小楠迟迟不肯动手，他说："老师，我不会。"王老师耐心地引导他："爸爸平时带你运动吗？……对呀，就画爸爸和你一起练跳绳吧。"但小楠还是不肯动笔，他怯生生地说："老师，我画不好，我真不会。"王老师蹲了下来，鼓励他："相信自己，你会画的。"没过一分钟，小楠又说："我画不好。"看到纸上画了很多雨滴形，王老师有点无语。很快，小楠又带着哭腔说："我真的不会。"短短十来分钟，说了好几个"我不会"，他焦躁极了。王老师也感觉有点忍不住了，但她深呼吸了一下，又停顿了一会儿，然后笑着对小楠

说:"来,我们一起画。"20分钟后,小楠终于完成了漫画,他的小脸上露出了如释重负的笑容,对着王老师甜甜地说:"老师,谢谢您!"

案例诊断

教育工作者,特别是从事一线教学工作的教师,不仅在三尺讲台上带领学生徜徉知识的殿堂,也应该是孩子人生中重要的启蒙者、导航者。所以在强调学生素质教育的今天,我们也要关注对教师的素质培养。教师要做一个快乐的耕耘者,更好地去传播知识,引导学生,实现美丽教育。本案例中的王老师在遇到教育困境时能够不断地调整、调动自身的积极情绪,其内隐行为(心理、情绪)和外显行为(语言、动作)也随之变化,教育的结果不仅帮助学生完成了既定的教学目标,更激发了孩子的成就感和自信心。

理论与应用

理论导航

一、积极情绪的概念界定

著名心理学家弗洛伊德指出:"人类的心理压力与文明程度有着直接关系,文明程度越高,导致心理压力越大。"以往在解决该问题时,主要从心理问题角度出发,也就是从消极心理学角度出发。直到积极心理学出现,才改变了研究的重点。被誉为心理学史上第四次浪潮的积极心理学,在心理学界占据着较为重要的地位。积极心理学是研究人类幸福感和快乐感的心理科学。积极心理学之父马丁·塞利格曼认为快乐可以分成三个可测量的部分,即愉悦、投入、意义,并且研究证实只有三者兼具的人才可能过上幸福而充实的生活。但我们通常所讲的快乐更多的是一种感受、一种状态,是一个相对模糊的概念,从心理学研究的角度来看,研究者更倾向于探究其背后的动因——积极情绪。那么什么是积极情绪呢?不同的研究学者根据自身的理解对积极情绪给出了不同的定义。一般比较认同的积极情绪主要是具有正效价值的情绪,是一种愉快的主观体验,包括从基本的愉快、惊讶、兴趣到复杂的希望、爱、自豪、感恩等,也应该包括唤醒度较低的宁静、安心、满足等状态,还应该包括促进问题解决的低—中等程度的焦虑和紧张等。也有人将之概括为：满意地对待过去，幸福地感受现在，乐观地面对未来。

二、教师建构积极情绪的重要性

（一）教师建构积极情绪对自身的作用

积极情绪是一组情绪。积极心理学研究领域的领军人物芭芭拉·弗雷德里克森总结了十种最常见的积极情绪，即喜悦、感激、兴趣、希望、宁静、敬佩、逗趣、自豪、鼓励和爱。这些情绪对增强人的体力、智力、社会协调性等有着不可小觑的作用。

1. 教师建构积极情绪可以提高自身的免疫能力和身体恢复能力

在积极情绪与身体健康关系的研究中发现，积极情绪通过影响免疫抗体分泌 S-IgA 的水平来提高免疫系统功能，即个体的积极情绪越多预示着 S-IgA 水平越高，也意味着提升了免疫功能和身体健康水平。研究还发现，积极情绪对身体恢复起着促进作用。比如，心脏移植手术后，心怀希望的患者预示着更佳的健康；外科手术和其他疾病之后也发现乐观者比悲观者恢复得更快。

2. 教师建构积极情绪可以有效地促进自身心理健康发展

研究证明，积极情绪与心理健康状况呈正相关。

（1）经常感受到积极情绪的个体更少产生焦虑、抑郁等情绪，有助于降低个体罹患情绪障碍的可能性。

（2）积极情绪提高了个体应对压力的能力。积极情绪能够让个体从压力和消极情绪体验中迅速、有效地恢复，并灵活地改变以适应环境。在具备韧性和不具备韧性的人之间，最关键的差异是他们的积极情绪。有韧性的人，即使在感受着压力和痛苦时，也在体验着积极情绪，他们会勇于面对严酷现实，对未来充满希望，可以阻止由压力诱发的心理疾病的产生。

（3）在遇到挫折后，体验积极情绪有助于自我调节能力和心理弹性的提高。

3. 教师建构积极情绪能够拓展自身的视野和创造力

（1）积极情绪可以扩展思维

人们处于积极情绪之下，能够看到更多，感受到更多。有研究者进行过一项实验，将被试随机分为三组，一组体验逗趣或宁静，一组体验愤怒或恐惧，最后一组体验中性的感觉——毫无特殊性的感受。研究人员让这三组被试带着所体验的感受，列出他们当前想要做的事情。结果发现，感受到逗趣或者宁静的人，他们列出的单子比其他两组都要长。可见，积极情绪为思维打开了更多的可能性。

（2）积极情绪可以扩展认知范围，增强创造力

实验发现，当人们处于积极情绪时，嘴角的肌肉会上扬，眼周的皮肤也会皱起，这两块面部肌肉预示着灵活而开阔的注意力。研究还发现，积极情绪为认知加工提供了额外的可利用的信息，增加了更多的可用于联结的认知成分；扩大了注意力的范围，导致更综合的认知背景，增加了相关于问题的认知要素的广度；增加了认知灵活性和认知联结的多样性。在积极情绪状态下，个体的思维更开放，更灵活，能够想出更多的问题解决策略。处于积极情绪中的个体，表现出更高的创造性，问题解决的效率更高，决策更全面。积极情绪可以扩展教师的心智视野，增加他们的包容性和创造力，使教师从完全不同的角度进行思考，使思维更具创造性、包容性，脱离消极的思考方式，较能接受新的想法和新的经验。

（3）积极情绪可以带来良性循环

研究者芭芭拉·弗雷德里克森和托马斯·乔伊纳发现，在生活中体验更多积极情绪的人，更能够以一种开明的方式应对逆境，他们会看见更多的解决办法，并且在调查的被试中，最积极的人在五周后会变得更加积极。我们可以发现这样一种循环，当面临问题时，积极情绪使得个体的思维变得开放，开放性使个体能够找到解决办法，并且巩固了个体的积极情绪，而这种巩固后的积极情绪又能使个体更好地解决问题。积极情绪可以在教师的身上触发良性循环，让拥有积极情绪的人变得更积极。

4. 教师建构积极情绪可以增加个体的人际资源

积极情绪的提高，能够让人们看到自己与他人之间更多的交叠。带着积极情绪，人们觉得自己与生活中重要的人之间更亲密了；拥有积极情绪，个体会在"我"和"你"之间看到更多的联系，最终看作"我们"。不管文化背景如何，积极情绪都能使我们感受到思维的开放性以及与他人的联系，它能使我们看到与他人的同一性。因此，积极情绪对人际关系有重要影响。

（二）教师建构积极情绪对学生的作用

对于教师来说，情绪并不仅仅是个人的内心体验，它还作为一种教育手段和教育内容，直接或间接地作用于教育对象，影响到教育对象的身心发展。

1. 影响学生课堂学习的效果

课堂的情绪氛围会影响学生的学习。研究发现，积极的课堂氛围，如在教师温暖、尊重的氛围下，学生的学业成绩更好。部分原因在于当学生处于这样的氛围中时，他们能够更加积极地参与到学习的过程中，而且处在这种积极情绪环境中的学生会心情愉快，思路开阔，想象丰富，认知加工能力更强。反之，教师消极的课堂情绪状态会导致学生较差的学习效果。

2. 影响学生乐观情绪的建立

现代心理学的研究表明：情绪具有极强的感染性，教师情绪的好坏会通过他的言行、举止反映出来，进而影响到学生的情绪。当教师一脸笑容走进教室，以热情的语气肯定学生，用赞美的眼光激励学生时，学生的心情自然会舒展、轻松，心里就会充满幸福的喜悦和成就感。

3. 影响学生良好人际关系的形成

教师的情绪、情感对学生的影响不仅表现在教学中，还表现在教师与学生的交往中。工作热情、情绪稳定、能够用自己的情感感染学生的教师，也能尊重、理解学生，平等地对待学生，并能给学生更多的鼓励，这样易建立起宽松的心理气氛和民主、平等、和谐的师生关系。对学生来说，这不仅可消除烦恼，增强乐趣，还会使师生间产生共鸣，心灵共振，增强学生对教师的亲切感和信任感，从而乐于接受教师的教导。另一方面，学生在教师榜样的作用下，也学会了合作，学会了与人交往的技巧，从而增进了同学间的友谊。

✿ 行动研修

对于教师个体而言，如何提升自身的积极情绪，其实并没有想象中那么难，在日常生活中自己便可以做到。

一、发现美好

在看似平凡的事件中发现美好，其所带来的收获也会在你的人际关系中更加显著。做好事在人际关系中是很普遍的，但有时它太平凡以至于经常被我们忽略。当你真正地感受到，并用语言或行动表达你的感激时，你不仅提高了自己的积极情绪，也提高了他们的积极情绪，更进一步增进了你们彼此之间的关系。例如，作为一名教师，学生每天把教室最前方你的桌椅、讲台清洁得干干净净；学生每天在离开学校前都和你说再见；每天学生都昂着小脸倾听你的授课；你每天都能看到学生纯真的笑脸……发现其中的美好，你会喜悦、充满希望、自豪、感激、爱。当你向学生表达了你的积极情绪时，你的学生是喜悦的、充满希望的、自豪的、感激的、爱的，你们彼此更加紧密与亲近。试着用"美好日记"记录下你每天在学校里发现的美好与感受，看看一段时期后你发生了怎样的变化。

二、细数幸福

狄更斯曾说："每个人都有很多值得庆幸的事物，要多想想你现在的幸福，每个人都有各种各样的烦恼，不要为过去的不幸耿耿于怀。"埃蒙斯和麦卡洛曾通过研究验证过这个事实，他们将招收的被试随机分为三组：一组是回想过去一周在生活中发生的大大小小令他们感激或者愉悦的 5 件事情；一组是回想过去一周生活中干扰或者让他们不悦的 5 件事情；另外还有一个控制组，是让他们回想过去一周对其生活产生影响的 5 件事情或者情境。研究结果发现，回想令他们愉悦事件的那一组对生活感觉更美好，对未来的预期更乐观，也更少出现身体不适的情况。埃蒙斯还进一步用研究证明了细数幸福对提升积极情感和调节人际关系大有裨益。

三、憧憬未来

美国心理学家贝克在一篇研究报告中指出，仅仅是想象一下即将要看一部自己喜欢的令人捧腹大笑的喜剧，个体体内的神经激素内啡肽就会发生显著变化——升高 27％的水平，因为它能与吗啡受体结合，产生跟吗啡、鸦片剂一样的止痛作用和欣快感。而前面提到的没有进行期待的控制组则没有这种提升效应。与此类似的是，芭芭拉·弗雷德里克森在她的书中也提到用一种类似的方法来提高个体的积极情绪，即为自己描绘一个最美的蓝图，并且将之形象化、具体化，每天都做出一点努力，让自己当下所做的事与实现美好的未来连上线。

四、发挥品格优势

发挥品格优势可以提升你的积极情绪。积极心理学之父塞利格曼指出品格优势是可以培养和建构的，需要意志努力和意识参与，并且强调优势需要具备两个条件：作为一种心理品质，它应当在不同情境中长期存在；本身具有价值，能带来好的结果。有科学家通过实验证明发挥品格优势确实能够提升个体的积极情绪。研究者招收了 577 名年龄在 35 岁到 54 岁之间的成人被试，然后通过网络平台给被试发送一个优势清单，让他们选择其中一项进行为期一周的练习，在开始练习的前后让他们完成一个测量快乐的量表。结果表明，比起控制组，实验组的被试明显变得更快乐，并且这种积极的影响一直持续到实验结束后。发挥品格优势的练习在第四章会详细介绍。

五、增强锻炼

增强锻炼不仅是为了身体康健，同时它对我们的积极情绪也具有一定的影响。比如，人们在跑步时会存在一种跑步者的愉悦感。当达到一定程度运动量时，我们的身体会分泌内啡肽，会让我们快乐。

六、购买体验

简单地拥有一笔财富，并不能提高你的幸福感和快乐水平，它提升的也许只是你的生活品质和满足感。著名经济学家罗伯特·弗兰克在他的著作《牛奶可乐经济学》中提到，我们从物质中体验到的积极情绪总是短暂的，但如果把金钱花在体验上，能够产生更持久且更有意义的积极体验。博文和格尔威治将体验性购买定义为：以获得生活经验为主要目的的人一生中的一件事或一系列事件，比如花钱去做一次旅行。在一项全国性调查研究中，57％的受访者称他们能从购买体验中获得更多的快乐。

七、支付善意

金钱不是万能的，多数人都赞同这一观点，因为金钱不能买来爱情，不能买来健康，不能买来开心、幸福。但发表在国外某期刊上的一篇文章却提出：如果金钱不能使你开心幸福，是因为你没把钱用对地方。随后作者提出了几点建议，其中就包括上面所提到的购买体验而不是购买物质。另一个便是学会支付善意，亲社会行为的支出能够提升你的快乐水平。关于这一点，已经得到了有关证明。

八、正念练习

正念的主要技术有坐禅、身体扫描、正念瑜伽、行禅、三分钟呼吸。其与生活及工作领域相结合，又产生了大量的应用型发展，如正念进食、正念领导力、正念养育等。在日常生活中，时时处处可以进行正念练习，如正念排队、正念乘车、正念吃饭、正念起床、正念读书等。作为教师，一天的工作都可以进行正念练习，如正念教学、正念批作业、正念备课、正念讲题、正念进教室等。又如，每天我们都要做各种各样的家务，刷碗、拖地、洗衣服、浇花等，可以依据个人家务情况自行选择进行"正念家务"练习。在你做家务的过程中，注意保持均匀缓慢的深呼吸，专注于当下的工作对象，专注于工作对象与身体接触的感觉，觉察自己的每一个动作，心无旁骛。

正念冥想还是一个提高心灵开放性的有效方法，开放心灵有助于教师去感受和收获积极情绪。芭芭拉·弗雷德里克森和她的同事对某软件公司的 202 名全职员工做了一个研究，将他们分为两组，一个为控制组，一个为冥想练习组。7 周后发现，随着时间的推移，冥想练习组的被试日常体验到更多积极情绪，生活满意度也提高了。甚至有研究表明，长期的冥想练习会激活与积极情绪相关的左侧大脑，从而使个体更快乐，提高个体的免疫功能。

下面是一个非常经典而又相对简洁的正念冥想练习。它是牛津正念中心的马克·威廉姆斯教授及其同事制订的一个练习，也是正念疗法中最重要的练习。这个练习也被叫作三分钟呼吸空间练习，只需要在你一整天的忙碌生活和工作中花上三五分钟的时间，然后带着这份拓展的觉知，与更大的世界相连。

首先进入放松的状态，并做深呼吸。

第一步，问自己，我现在体验到了什么？尽可能地留意你头脑中的念头。此刻有什么样的情绪升起？对这些情绪开放客观地对待，不管它是愉悦、中性还是消极的。你的身体感受又是怎样的？5 秒钟静默……

第二步，请集中所有的觉知，将注意力放在腹部，放在呼吸给腹部带来的感觉上……25 秒钟静默……

第三步，将你对呼吸的觉知拓展开来。除了感受呼吸给腹部带来的感觉之外，也感受身体的整体感，如你的姿势、你的面部表情、你的胸部、你的腹部、你的臀部、你的双手……从内心去感受这些……

现在，尽可能地将这份宽广、浩瀚、接纳的觉知带到一天里的每一个时刻，无论你在何处，无论接下来你要做什么，让这样的觉知自然地展开……

九、仪式感训练

仪式感相当于一个按钮，当你去做这个动作或事情的时候就是告诉大脑要开始进入另一个状态了，可以让事情做得更有效率、更有意义，从而获得积极情绪。

生活中有很多重要的、特殊的日子和时刻，能给我们和身边人带来别样的幸福，值得我们珍惜、回忆、品味，不断延续幸福的感觉，这就需要我们精心设计仪式。那么我们该怎么做呢？

第一步，了解某个特殊日子或时刻对身边重要他人、对自己的意义。

第二步，根据特殊意义，设计一下需要准备的物品、场景的布置、计划实施的方法和步骤，通知需要参与的人员等。

第三步，实施你的设计，表达你的愿望和心情，用照片和视频等方法记录美好的时光。

第四步，和参与仪式的人经常回味在仪式现场体验到的美好感受。

生活中的仪式感无处不在，每天早晨上班前和家人道别说再见，晚上临睡前和家人说一句晚安。作为教师，每天上班工作前也可以有一个小小的仪式，比如给自己化个淡妆，然后清理桌面，整理书本，放杯茶，最后安静地坐在桌前做 3 次深呼吸，让注意力更集中。

生活中微小的仪式感，能让我们一天都元气满满。正如村上春树所说："仪式是一件很重要的事。"这件重要的事情能够让平淡的生活不断提高幸福层次，让我们感受到生活的精致，让我们确确实实感受到自己存在的不同，提高我们制造幸福的能力。

总之，教师的积极情绪是身心健康的一种内驱力，能促使我们积极向上，不断进取，对于教师专业发展和提高职业幸福感有重要的现实意义。不仅如此，教师的积极情绪和良好心态还能给学生带来很大的影响，促进他们健康快乐地成长，最终达成教育教学目标，实现教师价值与学生成长的双赢。

第三章

教师认知问题调适

第一节 教师认知初探，结识师路新伙伴

案例与分析

案例直击

小冉是一名青年教师，参加工作以来一直很努力，兢兢业业，勤勤恳恳，所带班级成绩在同年级一直领先，是学校重点培养的骨干教师。今年小冉被学校选派参加省级教师演讲比赛，领导希望她能获得名次，为学校争光。虽然这不是小冉第一次参加比赛，之前大大小小的观摩课、展示课、技能大赛她都参加过，但这次自从接到参赛通知，小冉经常睡不着觉，吃不下饭，有时头疼胃胀，白天工作也会注意力不集中。小冉想用心准备比赛，争取获得一个好成绩，不负众望，因此心理压力很大，焦虑烦躁。她下班想为比赛做些准备，但感觉孩子闹腾，老公帮不上忙，对家人也是经常指责抱怨，发脾气……小冉担心万一拿不到名次，不仅会辜负领导的期望和信任，以后这种机会都不会落到自己身上了，自己以前的兢兢业业、勤勤恳恳全都白费了……她越是担心，越是不能安下心来认真准备，已经临近比赛，小冉还没有准备好演讲稿。为此小冉深受折磨，她想到了放弃，却不知道如何跟领导说，又担心同事会看轻自己。

案例诊断

一场演讲比赛让"身经百战"的小冉饱受折磨，举步维艰。小冉深知选派自己参加比赛是学校和领导对自己的器重，并对自己给予了厚望。也正是这份厚望，让小冉觉得自己一定要拿到好的名次，如果不能拿到好的名次，领导就会对自己彻底失望，自己的前途和之前的努力就全完了。这种认知给小冉无形中增加了很大的压力，引发了小冉焦虑烦躁的情绪，使她不仅无法行动起来做好比赛准备，还对家人诸多抱怨和指责。

理论与应用

◎ 理 论 导 航

一、认 知

认知是指人认识客观世界的信息加工过程，包括感觉、直觉、记忆、思维、想象和语言等，是人通过形成概念、知觉、判断或想象等心理活动来获取知识，并进行信息处理的心理过程，即人对感觉信号接收、检测、转换、合成、编码、储存、提取、重建、概念形成、判断和问题解决的信息加工处理过程。

二、认知的作用

（一）五点模型

认知是人脑对外界输入的信息进行加工处理转换成内在心理活动的过程，它与情绪、行为、生理表现等共同对人的生活产生影响。认知、情绪、行为、生理表现和环境五个因素之间存在着密切的联系，它们相互影响，相互作用（图3-1）。在一个人的生活中，任何一项发生改变都会对其他因素产生影响。

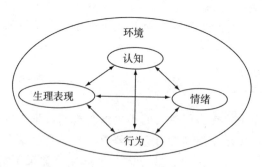

图 3-1　五点模型

（二）ABC 理论模型

临床心理学家阿尔伯特·埃利斯提出理性情绪理论，此理论也被称为情绪 ABC 理论。

A：诱发性事件（Activating events），也被称为"导火线"；

B：信念（Beliefs），人们对事件所持的想法或观念，包括道德、观点、个人准则和思想；

C：结果（Consequences），指观念或信念所引起的情绪及行为后果，包括带有情绪的感觉、行为、想法和亲身经历。

ABC 理论认为并不是事件 A 导致了结果 C，而是通过 B 对 C 产生影响。也就是说，我们的感受在很大程度上并不取决于客观环境，而取决于我们观察现实世界的方式。这种方式是我们通过语言、评判性的信念以及对世界、自己或者他人的观念形成的（图 3 - 2）。

我们可以利用这一模型来理解认知、感受、行为之间的关系：诱发事件或先行事件（A）"引发"了当事人对事件意义的看法或信念（B）。如果看法是比较僵硬、功能受损的或者绝对化的，那么结果（C）可能会是自我挫败的或是消极有害的。与此相反，如果一个人对于客观事件的看法是灵活的、理性的、建设性的，结果可能就是有益的。因此，看法（信念）在事件与情绪行为结果之间起了中介的作用。

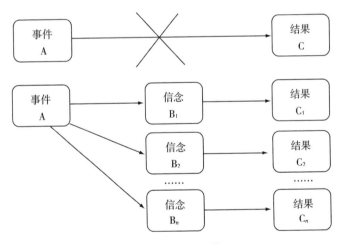

图 3 - 2　ABC 理论模型

教师在工作和生活中都会在一定程度上有一些相似的非理性思维。埃利斯提出人们常见的三大绝对化信念：（1）"我必须有成就，否则我就是个无用之人"；（2）"他人必须公平地对待我，否则他们就是坏人"；（3）"事情必须如我所愿，否则我就无法忍受我的生活"。这些绝对化的信念是存在问题的，它们会引发教师的认知困扰，进而影响他们的情绪、行为和生活。然而，教师经常无法意识到这些信念的存在，也就是说它们很少被发现、检验并完全表达出来。

三、教师认知偏差

教师的认知过程本质上是信息加工过程，对信息的认知加工会受到教师自身多种心理因素的制约和限制。由于教师对某一事件进行推测与判断时往往是根据自身经验和体会进行的，因此这种推测和判断不可避免地存在错误和偏见。教师认知偏差是指教师在知觉自身、他人或外部环境时，常因自身或情境的原因使得知觉结果出现失真的现象。

（一）自我认知偏差

教师自我认知偏差是指教师在认识和判断自身时，产生的某种差别和偏离。在认知过程中，受到自身认知局限、认知风格、感觉机制和加工策略的影响，教师对自我的存在、行为等进行完全意义上的理性思考是很困难的，从而导致对自我的认知错误或偏差。

（二）教学理论认知偏差

教学理论认知偏差是指教师对教学理论和教学研究在教学实践中的地位及作用的认知偏见，如低估教学理论在搞好教学中的地位及作用，不重视教学研究对改进与提高教学工作质量的积极意义等。

（三）教学认知偏差

教师教学认知偏差是指作为认知主体的教师由于受到来自包括自身在内的各种因素的制约或影响，而对有关教学对象和教学事件以及教学活动等各种教学现象所形成的一些不正确或有失偏颇的反应。

（四）教师对学生的认知偏差

教师对教学对象认知时出现顾此失彼的现象，直接导致了各种认知偏差的发生。这些认知偏差不仅影响到教师对学生的客观认识，同时会影响到教师对学生的正常行为反应。

四、教师归因偏差

（一）归因理论

在研究人们对成功与失败的归因倾向时，维纳把原因归结为内在因素和外在因素两个方面，内在因素包括能力、努力、心境、身体等，外在因素包括教学内容、学生素养、他人帮助、运气等。这些内在和外在因素具有稳定与否的特征（表3-1）。此外，这些因素还具有是否可控的特征。维纳认为：努力、注意、他人帮助等因素受到个人意志控制，是可控因素；而运气、能力、心境等因素不受意志控制，是不可控因素。

表 3 - 1　二维归因模式

	内控	外控
稳定	能力	任务难度
不稳定	努力	运气

（二）教师归因的作用

教师把自己的成败归因于何种原因，对其未来的行为会有很大影响。一般来说，把成功归因于内在因素（能力、努力）会使人产生积极的体验（满足感、自豪感），把失败归因于内在因素会使人产生消极的体验（羞耻感、沮丧感）；把成功归因于稳定因素（任务容易或能力强）会提高以后工作的积极性，把失败归因于稳定因素（任务难或能力差）会削弱以后工作的积极性。

（三）教师归因偏差的类型

归因是指人们对他人或自己行为的认识和判断过程，即解释自己或他人的行为原因。教师对行为的归因并不总是正确的，常常会出现偏差。常见的归因偏差有以下几种。

1. 观察者与行动者归因差异

是指行为的观察者和行动者对同一事物归因的不一致，这种差异主要是由于观察者和行动者处于不同的立场，获得信息不一致所致。

例如，对待学生考试作弊问题，老师对学生的行为通常做内归因，认为是学生的品行问题、不诚实；但是，作为行动者的学生通常对自己的行为做外归因，学生为自己辩解的理由是"别人抄，我为什么不能抄"。

2. 动机性偏差

归因的动机性偏差是指做有利于自己的归因，人们倾向于把积极结果归因于自身因素，将消极结果归因于环境或他人。动机性偏差是为了维护自尊而产生的，这样可减少负面的情绪体验。

3. 偏见性归因偏差

偏见性归因偏差是指因偏见导致的归因错误。教师通常认为女生不如男生有后劲儿，把女生的学业成绩优秀归因于运气、任务难度低等外部因素，将男生的学业成绩优秀归因于能力、努力等内部因素，而对成绩不良归因时则正好相反。

🌸 行动研修

一、运用五点模型认识问题

教师可以依据五点模型，通过填写工作表，认识和澄清自己的认知偏差。

1. 工作表使用范例：认识小冉的认知偏差

环境/生活变化/情境：参加演讲比赛

认知：拿不到名次辜负领导的期望，错失机会和荣誉

情绪：焦虑，担忧，烦躁

行为：指责，抱怨，发脾气

生理表现：失眠，食欲下降，头疼，胃胀，注意力不集中

2. 小贴士：如果填写工作表时遇到困难，可以思考下面的提示

（1）环境/生活变化/情境：我的生活最近发生了哪些改变（积极和消极变化都算）？

（2）认知：当我处于某种强烈的情绪时，我是怎么看待自己、他人或未来的？哪些想法干扰了我去做那些感兴趣的或者本应该去做的事情？

（3）情绪：用一个词来描述我最常感受到，或者最受其困扰的情绪（沮丧、紧张、愤怒、愧疚、羞愧等）。

（4）行为：在工作中，或与家人相处时，或与朋友交往时，或独处时，我的情绪会导致哪些行为出现？我会做什么或回避什么？举例说一说。

（5）生理表现：我有什么身体症状？有没有感到肌肉紧张、疲惫、心跳加快、胃痛、多汗、眩晕、呼吸不畅等？

二、发展 ABCDE 模型

教师具有选择的权利，可以选择让自己的希望、期待以及偏好变成绝对化的、僵化的、非理性的偏差性要求，从而导致情绪、行为上的紊乱，也可以选择更灵活地看待自己的希望、期待以及偏好，从而形成健康的、理性的自我帮助的行为方式。

情绪 ABC 理论告诉我们不是事件 A（Activating events）导致了结果 C（Consequences），而是对事件的看法或信念 B（Beliefs），保留 B 中积极健康的信念，识别 B 中非理性的思维，与之进行思维辩论，即 D（Disputing thought），使用思维辩论来挑战和辩驳那些不良的信念，一旦信念被驳斥了，一个更灵活有效的思维 E（Effective thought）就有可能形成，从而替换原来的信念。这就是调整认知的 ABCDE 模型。

与非理性思维辩论的主要形式有以下三种。

1. 现实辩论

在这种形式的辩论中，通过调查非理性思维背后的实实在在的事实，对非理性思维进行质疑。典型的问题有：为什么我必须要表现好？我必须要得到重要他人认可的证据何在？真的这么糟糕透顶吗？我真的不能忍受了吗？

2. 逻辑辩论

在这种形式的辩论中，调查非理性思维的潜在逻辑。典型的问题有：我的观念合乎逻辑吗？是不是如果我表现差了，没有得到别人的认可，我就是一个没有能力的人？

3. 实用辩论

在这种形式的辩论中，追问非理性思维的实际后果。典型的问题有：持有这种观念对我有帮助还是有害？如果我坚持自己必须要做好，自己总是要得到重要他人的认可，我会得到什么样的结果？

通过与自己的非理性思维进行辩驳，就更有可能采取更加积极可行、更具建设性的应对方式和行动，更可能得到比较积极的结果，形成一个认知、情绪、行为、结果、环境良性互动的循环。

前述案例中的小冉调整自己认知偏差的 ABCDE 模型如图 3 - 3 所示。

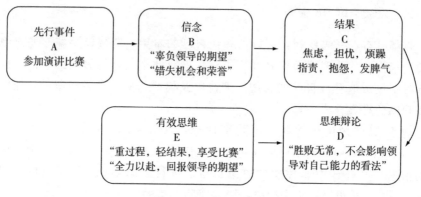

图 3 - 3　ABCDE 模型

三、归因训练，教师学会积极归因

教师的归因倾向虽然是后天逐渐形成的，但不是一成不变的，可以通过训练，对已形成的归因倾向进行调整，掌握归因技能，改变原来的归因倾向和偏差，形成积极的归因倾向。

（一）灵活积极归因

教师帮助自己把成功归因为内部、稳定的因素，将失败归因为外部、不稳定的因素，这样可以提高自己的自信心，减少挫败感和沮丧的情绪。

（二）归因的预期从不可控变为可控

影响成功、失败的原因有可控和不可控之分。把原因归为可控的、积极的，只有这样教师才有掌握自己命运的掌控感，才会去努力改变现实，去克服问题，才会成长、发展。

（三）可控的、内部的归因是努力的方向

在实事求是地分析成败原因的基础上，归因的倾向很重要。正确的倾向

是将注意力更多地放在可控的内部因素上，如努力、学习方法等。因为这些因素操纵在自己手中，所以教师更有可能通过努力去改变。

而对不可控、不能改变的因素，如聪明、愚笨等，则应尽可能地淡化，因为这些因素是不可控的。

每个人对生活都怀有美好的愿望，但世界上没有事情是完全按照人们希望的方式存在的。正如前面所述，认知、情绪、行为互相联系，互相影响，有时教师只需转念调整一个微小的因素，就会给自己的生活添加上不一样的色彩。教师可以通过 ABCDE 模型和归因训练的方法调整、改变认知和归因偏差，如同携手一位挚友和伙伴，在从师之路上多一分支持，多一点健康，多一些积极和阳光。

第二节　识别歪曲认知，积极阳光做教师

案例与分析

案例直击

小艾和小君是同年入职的两位新教师，在工作中两人都很努力，兢兢业业，勤勤恳恳。学校要承担全区新教师展示课的教研活动，希望她们两人分别执教一节各自学科的教学观摩课。

接到通知后小君心情高涨，觉得这是学校领导对自己工作的肯定，是一次学习和锻炼自己教学能力的好机会。她立刻着手准备，查找资料，钻研教材，精心选课，虚心请教有经验的教师，主动找学科领导帮助导课、磨课，下班时间专心研究课程设计，琢磨领导和同事提供的好的建议和思路。虽然辛苦疲累，也感到焦虑和压力，但每天都有新的收获，这让小君感到兴奋和快乐。经过反复的研磨、试上、修改、再研磨、讨论、试上等反反复复的过程，小君的教研展示课非常成功，得到了专家和同行的一致好评。

小艾的情况则有些不同。接到学校的通知安排后，她的内心有些抗拒，

认为学校强加给自己多余的工作，全区那么多新入职的教师，为什么偏偏要自己来准备。小艾感觉不公，准备过程中消极被动，拖拖拉拉，越是拖拉，越是感觉到焦虑、压力和怒气，就像有石头压在胸口喘不过气来。她晚上辗转反侧睡不着觉，白天疲惫无力，注意力不集中，甚至影响到了正常的教学工作。最后小艾跟学校领导请示，不想承担展示课任务。教研活动当天，小艾作为观摩的教师看了小君的展示课，听到了专家和同行们对小君的专业点评、指导和肯定，心中有些五味杂陈，有羡慕，有自责，还有后悔，这种复杂的感觉让小艾的心情久久不能平静。

🦋 案例诊断

同样是准备一节展示课，两位教师收获的结果却截然不同。认知理论认为，人的心理是作为整体存在的，认知与情绪、行为关系密切。认知是情绪和行为的基础，认知可以影响人的情绪和行为。案例中，小君老师把展示课任务看成领导的肯定、锻炼的机会，采取积极主动的应对方式，这样的看法帮助她战胜了困难，抵抗磨课过程中的焦虑和压力，最终获得了比较理想的结果；而小艾老师认为展示课是强加给自己多余的工作任务，产生了抵触的情绪，拖拉怠慢，最后拒绝了这个任务，错失了学习成长、自我提升的机会。

理论与应用

◎ 理论导航

一、歪曲认知

歪曲认知是指个体对自己以及周围世界产生的偏见。随着年龄的增长，人们会不断巩固脑海里出现的不合理的、歪曲的想法和信念（Irrational thoughts and Beliefs）。这种歪曲认知往往很微妙，当它们成为一个人的日常思维时，就很难进行准确识别，因为人们很难去改变他们根本意识不到却又需要改变的思维模式。歪曲认知包括多种形式，它们具有的共同特点是：所有歪曲认知都是个体倾向于相信或思考的模式，都是错误的或不准确的，甚至影响个体心理健康。

二、10 种歪曲认知

（一）常见的 10 种歪曲认知

1. 非此即彼思维

非此即彼思维也称为"全或无""非黑即白"，用两分法看待事物，没有中间地带，看待事物极端化，要么好，要么糟糕。非此即彼思维是完美主义的根源，让人害怕任何错误或不完美之处。

例如："如果我没有赢得比赛，我就是个失败者。"

2. 以偏概全

将一个小例子总结概括到所有事情上，用片面的观点看待整体问题，个体只基于一两次经验对自身和外部环境产生过度推论，得出一个广泛的消极结论，结论远远超过事情本身。

例如："下班时，同事没叫我一起走，我为人处世很差劲。"

3. 消极预期

在考虑所有信息后，预测一件事情会变得比其可能的情况更糟糕。
例如："如果我在教研活动中发言，同事们就会笑话我。"

4. 否定正面思考

毫无理由地告诉自己，正性的经历、事件、素质都不值得考虑。对自己的成功或别人对自己的表扬予以贬抑，使自己维持一个消极的观念。将注意力过分集中在消极的信息上，而不看整体。或者只关注事物或自身消极的一面，忽视积极的一面。

例如："我获得教师技能大赛第一名，并不是我能力强，只不过有点儿运气。"

5. 妄下结论

不经过实际情况验证便迅速武断地得出负面结论，分为读心术和预测未来两种。

（1）读心术

一般将自己作为参照，在还不了解他人的原因、动机和目的的时候，就认为自己知道别人所有的想法和行为的诱因。即使没有充分证据，依然相信自己知道别人怎么想，不去考虑其他更多的可能性。

例如："同事没跟我打招呼，一定是对我有意见，嫉妒我工作出色。"

（2）预测未来

在几乎没有证据的情况下，轻易做出结论或预测，并将之视为绝对真理。几乎不考虑其他更可能的结果，而是消极地预测未来。

例如：一位单身女教师预言自己永远找不到爱情，不能拥有一段幸福快乐的关系。

6. 放大和缩小

也被称为"过分夸大和过分贬低""双目把戏"。在评价自己、他人或事情时，没有理由地夸大消极面，缩小积极面。

例如：一位优秀教师可能会放大自己所犯的一个小错误的重要性，认为自己是一个不称职的教师（过分夸大）；当一位教师赢得梦寐以求的比赛后，过分贬低赢得比赛的重要性，并继续认为自己只是一个平庸的教师。

7. 情绪推理

基于自己的感受把事情归结为好事或坏事。把情绪当成事实的依据，因为感受强烈，就认为事实一定如此，认为自己的情绪必然反映事物真实的情况，忽视或低估另一面的证据。

例如："期中考试班级成绩不好，我感觉难受，我就是个无能的老师。"

8. 应该或必须

在没有诱因的过程中，武断地认定在确定的环境中，某些事件会发生或将要发生。严格地、坚决地认为自己或其他人应该这么做，过高估计没达到期望的后果。

例如："我的班级必须在每个方面都做到最好。""学生就应该按照我说的方法复习功课。"

9. 贴标签

不去考虑事情可能不会导致灾难化的结果，用一些不确切又导致心情沉重的话语描述某件事情，给自己或他人贴上确定的且概括化的标签。

例如：当自己带的班级成绩不好时，想到的是"我是一个失败者"，而不是"我的工作可能有疏忽"。

10．罪责归己

将消极事件更多地归因于自己的过失或将导致消极结果的外在原因视为自己的责任。

例如："那么多学生考试作弊都没有被发现，怎么我的学生被发现了，我的运气真不好。"

（二）教师的歪曲认知

魏青认为教师的歪曲认知主要表现在以下十个方面：

（1）教师不应该有心理健康问题；

（2）教师不会有心理健康问题；

（3）教师的心理健康问题是个人的事，不会影响教育教学质量；

（4）教师的心理健康问题是由职业本身带来的，自己无法克服；

（5）教师的心理必然比学生的心理健康，否则将是无法容忍的；

（6）教师应该自己克服心理问题，不应该求助于人；

（7）教师的心理健康对学生的心理健康不会有明显的影响；

（8）教师应该更多地关心自己的师德师能培养，心理健康与否无足轻重；

（9）好教师应该在各方面都比别人强；

（10）好教师应该得到所有学生的喜爱。

三、歪曲认知的特征

韦斯勒对歪曲认知进行了概括，把歪曲认知的特征归纳为以下三个方面。

1．绝对化要求

绝对化要求指教师以自己的意愿为出发点，认为某一事物必定会发生或者不会发生的信念。它是自己主观意愿的表达，与客观事实有出入或差距，通常使用"应该""必须"等进行陈述。

2．过分概括化

过分概括化是一种以偏概全、以点带面的不合理的思维方式，就好像是以一本书的封面来判定它内容的好坏一样。它是教师对自己或他人不合理的评价，典型特征是以某一件或几件事来评价自身或他人的整体价值。

3. 糟糕至极

"糟糕至极"认为如果发生了一件不好的事情，那将是非常可怕的、非常糟糕的，是一场灾难。这是一种把事情的可能后果想象、推论到非常可怕、非常糟糕甚至是灾难性结果的歪曲认知。

❀ 行动研修

一、辩驳歪曲认知

（一）呈现多种可供选择的方案

教师拥有多种选择的可能，但是由于认知的局限，选择常常是有限的。

歪曲认知："如果我不能把工作做到最好，那活着还有什么意义？"

提供选择：人生的内容很多，工作只是生活的一部分，还可以将精力投入生活，在生活中找到快乐和成就感。

（二）归谬法

按照歪曲的认知往下推论，直到最后荒谬的结果。

歪曲认知："如果这次我带的班级考试成绩不能拿第一，我就死定了。"

推论：真的拿不到第一，一定得有个人以身试法结束你的生命，或者你去自杀。

（三）语意澄清

教师试着改变习惯用语，学会使用"会""可能"来替代"应该""必须"。

歪曲认知："我根本不行。"

澄清认知："我可以试试，但对我来说有些难。"

歪曲认知："我是个失败者。"

澄清认知："我经历过失败。"

（四）辩论法

通过辩论，改变不合适的认知。有的教师坚信"向学生承认自己的错误，老师的地位就会受到影响"。教师可以通过下述提问与这个歪曲信念辩论。

问题1："在你的学生时代，如果老师做事不妥，你希望老师向学生承认错误吗？"

问题 2："你以前做学生时遇到过向学生承认错误的老师吗？承认错误后老师的地位受到影响了吗？"

问题 3："你周围的老师有向学生承认错误的吗？他们的地位受到影响了吗？"

问题 4："你向学生承认过自己的错误吗？承认错误后，你的地位受到影响了吗？"或："你没有向学生承认过错误，你怎么能断定就一定会降低教师的地位呢？"

二、格式塔疗法

格式塔疗法是对自己的认知审视、体会和醒悟，是一种自我修身养性的疗法，简便易行，应用范围广泛，非常适合教师进行自我调适。格式塔疗法有以下几个原则。

（一）生活在当下

不要老是惦记明天的事，也不要总是懊悔昨天发生的事，把精神集中在今天要干什么上。

（二）生活在这里

对于远方发生的事，我们无能为力，杞人忧天对于事情毫无帮助。教师要牢记，你现在就是生活在此处此地，而不是遥远的其他地方。

（三）停止猜想，面向实际

教师也许遇到过这样的情况：在单位，当你遇到领导或同事的时候，你向他们打招呼，可他们没反应，连笑一笑都没有。如果你因此而联想下去，心里嘀咕：他们为什么要这样对待我？这个人是不是对我有意见？是轻视我吗？其实，也许你没有想到，你向她打招呼时，她可能正心事重重，情绪不好，没有留意到罢了。很多心理困扰往往是由没有实际根据的"想当然"造成的。

（四）暂停思考，多去感受

教师于每天繁忙的工作中更多地在思考，很少去感受。格式塔疗法强调作为思考基础的"感受"，它可以调整、丰富教师的人生体验。教师在生活中应多花心思去发现美景，聆听悦耳的音乐，放下思考，多体验，多感受。

（五）接受不愉快的情感

我们通常都希望有愉快的情感，而不愿意接受忧郁的、悲哀的、不愉快的情感。愉快和不愉快是相对而言的，同时可以相互转化。因此，恰当的态度是：有愉快的也有不愉快的情绪，要接受愉快情绪，也要有接受不愉快情绪的思想准备。

三、构建健康认知模式

（一）积极，不消极

有这样一个小故事：A君和B君都喜欢喝酒。一天A君回到家后看到半瓶酒，喜出望外，心想"还有半瓶酒，今晚可以对酒当歌"。B君回到家后看到半瓶酒，心想"哎，怎么就剩半瓶酒了"。同样是半瓶酒这个事实，A君和B君看到的结果却截然相反。

事物总是有正、反两个方面，有的教师容易看到积极的方面，有的教师容易看到消极的方面，就如上面这个故事中的人物一样。教师要多关注事物的积极面。

（二）灵活，不僵化

对事物的认知可以从不同的角度切入，是非常灵活的。教师可以根据实际情况，不断调整自己的认知，更好地适应环境。

一个有过十几年工作经验的高校教师想通过考博士的渠道与现在的工作单位脱离关系。但是，工作单位不同意，条件是只有和单位签了合同才允许他报考。无奈之下，这位教师与工作单位签了合同。尽管考上了博士，但是这位教师想脱离原单位的愿望并没有实现。然而他依然很开心，他对朋友说："看，咱是人才，想走都不让。我出去读博士，单位愿意保证我所有的经济收入，只要我回来就行。"

与单位签了合同的事实无法改变，但是他改变了对签合同这一事实的态度，体现了灵活、不僵化的认知模式。

（三）本质，不幼稚

事物呈现出来的有表面现象，也有本质特征。积极健康的认知要透过现象看到本质。例如，基础教育阶段学生的压力很大，很多家长认为问题出在教师身上，这样的认知就把问题简单化了。其实，教师也是教育问题怪圈儿里的一个"受害者"，学生的压力有更深层次的根源。但是我们相信随着教育改革的推进，这种现象会逐渐改变，因此我们对未来教育事业要有信心。

歪曲认知人人都有，如不加注意，会影响到教师工作、生活的方方面面，需要教师时不时地询问、觉察一下，转变观念，积极认知，做一位阳光教师。

第三节　觉察自动思维，保持轻松教学观

案例与分析

案例直击

小欧是一位中学教师，本学年休完二胎产假刚回到工作岗位。因为同事到外校交流，小欧就服从学校安排，接了这位同事所担任的八（3）班的班主任工作。小欧也是一位有多年班级管理和教学经验的教师，所带过的班级学习成绩、班级管理都很不错，同事和领导对她的工作也非常认可。自从接管八（3）班后，小欧同样勤恳努力，可是班级学习成绩一直不理想，两次期末考试都排在年级后面，为此小欧非常着急。步入九年级，学生面临中考升学，小欧每天早来晚走，利用很多个人时间给学生补习。在一次月考之后，班级成绩还是进步不大，小欧的情绪瞬间崩溃了，在班级里把全体学生狠狠地批评了一顿。她越说越生气，感到自己手脚发抖，腿打战，就要站不住了……当晚回到家里，看着两个熟睡的孩子，小欧想到这一年来自己早上上班时孩子还没醒，下班时孩子已经睡着了，她几乎没有时间陪伴孩子，真是对不起孩子。"班级管理不好，妈妈当不好，自己到底该怎么办……"小欧边想边哭，内疚、焦虑、愤怒、失望，心中五味杂陈。

案例诊断

案例中的小欧老师为班级成绩倍感焦虑，辛苦付出后的一次考试，班级

成绩仍不理想，从而触发了愤怒和委屈，想到自己没有时间陪伴孩子又陷入深深的自责。是什么触发了这些强烈的负性情绪？看似是自己长期早来晚走辛苦努力却久久不见起色的班级成绩，是一年多无暇用心照顾和陪伴的孩子，其实，是小欧老师脑海中不时出现的"我管理不好班级，当不了好妈妈"等想法。这些想法通常被称为自动思维，自动思维是自动化的、隐秘的、不易被察觉的，它们的存在时时刻刻影响着我们的情绪和行为。觉察、识别和关注自动思维是小欧老师解决问题的一个方向。

理论与应用

◎ 理论导航

一、自动思维

人们在现实生活中对所经历的事件、情境的条件反射式的自动思考、评价、预测和解释就是自动思维。比如，当一位教师在阅读一本书时，会有两个层面的思维。他的一部分精力集中在书的内容上，试图理解和整合书中的信息。另一层面，他可能正产生一些快速的评价思维，如"我根本看不懂它在说什么"，"我使劲看也学不到什么"。这些想法即自动思维，它们不是深思熟虑或推理的结果。

自动思维（Automatic Thought）是由认知行为疗法的创建者阿朗·贝克命名的。自动思维的出现和消失是完全"无意识"的，它在脑海中出现，又消失。在日常生活中，教师几乎无法意识到自动思维的存在。例如，错过了学校班车，你会认为自己"太愚蠢了，总不给自己留出充足的时间"；或者在批改学生作业时，想到"这个学生就是笨"。

自动思维不是教师主动思考的结果，它是自发的、短暂的、稍纵即逝的。教师常常不加评估就全盘接受了这些自动思维。更确切地说，自动思维似乎是立即自动涌现的，通常迅速而简短，很难被察觉到，教师更有可能察觉到随之而来的情绪和行为反应。我们即使注意到了这些思维，也很可能不加批判地接受，认为它们是正确的，甚至不会想到质疑。教师可以通过关注情绪、行为或生理的变化学习识别自己的自动思维。

二、自动思维的特征

1. 自动思维是一连串的想法,它是每个人都有的。大部分时间教师觉察不到这些思维,稍加训练就能容易地识别这些思维,进而对其进行现实检验。

2. 自动思维是自发涌现的,一旦被识别出来,自动思维就变得相对可预测了。功能不良的自动思维歪曲了现实,让人感觉到痛苦,妨碍教师采用有效的行动去实现预定的目标。

3. 自动思维经常非常简短。生活中,教师会有焦虑、伤心、生气或者尴尬的情绪反应,但教师对自动思维毫无察觉,很难发现这些情绪与自动思维之间的逻辑关联。

4. 自动思维通常可能以词语的形式、视觉的形式(图像)或者二者结合的方式呈现。

比如,一位教师有这样的想法:"喔,不!"他的意思是"我的领导将要给我太多的工作"。除了语言形式的"喔,不"以外,他可能在脑海中形成了一个关于自己的影像——深夜孤独地坐在书桌前加班,辛苦疲累。

三、情境、情绪和自动思维

在某些持续性的负面情绪下,教师经常难以觉察和辨别引发情绪反应和行为问题的自动思维,因为某种情境下的自动思维是自动涌现、简短和难以觉察的,它们往往被随之而来的强烈而复杂的情绪所掩盖,很容易与这些情绪混淆在一起。也就是说,当教师处于一种情境当中,会先体验到不止一种的强烈情绪(如图 3 - 4),而在每一种情绪背后都牵扯着不同的自动思维(图 3 - 5),即不同情绪背后的自动思维不同。同一情境下的自动思维不同,引发的情绪也不同。

图 3 - 4 情境—情绪

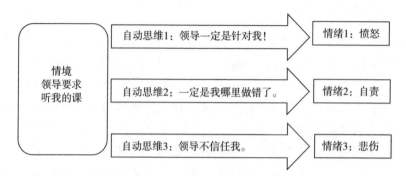

图 3-5 情境—自动思维—情绪

情境经由自动思维引发情绪、行为和生理反应（图 3-6），情绪、行为和生理反应会触发新的自动思维，进而引发一系列连锁反应。

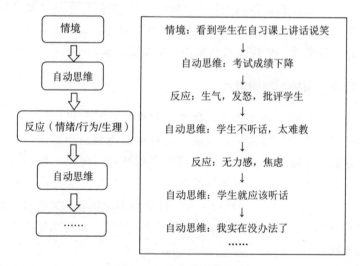

图 3-6 单一事件的情境

也就是说，教师的情绪、行为和生理反应都可以成为触发自动思维的"情境"。诱发自动思维的情境可能是外部事件、思想流、认知、情绪、行为、生理反应、心理感觉（表 3-2）。

表 3 - 2　诱发自动思维的情境

情境	举　例	自动思维
外部事件	同事没接我的电话	"她怎么能这样对我!"
思想流	想到考试	"我永远也学不会。"
认知：思维、图像、信念、想象、梦、记忆	想到某次失败的经历	"我永远也不能成功，我总是把事情搞砸。"
情绪	愤怒	"我不应该对他发火，我太坏了。"
行为	拖延	"我永远完不成这些任务。"
生理或心理体验	躺在床上睡不着	"我明天会没有精神工作。"

　　单一情境引发初始的自动思维，初始自动思维本身及其所引发的情绪、行为、生理反应又诱发其他与情绪、行为和生理反应相联系的次级自动思维（图 3 - 7）。总之，情境、情绪、自动思维相互影响，又相继触发，需要用心体验和识别才能区分三者之间的关系。

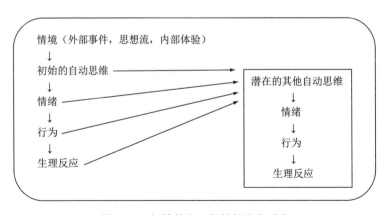

图 3 - 7　初始的和二级的想法和反应

❀ 行动研修

一、识别自动思维：自动思维记录表

自动思维揭示了教师根深蒂固的思维习惯，包括对自己、他人和世界的。借助记录表记录自动思维能帮助教师尽快觉察和辨识出自动思维，澄清事件/情境、自动思维和情绪（表 3 - 3）。

表 3 - 3 　自动思维记录表

事件/情境	自动思维	情绪
被学生家长投诉	"我就是倒霉的命" "我为什么总这么笨" "这个世界太恐怖了"	自我厌恶 羞愧 生气 丢脸 恐惧 沮丧

坚持记录自动思维的七大好处：

（1）它能够揭示教师的情绪在一天、一周或者一个月之中是如何变化的；

（2）它能够揭示教师在日常生活中存在的固有的思维模式；

（3）把想法记录下来会帮助教师了解自身的思考方式；

（4）它可以展示出某些事情是如何占据教师的思维的，从而可以采取应对措施；

（5）它是一种很好的训练方式，会帮助教师更加客观地看待自己；

（6）可以利用这些记录进行回顾，以此来审视自从开始记录后，教师是如何取得进步的；

（7）教师通过训练定期审视自己的想法，最终会领悟到一种更平衡、更富有选择性的思考方式。

二、评价自动思维

当教师产生一个自动思维，沉浸在由此触发的强烈情绪中时，就很难发现和自动思维相左的证据。同时，寻找正、反（支持自动思维/不支持自动思

维）两方面的证据，对自动思维进行客观公正的评价，能形成对自动思维的整体认识。

1. 教师可以在自动思维记录表（表3-3）中选定需要评价的自动思维，然后逐一对选定的自动思维进行客观、公正的评价。

2. 依据自身情况回答如下两个问题，把可能的答案分别填写在表3-4的"支持自动思维的证据""不支持自动思维的证据"栏中，写出尽可能多的证据。

（1）支持这个想法的证据是什么？

（2）反对这个想法的证据是什么？

自动思维常常包含一些事实，较容易找到支持自动思维的证据。寻找不支持自动思维的证据则比较困难。下面是帮助寻找不支持自动思维证据的提问：

表3-4　挑战自动思维记录表

选定的自动思维	支持自动思维的证据	不支持自动思维的证据
自动思维1："我就是倒霉的命"	证据1：只有我被家长投诉。 证据2：我怎么解释都不会有用。 证据3：弄不好我会丢掉工作。 证据4：十几年努力付出，落得现在的结果。 ……	证据1：李老师也被家长投诉过，经过沟通，事情解决了。 证据2：我跟同事曾有过误会，真诚沟通之后，误会解开了，现在我们的关系比之前更好了。 证据3：这件事总会过去，就算丢掉工作，人生还得继续，并不意味着我倒霉一辈子。 证据4：前年职称考试压线通过，顺利评上副高级。 证据5：如果爱人知道我的想法，会对我说世界上比这更倒霉的事情有很多，一家人健康平安就是福气。 证据6：诚恳踏实是我的优点，同事、领导、其他学生家长了解我的为人，会信任我的。 ……

续　表

选定的自动思维	支持自动思维的证据	不支持自动思维的证据
自动思维 2	证据 1： 证据 2： ……	证据 1： 证据 2： 证据 3： 　　　……
……	证据 1： 证据 2： ……	证据 1： 证据 2： 证据 3： 　　　……

① 有没有某些经验或者有没有某些信息表明，该自动思维并不是在任何时间任何条件下都绝对正确的？

② 如果我的至亲好友有这条自动思维，我会对他们说什么？

③ 如果我的至亲好友知道我有这条自动思维，他们会对我说什么？他们会给我举出什么样的事例（信息或经验）来说明我的自动思维不是 100% 正确的？

④ 还有没有任何能够反驳我的自动思维的信息被我忽略了，或被我认为是不重要的？

⑤ 我有哪些长处或品质是被自己一直忽略的？都是什么？它们是如何在这次的情境中帮助我的？

⑥ 在这次的情境中，有哪些积极的方面被我忽略了？有没有某些信息表明，这次的情境也可能会有一个积极的结果？

⑦ 我以前经历过类似的情境吗？具体是怎么样的？和这次的情境有什么不同吗？在上次的情境中我学到了什么经验，可以让我对这次的情境有不同的理解？

⑧ 我会对这次的情境有什么不同的想法吗？是什么样的想法？我会关注哪些事实信息？

⑨ 五年后，如果我再回看这次的情境，会有不同的看法吗？我关注的重点会和现在有所不同吗？

⑩ 我有没有因为自己不能完全掌控事情的发展而自责？

寻找不支持自动思维的信息是非常重要的事情，我们多加练习，就会发现寻找不支持自动思维的证据变得越来越容易。

三、替代或平衡自动思维

替代或平衡自动思维的一个方法是将正、反两方面的证据分别总结成一两句概括语，用一个介词相连，如"并且""但是"等，这就得到了平衡思维。比如，一位教师在检查了所有证据之后，原始自动思维"我是一个糟糕的教师"可能会转变为一个更平衡的思维："作为教师，我确实犯了一些错误，但是所有的教师都会犯错。犯错误并不意味着我是一个糟糕的教师。我热爱我的工作，爱我的学生们，并且我认为自己的付出比犯的错误重要得多。"比起原始自动思维，这条思维就平衡得多，因为原始自动思维只关注了这名教师的消极面，而新的思维同时关注了正、反两方面。

替代或平衡自动思维通常是通过综合考虑正、反两方面的证据之后得出的。正、反双方的证据能提供一个更宽广的视野，来重新看待教师所处的情境。替代思维或平衡思维通常会比原始的自动思维更积极一些，但绝不是简单地把消极思维替换成积极思维。积极思维有可能是通过忽略消极方面的证据而得到的，这样的"积极思维"和消极思维同样有害。举例来说，如果上面这位教师真的考虑到作为教师他确实犯了一些错误，就绝对不会把自己的自动思维"我是一个糟糕的教师"直接替换成"我是一个优秀的教师"。替代或平衡思维一定要综合考虑积极和消极两方面的信息。全面理解所有信息并不容易，需要一些练习和尝试。当人们能够综合考虑额外的信息时，对事件的解释就有可能发生变化。

四、强化新思维

发展替代或平衡思维，就好像学习一门新语言。和新语言一样，新思维往往也会令人感觉怪怪的，似乎不是很可信。自动思维好比母语，总是自然而然地流淌而出，而替代思维就像外语，需要花很大努力才能在脑海中浮现。有时，教师可能觉得新思维已经在头脑里出现了，但是它们看起来总是不如自动思维那样贴近教师固有的生活经验。

强化新思维可信度的最好方法就是多练习，尝试在日常生活中不断地收集更多证据，不断建构新的替代或平衡思维。当教师的生活经验能够支持替代或平衡思维时，教师就会越来越相信这些新思维。

　　教师在日常生活和工作中承担着各种各样的压力，受到压力影响，情绪会变得容易波动和不稳定，长期如此会影响教师的身心健康。教师对自动思维多一份觉察，就会对困扰教师的情绪有更多的了解，从而调整认知，转变心态，保持轻松愉悦的心情投入教育教学工作中。

第四节　探索中间信念，催化和谐师生情

案例与分析

🍃 案例直击

　　乐乐是一名高中英语教师。9月新学年伊始，乐乐带了两年的班级升入高三，而学校安排乐乐担任高一新生班的班主任。乐乐工作认真，业务能力突出，之前带的班级的成绩、纪律、活动各方面在同年级都很出色。乐乐接手高一新班级后，工作上更加努力，事事亲力亲为。学生无论哪个学科有疑问，乐乐都负责答疑辅导，学生每个学科的作业都要检查。有些学生偏科，乐乐就额外给这些偏科的学生辅导，留额外的作业。如果学生不完成额外作业，乐乐就会罚写更多的作业，学生们敢怒不敢言。

　　直到有一天领导找乐乐谈话，因为有家长投诉乐乐对学生太严苛，领导希望乐乐注意教育方式，不要激化矛盾。乐乐听了又生气又委屈，她认为是领导不信任和不赏识自己，才不让自己继续跟班上高三，现在自己这样努力付出，不仅学生不"领情"，家长有意见，连领导也不理解。乐乐一时无法接受，一气之下请了假，躲在家里不肯出门。

🦋 案例诊断

　　案例中，乐乐老师认为自己没有跟班上高三是因为领导不信任和不赏识自己。基于这些认知，乐乐以"特别努力"的方式来应对，事事亲力亲为，门门学科都管，付出很多个人时间和精力给学生辅导答疑，检查作业，却导

致了学生不"领情"、家长投诉等后果。

对于乐乐来说，不被领导信任和赏识是非常糟糕的感觉，所以乐乐希望通过"努力工作"赢得领导的信任和赏识。乐乐的这种人生信条被称为中间信念，它更深刻地影响着人们的行为和情绪。

理论与应用

◎ 理论导航

一、中间信念

中间信念是人们赖以生活的信条，比自动思维更深刻，更不容易觉察，它是影响力更大的思维。人们经常把中间信念当成日常生活的指导原则。中间信念为人们的思想、行为提供了具体的评价标准，并以此为基础形成了相应的问题应对策略。中间信念通常潜伏在人的认知表层之下，也被称为"功能失调性假设"。

中间信念包括态度、规则和假设。这些信念影响着人对情境的看法，这些看法进而影响人的想法、感觉和行为（图3-8）。

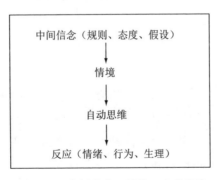

图3-8 中间信念、情境、自动思维

二、自动思维与中间信念

自动思维是对具体情境的反应和评价，中间信念是自动思维背后更深层的认知。中间信念常会引起特定的自动思维，但没有自动思维容易改变。

（一）从点到面

在某个特定的心理领域（如学习、工作、人际交往等），教师会面临各种各样的情境，这些情境会触发不同的自动思维，但这些自动思维的背后有着相同的中间信念作为支撑。

改变自动思维比较容易，它的影响也相对比较小，只能影响该情境中的情绪和行为。改变中间信念比较困难，因为中间信念涉及一个领域的众多具体情境。

虽然改变中间信念比较费时、费事，但一旦改变，它的效用是非常大的。由于中间信念影响一个领域的认知和行为，中间信念发生改变，就意味着这个领域的所有认知和行为都得到了调整，教师就能有效处理这个领域内各种情境，对这个领域的适应水平会增强。

从自动思维到中间信念的过程，实际上就是从点到面的过程。探索自动思维，就是探索具体情境的认知和行为。探索中间信念，就是探索这些情境（点）所组成的心理领域（面），探索在这个领域中教师所存在的认知信念和行为方式。一旦改变了不适应的中间信念和行为方式，教师习得适应性的认知信念和行为方式，就能有效应对这个领域的所有情境了。

（二）从个别到普通

从自动思维到中间信念，行为也在发生改变。在自动思维阶段，个体的行为改变是针对特定情境的。但在中间信念阶段，个体所改变的不是一个个具体行为，而是行为的方式，是一种带普遍特点的行为方式，它是与认知信念改变所对应的行为方式的改变。

自动思维阶段的行为改变与中间信念阶段行为方式的改变之间存在着对应的关系。这种关系表现在自动思维的行为改变上，就是中间信念行为方式改变的具体表现。另外，自动思维阶段的行为改变也为中间信念行为方式的改变奠定了基础，有助于中间信念阶段形成新的行为方式和习惯。

三、态度、规则和假设

中间信念包括态度、假设和规则三个部分。态度是大前提，假设是小前提，规则是结论。例如，乐乐带了两年的班级升入高三了，自己没有被安排跟班，而是重接一个高一的班级，乐乐认为是领导不信任和不赏识自己。用这个例子来说明中间信念的三个部分，态度是"不被领导信任和赏识是非常糟糕的"，假设是"如果努力并做到优秀，就能得到领导赏识和认可（积极假设）；如果不够努力、不优秀，领导就会看轻自己（消极假设）"，规则是"我应该勤奋认真，工作努力"。乐乐老师担心"不被领导信任和赏识"，这是她工作的大前提。怎么做才能避免这样的情形发生？她得出了两个假设：一个是避免糟糕结果的假设，这个假设被称为积极假设，她认识到努力并做到优秀就能避免糟糕情况的发生；另一个是导致糟糕结果的假设，这个假设被称为消极假设，她相信如果不够努力、不优秀，就会出现自己所担心的情形。基于这两个前提（态度、假设），她得出结论"我应该勤奋认真，努力工作"，并把它作为工作的行为准则。我们称之为"规则"（图 3-9）。

> 中间信念：态度、规则、假设
> 态度：不被领导信任和赏识是非常糟糕的。
> 规则：我应该勤奋认真，努力工作。
> 积极假设：如果努力并做到优秀，就能得到领导的赏识和认可。
> 消极假设：如果不够努力、不优秀，领导就会看轻自己。

图 3-9 态度、规则、假设

如果换个角度来看中间信念，它可以分为表层和深层两个部分，表层由态度和规则构成，深层由两个假设构成。表层的态度是个体的担忧，规则是应对担忧的解决之道。对上面这位教师而言，她担忧的是"不被领导信任和赏识"（态度），解决之道就是自己"勤奋认真，努力工作"（规则）。隐藏在表层态度和规则之下的是深层的两个假设。这位教师采取"勤奋认真，努力工作"的规则是基于这两个假设"如果努力并做到优秀，就能得到领导赏识和认可（积极假设）；如果不够努力、不优秀，领导就会看轻自己（消极假设）"而得出的。通过这样的区分，我们知道"假设"才是中间信念的核心，要修正中间信念需要着力去解决"假设"的问题（图 3-10）。

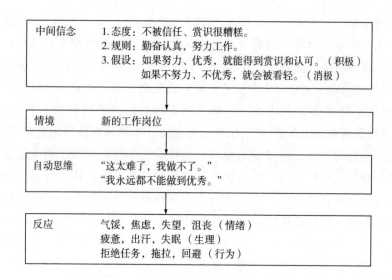

图 3-10 中间信念、情境、自动思维、反应

在两个假设中，如果出现消极假设的情形，教师就会面临态度所描述的情形。为了避免消极假设的情形，教师会选择相反的假设——积极假设。基于积极假设，教师得出基于规则的行为方式。比如，上面的教师的消极假设是"如果不够努力、不优秀，领导就会看轻自己"，如果出现"领导看轻自己"的情形，就意味着态度"不被领导信任和赏识是糟糕的"成真。因此，她需要尽力避免消极假设的情形，得到了相反假设——积极假设"如果努力并做到优秀，就能得到领导赏识和认可"，在这个假设的基础上，她得到了行为规则"我应该勤奋认真，努力工作"。可见，消极假设是中间信念的核心，一旦消极假设得到修正，中间信念的其他内容就能同时得到修正和解决。中间信念的本质就是消极假设所驱使下的行为方式，这种行为方式就是我们平常所说的为人处事方式。

❁ 行动研修

一、识别中间信念

识别中间信念，有助于教师更深刻地理解自己的行动根源和自动思维。只有明确了这些中间信念，教师才可以评估它们到底有没有用，才有机会尝试重新建构更好的假设，让生活更和谐。

（一）箭头向下技术

箭头向下技术是一种简单的表达方式，它专门用来引出问题。使用向下箭头可以识别自动思维背后的中间信念（图 3 - 11）。当教师发现自己的一个自动思维后，假设自动思维是真的，那么它意味着什么呢？一直这么问下去，直到发现一个或多个中间信念。例如，乐乐的领导告诉她有家长投诉她对学生太严苛，乐乐的自动思维可能是"领导可能认为我是个不讲究方法的老师"。

```
1. 领导可能认为我是个不讲究方法的老师。
            ↓   如果这是真的，那么它意味着什么？
2. 这意味着我是个不好的老师，我不够努力。
            ↓   如果这是真的，我烦恼的是什么？
3. 我没有能力，不优秀，同事和领导都会看轻我。
            ↓   假设我没有能力，那又怎么样？
4. 我不被信任和赏识，这很糟糕。
            ↓   如果这是真的，那么意味着什么？
5. 我一无是处，没有价值。
```

图 3 - 11 箭头向下技术示意图

（二）在自动思维记录中找到共同主题

在自动思维记录练习中（第三节），会发现一些自动思维有共通之处。比如，你跟领导打招呼，他态度冷淡。自动思维："领导的架子不小啊。"跟同事一起吃饭，同事抢着买了单。自动思维："他就是想显摆比我有钱。"这些自动思维往往指向同一个中间信念："他一定看不起我。"

（三）识别一个被表现为自动思维的中间信念

有时候，中间信念会直接以自动思维的形式出现，善用"如果……那么（就）……"句式，将思维进行一定程度的抽象，把一个针对具体情境的假设提升到一定心理领域内适用的假设。比如，有位教师在每次组内教研活动中总是尽量避免发言，他的自动思维是"我尽量不发表见解"，他的中间信念可能是"如果我发表见解，就有说错的风险"。这位教师不仅在教研活动中，可能在人际交往的很多场合都持这种中间信念。

二、检验中间信念

和自动思维不同，中间信念是跨情境的，它们会在不同的情境下指导教师的行为和情绪。每个人都有上百条中间信念。中间信念一般被表述为"如果……那么（就）……"。需要注意的是，同一行为可以被许多不同的中间信念所解释，所以很难通过观察行为或了解情绪来获知中间信念。

中间信念指导着教师的行为和情绪反应，当教师发现自己想改变某种行为却困难重重时，或者想逃避某些东西时，又或者有某些强烈的情绪反应时，就可以知道是中间信念在起作用。这时候，需要使用一些方法来检验中间信念。

当某种情境下反复出现相同的行为或情绪时，就是中间信念的线索。教师可以把引发这些情绪和行为的情境放在"如果"一词后面，构成"如果……那么（就）……"的句式。教师用自己的想法来补充"那么（就）"后面的内容。还有一种反向造句方法，即"如果不……那么（就）……"句式。

例如，一位教师总是把办公桌收拾得干净整齐。用这位教师的例子造一个句子："如果我把办公桌收拾得干净整齐，那么（就）……"通过完成这个句子来获得中间信念。这位教师可能会说："如果我把办公桌收拾得干净整齐，同事就会觉得我特别好。"这位教师也可能认为："如果我把办公桌收拾得干净整齐，我就会放松，更容易找到需要的东西。"反向的说法是："如果我不把办公桌收拾得干净整齐，我的同事就会觉得我太邋遢，觉得我不好。"或者："如果我不把办公桌收拾得干净整齐，我就会很焦虑，找不到需要的东西。"

中间信念和自动思维一样，都可以被检验，甚至可以改变。

三、行为实验

矫正中间信念最理想的方法是做一系列行为实验，即用行动来检验"如果……那么（就）……"中所假设出来的结果是否真实准确。比如，做出"如果……"的部分，看看"那么（就）……"的部分会不会一定发生；教师尝试做出与中间信念相反的行为，看看会发生什么；观察或访谈他人，看看别人是否持有相同的中间信念。

行为实验的要点是去检验中间信念所预测的内容到底是不是真的。为了让结果更可靠，每个行为实验应重复多次，再去总结结论，构想一个替代假设，即新的中间信念。

以在教研活动中不发表见解的教师为例，为了矫正自己"如果我发表见解，就会有说错的风险"的中间信念，他可以刻意在教研活动中多表达自己的看法和建议，当有人反馈他说的话是有价值的，或因为自己的话激发了更多人有价值的热烈讨论，为教研活动添色时，他的中间信念会松动，进而得到矫正。他可能会形成一个新的中间信念假设："如果我表达我的观点，同事会觉得我的想法很有价值。"或者："如果我表达我的观点，会对同事有帮助（会激发大家思考和讨论），让事情向更好的方向发展。"持有新的中间信念，他可能会在之后的教研活动中更多、更积极地表达自己的观点，跟同事讨论研究。同时，他在与朋友聊天、与家人相处时也会更多地表达自己的观点和意见，从而改变在人际沟通领域的行为方式。

原始的中间信念通常是习得的，可能来自家庭、社区，也可能来自教师自身成长的文化背景。教师通常意识不到自己有这些中间信念，一旦发现别人不一定和自己持有相同的中间信念时，他往往会大吃一惊。中间信念不一定能帮教师适应各种环境，有时候会失灵，有时候甚至会阻碍教师的积极变化。不过，既然中间信念是习得的，就可以通过一定的方式学习到新的、适应性的中间信念，这会让教师的生活发生有意义的变化，获得更大的快乐。

学校工作是一项系统而复杂的事业，教师总会遇到源自学校、学生、家长、教育政策等各个方面的突发事件和由此而引发的各种各样的状况，有些复杂的状况似乎超出了教师可以清晰完整认知的范畴。即便如此，教师仍可以通过调整自己的态度和观念建立新的、适应性的中间信念，从而调整自己的认知，重新审视和看待这些事件和状况，有进有退，有止有度，构建和谐的师生关系。

第五节　重构核心信念，全面认知师心宽

案例与分析

案例直击

小安是某小学六（3）班的班主任。校运动会后，小安的情绪一直很低落，原因是运动会当天检阅时，六（1）班的同学统一准备了白手套，六（2）班的同学都佩戴了手花环，六（4）班的同学都穿了定制的 T 恤衫，自己班级没有做这些准备。一起走过主席台时，小安和同学们都感觉有些尴尬。小安觉得都怪自己无能，没有想到提前做一些准备，让自己班级的同学、家长在检阅时很"丢脸"。小安跟一位同事抱怨："她们三个故意一起做准备，不告诉我，真是太坏了。"这位同事刚好承担 6 年级四个班级的课程，对各个班的情况都比较了解，他告诉小安老师，其他三位班主任是各自准备的，没有一起商量、一起准备，并没有人针对小安，这件事情就是一个巧合。小安听后如释重负。

案例诊断

上述案例中，运动会检阅的情景确实会让作为班主任的小安感到尴尬和不舒服，得知事实的小安如释重负。小安对这一"巧合事件"的反应确实有些过度敏感。小安"过度敏感"的背后折射出她对待他人、对待世界、对待自己的基本看法。比如，小安认为其他三位班主任"太坏了"，故意不告诉自己；还觉得自己无能，没想到要做准备，让班级"丢脸"。这些基本看法比自动思维、中间信念更加根深蒂固，对人的影响也更隐蔽和深远，这些基本看法就是核心信念。

理论与应用

◎ 理论导航

一、核心信念

核心信念通常与自己、他人、社会世界、物质世界或未来有关，是人们从童年开始逐步形成的对自我、他人及世界的自以为可以确定的看法，其中高度概括、根深蒂固的观念称为核心信念。核心信念是对自我、他人、世界的基本观点，是人关于自我最核心的观念。

核心信念有以下特征。

（一）始于童年

核心信念的形成往往可以追溯到教师的童年，但并非都在童年时期已经完成。核心信念是随着教师个人的成长发展而潜移默化地沉淀而成的。

（二）信以为真

教师对自己已形成的核心信念一般都很笃定，认为其是真实的、正确的、可信的、有意义的、有价值的，一般不会对此动摇或质疑，因此要自我否定已有的核心信念有较大难度。

（三）顽固稳定

教师都有一种倾向性，容易选择性地关注和采纳与自己核心信念相容的信息，从这些信息中证实自己的信念的合理性。久而久之，核心信念被不断地强化，成为稳定的、不容易改变的、较难被意识到的认知结构。

（四）表达困难

核心信念处于最深层的认知结构中，教师在表达这些内容时会存在一定的困难，其本质也较难被揭露。

二、核心信念的形成

在童年时期，当孩子与重要他人进行互动以及共同经历一系列重要事件（比如搬家、重大疾病、新的家庭成员出生等）时，他们在大脑中组织相关的概念，以努力弄懂自己、他人以及所在的世界，他们积极地寻找意义，不断将新信息填充到已有的认识或模板里，逐渐形成稳定的核心信念。

在人们生命的大部分时间里，大多数人持有相对正面和现实的核心信念。例如，"大多数事情我能够胜任"，"我是一个可爱的人"，"我是有价值的人"。

当孩子以一种负面的视角看待自己的童年经历时，他们通常会开始把负性的特点归罪到自己身上。例如，"我是不好的、不可爱的"，"我是毫无价值的"，"我是不能胜任的"。

这类孩子在后续成长中如果能体验到很多富有正面意义的经历，可能仍会不时地以负面眼光看待自己，但基本上会相信自己还不错，相当有能力，相当可爱，值得被爱。相反，如果是遭遇很多消极负面的经历，他们可能就会开始发展出对自己、对世界、对他人的负面看法，认为"我是有问题的"，"其他人是不可靠的"，"其他人会伤害我"，"这个世界是危险的"。

如果这些负性概念在他们的头脑中得到巩固，形成固定的、过度概括化的、消极的核心信念，他们往往就会认为这些核心信念是正确的，并确信无疑。

三、核心信念的分类

每个人都会同时存在积极（我很聪明）和消极（我很笨）的核心信念，同时持有两种类型的核心信念（积极的和消极的）。生活就是一种连续体：从体验消极到中性，再到积极。

（一）有关世界的核心信念

教师可能坚信自己所在的世界有太多阻碍，因此不能从生活中获得自己想要的东西。他们可能将自己的信息表达为"世界是不公平、不友好、无法预测、不可控、危险的"。教师通常会广泛使用这些信念，或用它们去解释一切。

世界—不好（world—no good）：认为世界或世界上的事物不公平、不好的信念；

世界—危险（world—dangerous）：认为这个世界本来就很危险，很可能会给自己和别人带来伤害的信念。

（二）有关他人的核心信念

持有此类核心信念的教师，往往以一种非黑即白的模式将他人分类，通常夸大负面的影响。比如，认为人们喜欢贬低、不关心别人，同时具有伤害性、阴险、喜欢操纵；或者可能会不切实际地积极看待其他人，如认为别人都高人一等、有用、能干、可爱、有价值（而自己却不是这样）。

他人—抛弃（others—abandoning）：认为他人可能会拒绝或者离开自己的信念；

他人—有害（others—harmful）：认为某个或某些人对自己怀有敌意，或者可能会给自己和他人带来伤害的信念；

他人—不好（others—no good）：贬低他人，认为他人是坏的，或者在特定的情境下他们是坏的信念。

（三）有关自我的核心信念

1. 不可爱类核心信念

持有此类核心信念的教师相信自己是不可爱或不被爱的人，认为或害怕自己将永远不会得到想要的亲密关系和关心。

"我不可爱"	"我不受欢迎"	"我总是被拒绝"
"我必定被抛弃"	"我会一直孤独"	"我没有什么可以奉献"
"我不讨人喜欢"	"我被人忽视"	"我没有吸引力"
"我与人不同"	"我是多余的"	"我不够好，不值得被爱"
"我是有缺陷的，其他人都不爱我"		

图 3 - 12　不可爱类核心信念

2. 无能类核心信念

持有此类核心信念的教师过度关注自己是否有用，可能存在一些细微差别。

（1）完成某事："我没有能力"，"我不能胜任"，"任何事情我都做不好"。

（2）保护自己："我很容易受到伤害，软弱，没有力量，陷入困境。"

（3）成就方面："我失败了"，"我不合格"，"我是失败者"。

"我不能胜任"	"我做事毫无效率"	"任何事我都做不好"
"我很无助"	"我没有力量"	"我是脆（软）弱的"
"我易受伤害"	"我是受害者"	"我陷入困境"
"我失控"	"我是失败者"	"我不够格"
"我束手无策"	"我是劣等的"	"我不够好（成就方面）"
"我是输家"	"我没用，不能应对问题"	"我贫苦"
"我不能改变"	"我是有缺陷的人（我比不上其他人）"	

图 3 - 13　无能类核心信念

3. 无价值类核心信念

无价值类核心信念通常带有一种道德的评判，将它们与前两类信念区别开来。

"我毫无价值"	"我不被接受"	"我很坏"
"我是废物"	"我不道德"	"我很危险"
"我有毒"	"我有罪"	"我不配活着"
"我一文不值"	"我恶毒"	"我邪恶"

图 3 - 14　无价值类核心信念

四、核心信念、中间信念、自动思维

图 3 - 15 展示了自动思维、中间信念、核心信念三者之间的关系。自动思维是思想中实实在在涌现的词或想象画面（意象），具有情境相关性，是认知的表层部分。核心信念是最深入的部分。介于两者之间的是中间信念。三者紧密相连，互相影响，识别和处理任何水平（表层的自动思维、中间层的中间信念、深层的核心信念）的认知，其他两种都会跟着发生变化。

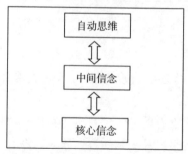

图 3 - 15　核心信念、中间信念、自动思维关系图

自动思维处于认知浅层，就像长在地表的杂草和花朵，它们的根是地表之下的中间信念和核心信念。探索自动思维就像修剪杂草，能让花园赏心悦目；调整中间信念并用行动实验践行它们，就像杂草连根拔起，当把新的假设种在花园里时，它们滋养着其他花朵，花园处处变得生机勃勃。

核心信念往往从童年开始形成，随着人的成长过程逐渐被强化，这些信念不一定都是准确真实的，也并不一定依然适用于教师成年后的生活，它们是需要被松动和重新建构的，但它们往往根深蒂固，难以改正。

相对于识别对于自己、世界及他人更广泛的核心信念，识别自动思维更容易。通过修正表层的自动思维来改善情况，这种多次成功的经历会使教师对识别自动思维之下的深层信念（中间信念、核心信念）更有信心。通过识别、修正相关中间信念和核心信念，教师对事件的理解和预期结果可能发生改变。在特定情境中，一位教师的核心信念会影响其知觉，以情境相关的自动思维作为表现，这些思维反过来可以影响这位教师的情绪、行为及生理反应（图 3 - 16）。

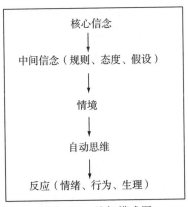

图 3 - 16 认知模式图

❀ 行动研修

一、识别核心信念

如前所述，核心信念是深层的认知结构，不容易被识别和发现。教师可以从自动思维情境或强烈的情绪入手，利用箭头向下技术来识别核心信念。

（一）识别关于自我的核心信念

教师想象一个引发强烈情绪的情境或自动思维，反复问自己"如果这是真的，对我来说意味着什么"。以小安为例。

情境：准备运动会，不告诉我。
　　　　　　↓　　　　如果这是真的，对我来说意味着什么？
我总是处理不好人际关系。
　　　　　　↓　　　　如果这是真的，对我来说意味着什么？
所以大家都不喜欢我。
　　　　　　↓　　　　如果这是真的，对我来说意味着什么？
我是多余的，不受欢迎。
　　　　　　↓　　　　如果这是真的，对我来说意味着什么？
我不够好，不值得被爱。

图 3 - 17　识别核心信念示意图

（二）识别关于他人的核心信念

教师想象一个与他人相关的引发强烈情绪的情境，通过反复询问"如果这是真的，说明别人怎么样"来识别核心信念。

（三）识别关于世界（或生活）的核心信念

教师想象一个引发强烈情绪的情境，反复询问自己"如果这是真的，说明这个世界是什么样的"，直到发现关于世界的核心信念。

二、重构核心信念

（一）明确新的核心信念

对应着原有的关于自己、他人和世界的消极核心信念，如"我没用，不能解决问题"，教师可以找出一条能够被自己认可的新的核心信念，如"我有能力解决问题"。寻找证据支持或强化这些新的核心信念，这种做法可以给教师提供一种全新看待生活的方式。当教师发现许多证据都能证明新的核心信念时，就会开始相信它们。教师不需要完全摆脱消极核心信念，只要新的核心信念和原有的消极信念同样强大，教师就获得了更灵活的思维能力。在不同的情境下激活不同的核心信念，这让教师适应性更强，也让教师不至于在任何情况下都被消极的核心信念左右，曲解当下的情境。

（二）强化新的核心信念

强化一个新的核心信念（"我是有能力的"），而非试图改变消极核心信念（"我不能胜任"），会让教师拥有一组相匹配的核心信念，使教师更灵活地思考和理解各种生活经验，从而获得更大的幸福感和满足感。

完成核心信念记录表，通过询问自己下面的问题，帮助寻找支持新的核心信念的证据。

（1）今天自己独处的时候，或者和别人在一起的时候，有没有做什么符合新的核心信念的事情？

（2）别人有没有做出一些行为，或大或小的程度上符合新的信念？

（3）有没有一些日常习惯符合新的核心信念？

（4）今天有没有发生什么积极的事符合新的核心信念？

表3-5　核心信念记录表——记录支持新信念的证据

新的核心信念：我是值得被爱的。 支持新信念的证据或体验： 1. 今天收到学生送的小卡片，上面画着我的画像，写着"喜欢美美的×老师"。 2. 今天同事说我的新衣服很好看。 3. 我每天都精心给自己准备一杯咖啡和一些小点心。 ……

（三）平衡核心信念

需要注意的是，同时拥有积极和消极的核心信念是健康的。只有当消极核心信念越来越固化，让教师丧失掉心理灵活性，完全无法从积极的角度看待自己、他人和世界时，消极信念才成为问题。其实，如果积极信念让教师失去了从负面角度看事物的灵活性，也同样是个麻烦。

如果总是只激活一种核心信念，就意味着教师总是只戴着同一种颜色的眼镜看世界。如果有两个相平衡的核心信念，那么教师的头脑会变得灵动，在不同的情境激活不同的核心信念，得以更自由地适应生活。当教师拥有彼此平衡的两种核心信念时，就会更理解生活的多样性，接纳生活的不同可能性。

平衡核心信念，不仅可以让教师拥有更灵活的思维视角，还让教师更容易记住那些积极的体验。平衡的核心信念是将一种绝对化的信念转变为条件性的信念，比如"我是无能的"转化为"虽然我不是最优秀的，但是我也有自己的优势，在自己擅长的领域做得跟他人一样好"。平衡核心信念是一种包容和接纳的视角。

三、发展接纳和感恩

负性的核心信念会引发教师强烈的情绪、生理、行为反应。对情绪和信念的接纳是一种有价值的方法，它可以帮助教师识别、评估和改变情绪。接纳意味着不带评价地观察情绪、思维、信念和生理反应。当强烈的情绪出现时，单纯地观察它，不做任何事，看着它来了又去，这个过程本身就非常有用。接纳核心信念并不意味着相信负性核心信念是真的，接纳意味着知道这些信念是存在的，不带任何评判地观察和体验它们。

核心信念是成对出现的，感恩是一个更多地激活积极的信念和情绪、尽力少激活消极的信念和情绪的好方法。感恩的态度可以引发更高的幸福感，提升多种情绪，甚至可以让身体更健康。感恩在多个领域都发挥了重要作用。感恩是人类的普世价值，具有跨文化和跨时间性。感恩是指一种在意的态度，是对自身的品质及他人、世界怀抱着感激。通过明确那些令人充满感激的、值得珍视的东西，教师更容易激活和强化积极的核心信念。感恩让教师能够捕捉到生活中的积极体验，体会到更多积极的情绪。

教师职业是一项光辉的事业。教师需要构建灵活的、平衡的、建设性的核心信念，从更多元、更宽广的视角看待自己和他人，全面客观地看待世界，成长为一名内心宽容、性情温润的师者。

第六节　转换自发意象，重塑愿景师路顺

案例与分析

🌿 案例直击

小梅是一名新入职的小学教师，担任一年级的班主任。班主任这个工作

对于刚刚参加工作的小梅来说着实是一项挑战。40 名学生、语数双科教学、班级管理"三座大山"让小梅每天都焦头烂额。孩子们围着小梅"告状",小梅应接不暇,时时都在"断官司"。如何让乱哄哄的孩子们安静下来对于小梅来说也是一个难题,每次通过大喊几声,学生安静了,过不了几分钟他们又说话、打闹、玩起来,教室里乱哄哄一片。小梅愤怒、生气,可无济于事,没出几天,小梅的嗓子就哑了。一个月过去了,小梅每天都是在混乱中度过的,强烈的挫败感让她开始怀疑自己是否适合教师这个职业,是否有能力胜任这份工作。

实际上,学校在开学伊始就启动了"青蓝工程",每一位新教师都与本年级有经验的教师结师徒对子,小梅老师的指导老师是邻班的李老师。虽然小梅在工作中遇到很多问题,但她从来没有主动向李老师请教过,因为每当小梅想向同事请教时,她的脑海里会不自主地浮现"同事不耐烦地拒绝自己,说自己能力不行,空有学历,还打扰他们工作,给他们添麻烦"的画面,因此小梅就退缩了。

🦋 案例诊断

当小梅尝试向同事寻求帮助时,她心跳加快,头脑中出现"同事不耐烦地拒绝自己,并说自己能力不行,空有学历,只会添麻烦"的情形,因此小梅不敢请教同事。小梅脑海中的画面是自动思维的一种呈现方式,称为自发意象。自发意象及其引发的强烈情绪,让小梅不敢向同事请教,甚至开始质疑自己的职业能力和职业选择。

理论与应用

◎ 理论导航

一、自发意象

在我们大脑中自然而然冒出的自动想法除了词汇以外还有图像和意象,人们对意象会感到有所体会却难以表达。这些意象的内容,也同样对人们构成困扰,有些会给人们带来身临其境的不良体验。比如,小梅老师认为"如果我向同事请教问题,他们会认为我能力不行,总给他们添麻烦"。因为这个想法，小梅老师的脑海中真切地浮现出同事们厌烦和愤怒的神情。这种形象的自动思维被称为自发意象。

自发意象是人头脑中保持的关于外界事物的影像，是外界事物刺激感官所产生的形象性记忆，是在人们头脑中孕育成形的、灌注了一定的思想情感的形象。

二、自发意象的类型

自发意象可能是预言、记忆或者隐喻表征。

（一）预　言

预言指对一件事情或情境触发的可能结果的想象，这些意象是教师推测的将要在未来发生，并不一定真的会发生的情形。比如，年度考核结束后，当同事提醒一位教师年度考评结果快要出来时，这位教师想"我得不到优秀，今年的职称评定又要没戏了"。他的意象是自己灰溜溜地看着得到考核优秀、顺利评上高级职称的同事春风得意的样子。当教师脑中出现一个对事件的推测性的图像时，就是预言意象。

（二）记　忆

意象常常包含着不良体验的记忆，是过去的经历在头脑中留下的裹挟着情绪、情感的痕迹。当一位教师在精心准备的省优课评选大赛中铩羽而归时，脑海中可能会出现高中时很用功但考得不好，还被班主任揶揄的意象。

（三）隐喻表征

有时候意象会以隐喻的形式出现在教师的头脑中。比如，临近期末复习，有的老师可能会感觉每天想到上班就像是撞上了一堵墙，他的意象是自己撞到了一堵又高又厚的砖墙上；有的教师，一进入教室就感觉自己要被淹没了，他头脑中可能会出现自己深深地沉入湖水里的意象。

三、识别意象

自发意象是指一种自动思维被形象化了，不能直接用语言加以描述，而是以类似于画面等视觉形式表现出来，包括图像、幻想、想象和记忆等。由于这些画面往往一闪而过，而教师通常被这些意象所裹挟的情绪所困扰，这时候教师需要识别出自发意象。

（一）完成整个意象

在教师的意象中，会有一些快闪画面，这些画面往往带着强烈的情绪，让人难以接受，为了回避情绪，意象就容易终止在某一个时刻，教师往往都不愿意再回忆起那些画面或想象。每当这个时候，教师要自我觉察，鼓励自己坚持下去，继续往前想象，直至整个意象完成，即全部呈现。就像一个故事有开头、中间和结尾一样，让所有的意象连接起来，成为一本完整的连环画。当教师有机会看完自己的整个故事后对自己进行调整，痛苦的情绪会有所减轻。

完成整个意象直到发生以下两种情况之一：一是想象度过了危机，感觉好起来；另一种是想象到最后，不可避免的最坏结果出现。第一种会帮助教师降低自发意象的危害，第二种会帮助教师深挖出隐藏在最糟糕结果后面的担心和意义是什么。

比如，小梅老师担心同事嫌麻烦而不敢向同事请教的例子。小梅老师头脑中的意象是同事嫌弃和愤怒的神情，如果她坚持完成意象，当她鼓起勇气向同事请教，同事提出有价值的建议，小梅得到帮助，她就能在想象中度过危机；第二种灾难化结果的意象可能是，她在想象中看到同事一边批作业，一边头也不抬地不耐烦地嘀咕着，"我整天都快忙死了，这点事还要问问问的，真不知道有什么好问的，大学都是怎么读的……"想到这些画面，小梅会感到更加无助，认定自己真的没有能力胜任教师工作。

停止想象后，小梅重新审视自己刚刚想象中的意象，她会觉察和意识到隐藏在意象背后的"我不能胜任……""我无能……"的自我核心信念，这些核心信念会让自己感觉十分痛苦。小梅所顾虑的不是同事的反应和态度，而是由此可能激发出来的"我无能……"的核心信念带给自己的痛苦感受。弄清楚这些，小梅可以尝试用前面章节中介绍的方法，通过挖掘和处理核心信念帮助自己转换自发意象。

（二）跳至未来时光

如果教师在想象过程中不断想象出更加困难的事件和情境，会引发更激烈或者痛苦的情绪，就很难继续完成整个意象，或者达不到预期的效果。这个时候，教师可以先跳过这段困难的意象过程，直接过渡到更远的未来时光（问题得到解决后的时光，或者灾难性结局发生后的时光）。

对于那些教师相信自己最终能解决的危机，教师就去想象问题解决后自己愉悦的心情和放松的生活；如果预期的结果是糟糕至极的，教师就想象最坏的结果之后可以怎样生活，哪怕带着痛苦坚持走下去。想象要尽可能详细，如果没有头绪，那么可以按照教师每天的作息时间进行，从早上醒来到工作上班时候的状态等。尽量详细而丰富地去想象积极美好的景象，会帮助教师摆脱负性的情绪。

比如，前述担心考核得不到优秀的教师，如果自己没有得到优秀，错失职称评定机会，自己当然会感觉失望、挫败，最坏的结果是自己永远评不上高级职称，即便这样，生活、工作依然还要继续。那时生活工作的状态可能是：早上起来按部就班上班，按时上课，按时下班，竭尽所能上好课、管好班、教好书；不评职称，不用担心考核结果，也就不用费尽心思想着与领导、同事搞好关系，在平和、轻松的心态中平衡好家庭、工作和健康。

❀ 行动研修

一、学会自我放松训练，在放松状态下进入意象层面

进入意象层面的工作需要教师进入一种放松的、专注的、平静而舒适的、不加任何评判的状态，这样做的目的是提高教师对当前、此时此刻体验的意识，让教师清楚地看到自己的意象和意象背后强烈的情绪体验。进入放松状态的方法和技术有很多，如肌肉放松、呼吸放松、正念、冥想等。这里介绍注意力集中训练法。

注意力集中训练法的基本原理是通过练习使注意力指向一个中性的或愉快的刺激，将一些引发负性情绪的刺激抛开，保持身心放松的状态。常用的注意力集中训练法有默想法和指导意象法。默想法是通过练习把注意力集中到某个视觉刺激、听觉刺激和运动知觉刺激上，达到机体和情绪放松的效果。指导意象法是通过想象练习，想象出轻松愉快的情境和影像。

练习时，我们可采用舒适的坐位或半卧位姿势，闭上双眼，跟随录制好的放松指导语，进行同步想象，进入心旷神怡的状态。录制放松指导语时，可以进行多样化设计，如想象的情境可以是海边、丛林、田野、村落、深山

等场景，音效中可以加入轻音乐或大自然的各种声音，可依据个人喜好选择或录制不同的伴音素材。

二、转换意象

（一）意象应对

在意象中应对是指产生关于具体情境的意象之后，教师要主动在意象中寻找问题解决的方法。意象应对是一件不容易的事情，具有挑战性。教师往往会被稳固的认知模式束缚，无论是认知上、情感上、行为上都会有些"定式"。意象应对是一种过渡性的方法，让教师在直面畏惧的真实情境和事件之前，先在意象中练习应对。在想象中进行应对，对教师来说相对比较容易，能提高教师应对的信心，以及为现实的应对做好准备。

如前所述，一位教师在期末复习阶段工作压力较大，每天上班在头脑中总会出现撞上一堵墙的意象。他在意象中应对时，可以想象如何跨过、钻过、绕过、穿过那堵墙，或者用锤子砸开那堵墙。当想象自己超越了那堵墙时，教师就会感到轻松，压力感会减轻。

（二）排练意象

排练意象是指教师在担心某一困难的时候，要采用意象的方式，想象出事发现场的情境，在想象情境中排练解决问题的方法和过程，采用预先演练的方法减少情绪困扰，提高应对的能力。

排练意象使问题解决先在意象层面进行排演。尽管意象排演是虚拟的，是意象活动，排演的情境及内容也会受到教师主观思维模式的局限，但它是一种准备状态，是一种心理的操练，同样能产生效果，为实施现实的调整打好基础。

（三）反复重现意象

对于一些意象，教师可以让自己多次回忆并深入地体验它们。这些意象往往是带有夸大成分的，经过多次主动体验，教师就会发现意象的荒谬之处，后续的意象会变得更具有现实性。

比如，前述在精心准备的省优课评选中铩羽而归、脑海中出现高中考试失败意象的教师，经过反复重现这个意象，他会逐渐意识到，高中时考试失败并没有想象的那么可怕，自己在大多数考试中都考得很好。自己考上大学，考入教师编制，这些都是考试成功的经验，相比之下，高中时考试失败的经历对自己人生的影响并不是灾难性的。当下省优课大赛也是一样，自己处于负性情绪状态下有夸大比赛失败造成负面影响的成分，一次评优课比赛而已，以后还有机会。

反复重现意象会让教师更现实地看待意象，更好地在实际工作中积极应对现实情境及事件。

（四）替换意象

有些意象出现的频度较高，内容不变。教师可以在想象中进行意象更替，用新的想象、新的图像来替代给教师带来负性情绪及不适应行为的意象。在意象替代的过程中，我们需要发挥想象力，进入一种身临其境的状态。

教师可以把意象想象成脑中有台电视机在播放节目，当负面的意象出现时，教师想象自己可以换台，换成能让自己高兴的意象，也就是选择更为愉快的、更富有希望的意象作为替代。

三、对意象进行现实检验

对于自发意象，可以应用现实检验的方式进行评价，从而修正教师的歪曲意象。比如，前面案例中的小梅老师，担心同事会嫌自己麻烦，脑海中是同事不耐烦和愤怒的意象。在现实中，她可以多次尝试向同事请教问题，当同事并不是愤怒地而是热心地回应她，真诚地帮助她解答问题时，她头脑中的自发意象就会松动，进而得到修正。

随着社会经济文化的迅猛发展，社会、家长对教师职业的要求越来越高，很多教师在压力之下受到多种负性情绪的困扰。情绪、认知、行为是相互联系、相互影响的心理因素。识别和调整呈现为意象的自动思维，能快速有效地调节情绪，进而调整行为方式，让教师从积极乐观的视角审视自己的职业角色，重塑职业愿景，体验职业幸福感。

第四章

教师人格问题调适

第一节　人格认知，扫描教师健全人格

案例与分析

案例直击

刘老师是一位有着二十年教龄的老教师。她衣食无忧，但总是一副愁眉苦脸的样子。她说自己很悲观，总是担心不好的事情发生在自己身上。

王老师年轻气盛，学校走廊里时常传来他的"咆哮"声。学生见了他大气儿都不敢出，生怕一不小心触发了他的暴脾气。虽然他管理的班级纪律很好，成绩也不错，但学校领导对晋升他为领导班子成员顾虑重重。

李老师是一位入职不久的年轻教师。她凡事小心翼翼，特别敏感，看到其他同事小声说话就觉得是在背后议论自己，看到校领导严肃的神情就想是不是自己哪里没做好……她的人际关系很受限。

案例诊断

上述案例中，刘老师的悲观、王老师的暴躁、李老师的敏感都是由各自身上存在的某方面的人格缺陷造成的。虽说人无完人，每个人都会有缺点，但如果超出正常范围，就是人格缺陷，会影响正常的工作和生活，给自己带来不便。

理论与应用

理论导航

教师是人类灵魂的工程师，教育事业是人格塑造人格的事业。现代教师要呈现给学生最优良的人格品质，他们要以自身健康向上的精神面貌去感染学生，以健全的人格去培养学生，以高尚的人格魅力去感召学生。

一、人格的概念

我们在生活中时常会听到"人格"这个词，如"他是个有高尚人格的人"，"你不可以侮辱我的人格"等。那么心理学概念上的"人格"是什么意思呢？

人格也称个性，这个概念源于希腊语，原来主要是指演员在舞台上戴的面具，后来心理学借用这个术语用来说明：在人生的大舞台上，人也会根据社会角色的不同来换面具，这些面具就是人格的外在表现。简单来说，在心理学上人格就是个人显著的性格、特征、态度或习惯的有机结合，是一个人固定的行为模式及在日常活动中为人处世的习惯方式，是全部心理特征的综合。这有别于我们平时在生活中所说的指"人的道德品格"意思的"人格"。

二、教师健全人格的含义

(一) 健全人格的含义

健全人格是指一种在结构和动力上向崇高人性发展的特质，也是一种能够使外在行为与内在自我达成统一、积极追求真善美的人格。在我国，衡量人格健全与否往往要看是否具有良好的社会适应能力、和谐的人际关系、正确的自我意识、乐观向上的生活态度、良好的情绪调控能力，以及能否有效利用智慧及能力、个体心理能否和谐发展等。

(二) 扫描教师健全人格

从教师的特殊身份和职业属性来看，教师健全人格应集中凝聚为"求真、厚德、博学、尚美、笃行、拓新"的品格取向，表现在工作中主要包括以下几个方面：(1) 要爱岗敬业，对学生有爱心、真心、细心、耐心，对学生的身心健康、潜能发挥能产生积极有效的影响；(2) 要不断进取，踏实肯干，善于借鉴；(3) 要以诚待人，擅长协调人际关系，懂得关心与爱护，善于合作；(4) 要悦纳自己，应培养爱好，发展特长，活泼开朗，能够调适自己以适应社会环境的变化等。

三、教师健全人格培养的理论基础

(一) 人格的典型代表理论

人格的形成受到不同因素的影响,因而发展出不同的分析理论,典型的代表理论包括精神分析论、社会认知论及生物学派等。其中,社会认知论的提出者班杜拉认为,人的行为不但受个人控制,而且受到环境和外在社会因素的影响,即"相互决定论"。根据这一理论,个人的观察学习能力亦对性格的形成和发展有所影响,可以通过后天外在因素影响一个人的性格塑造,对教师完善自身人格很有意义。

(二) 人格形成的影响因素

"人格是个体在遗传素质的基础上,通过与后天环境的相互作用而形成的相对稳定的和独特的心理行为模式。"从这个意义上讲,人格的形成是先天的遗传因素和后天的环境、教育相互作用的结果。个体的遗传素质为人格的形成发展提供了可能性,但它并不能自发转化为人格,还需要后天环境和教育。

1. 生物遗传因素

遗传对人格的作用简要归纳如下:

(1) 遗传是人格不可缺少的影响因素。

(2) 遗传因素对人格的作用程度随人格特质的不同而异。一般在智力、气质这些与生物因素相关较大的特质上,遗传因素的作用较为重要;而在价值观、信念、性格等与社会因素关系密切的特质上,后天环境的作用更为重要。

(3) 人格的发展是遗传与环境两种因素交互作用的结果。

2. 社会文化因素

每个人都处在特定的社会文化环境中,文化对人格的影响极为重要。其作用表现在:

(1) 社会文化对人格有重要的作用,特别是后天形成的一些人格特征。

(2) 社会文化对个人的影响力因文化的强弱而异,这要看社会对顺应的要求是否严格,越严格其影响力越大。

(3) 社会文化塑造了社会成员的人格特征,使其成员的人格结构朝着相似性的方向发展，这种相似性具有维系社会稳定的功能，又使得每个人能稳固地"嵌入"整个文化形态里。例如，中华民族是一个勤劳勇敢的民族，这里的"勤劳勇敢"的品质便是中华民族的共有的人格特征；我们常把教师比作辛勤的园丁，这里的"辛勤"就是教师这一群体共有的人格特征。

3. 家庭因素

研究人格的家庭成因，重点在于探讨家庭的差异和不同的教养方式对人格发展和人格差异具有不同的影响。家庭差异包括家庭结构、经济条件、居住环境、家庭氛围等。有研究表明，单亲家庭长大的儿童情绪不够稳定，易出现冲动行为；家庭成员之间关系亲密、家庭氛围和谐的家庭，孩子能够理解他人，关爱他人，情绪稳定，反之，孩子则容易以自我为中心，敏感，情绪波动大。当然，这些家庭因素不仅仅是对未成年的孩子起作用，对于已成年的教师的人格塑造也有一定的影响。例如，家庭结构稳固、家庭经济收入稳定、居家环境干净整洁、家庭氛围和谐会让人心情愉悦，心态平和，相反，家庭支离破碎、环境混乱、家庭氛围不和谐会让人心情烦躁，脾气暴躁。

由此可见，家庭确实是"人类性格的工厂"，它塑造了人们不同的人格特质。

4. 学校教育因素

学校教育在学龄儿童人格的形成与发展中具有重要作用。在学校，教师要通过各种教育教学活动，塑造学生的人格特征。同时，教师是学生学习的榜样，教师的言行对学生的人格同样产生潜移默化的影响。所以，教师有良好的品行和健康的心理尤为重要，这也是教师人格调适的必要性和紧迫性所在。

5. 个人主观因素

社会上的各种影响因素，首先要为个人接受和理解，才能转化为个体的需要、动机和兴趣，才能推动它去思考与行动。另外，个体已有的心理发展水平对人格特征形成的作用会随着年龄的增加而日益增强。教师作为专业化和职业化的成熟个体，虽然也会遇到人格缺陷等心理问题，但会在已有的心理水平基础上通过不断学习和自我调适使得人格更加健全，因此，教师人格的自我调适就更有意义和可行性。

6. 早期童年经验

中国有句俗话："三岁看大，七岁看老。"人生早期所发生的事情对人格的影响，历来为人格心理学家所重视。需要强调的是，人格发展尽管受到童年经验的影响，幸福的童年有利于儿童发展健康的人格，不幸的童年容易使儿童形成不良的人格，但二者不存在一一对应的关系。比如，溺爱也可能使孩子形成不良的人格特点，逆境也可能磨炼出孩子坚强的性格。另外，早期经验不能单独对人格起作用，它与其他因素共同决定着人格的形成与发展。

7. 自然物理因素

生态环境、气候条件、空间拥挤程度等这些物理因素都会影响到人格的形成与发展。有很多研究说明了生态环境对人格的影响。另外，气温会提高某些人格特征的出现频率，如热天会使人烦躁不安，容易对他人采取负面反应，发生反社会行为。但是，自然环境对人格不起决定性的作用。

综上所述，在教师人格的形成和调适过程中有三个因素起作用，一个是遗传，一个是环境，一个则是个人的生活方式。既然人格可以在个体的自然因素的基础上受到家庭、学校教育和后天环境的熏陶、影响，个体能够在实践活动和自我作用中把遗传和社会两种因素结合起来使遗传潜力和可能性转化为现实性的培育，那么教师人格缺陷的调适和健全人格的养成就完全成为可能。

❀ 行动研修

一、觉察和找出自己的人格特点

通过前文我们对"人格"的相关知识有了一定的了解。我们还可以借助有关量表和行为自测来了解自己的人格特点。教师了解自己的人格特点，有助于觉察、接纳及优化人格缺陷，觉察并发挥优势人格。下面介绍两种常见的人格测验。

（一）卡特尔 16 种人格因素测验（16PF）

此测验由美国伊利诺州立大学人格及能力研究所的卡特尔教授编制。卡特尔认为人的行为之所以具有一致性和规律性，就是因为每个人都具有根源特质，它构成了人格的内在基础。卡特尔根据自己的人格特质理论，运用因素分析方法分离出 16 种根源特质并编制了这一测验。16 种根源特质为乐群性、聪慧性、稳定性、恃强性、兴奋性、有恒性、敢为性、敏感性、怀疑性、幻想性、世故性、忧虑性、实验性、独立性、自律性和紧张性。

（二）艾森克人格问卷（EPQ）

艾森克人格问卷是英国心理学家 H. J. 艾森克和 S. B. G. 艾森克编制的一种有关人格维度研究的量表，1975 年发表了最新修订本。问卷分为成人版和儿童版，分别适用于 16 岁以上成人和 7～15 岁儿童。艾森克人格问卷为自陈量表，施测方便，可个别也可团体测验，在中国是临床应用最广泛的人格测验。

二、教师觉察和接纳自己的人格缺陷，并用具体方法适当调整

教师通过学习相关心理学知识，认识自我，了解自己的人格特质，同时意识到每个人的人格都会或多或少有不完美的地方，每一种人格特点都有其形成原因，更有其积极意义的一面。教师要觉察和接纳自己的人格缺陷，找到它的成因及合理的应对之法。例如，某位教师通过自我觉察或量表自测，发现自己有自恋、控制型等人格倾向，那么他首先要接受自己的问题，然后可根据精神分析理论，看看是否是自己的本我占据了意识的主导地位，再发挥"自我"的现实功能，解除自我中心化，加强工作和生活的社会适应力。（详见本章第二节"行动研修"）

如果有的教师发现自己急躁、爱发脾气的人格特点，就可以通过改变自己的工作、生活环境等缓解急躁的人格特点和爱发脾气、出口伤人的行为倾向。比如，把自己的办公桌收拾整齐，放假的时候把家里收拾得一尘不染。收拾环境的过程也是我们整理心绪的过程，看到整洁明亮的环境，心情自然也会明朗、舒畅。这一点也提示学校管理者，要注意环境对教师身心健康的影响，尽力为教师提供更安全、舒适、宽敞明亮的办公环境。

如果有的教师发现自己有敏感多疑、嫉妒心强的人格特点，那么根据社会认知理论，可以不断通过学习充电，提高自身的专业素养和综合素质，化嫉妒为力量，追赶上优于自己的人。

总之，教师要勇于接纳自己的人格缺陷，用实际行动调整、改善自己的行为，让自己变得更加优秀，健全自己的人格。

三、教师自我塑造健全人格的策略

教师健全人格是在教师与环境相互作用的过程中，主要通过教师的自我调适来塑造，这一过程是非常艰巨的。

1. 教师要激发健全和完善自我人格的动力

教师要关注自我的价值取向、成就动机、自我实现的价值目标等与其人格相关的主体性特征，不断提高育人水平，争取达到更高层次的人生境界。教师应充分认识自己职业的性质和特点，明确塑造教师健全人格的要求。虽然教师职业本身自带威信和荣誉的光环，但只有健全人格的教师才能对学生产生持久、深远的影响，发挥出无穷的教育力量。

2. 教师要终身学习，以提升文化和专业素养，进而实现人格的完善与健全

随着知识更新急剧加快，教师如果不进行不断的知识更新，就无法胜任教师工作。终身学习是 21 世纪的生存理念，对教师这一职业而言尤其如此。教育不仅要跟上时代的发展，而且要面向未来。现代教师必须认清社会发展的特点对人才和教师的要求，增强塑造、完善人格的紧迫感。人格的养成以文化素质的提高为前提和基础。人的文化素质是人的知识、品质、思维方式、价值取向乃至人的情感和气质等的综合体，向外界环境传达着人的精神风貌。有我们中华民族五千年丰厚人格财富的积淀，有当今全世界人类文明的丰硕成果可以学习和借鉴，只要教师善于加以吸收和利用这些优良的人格理念，就一定可以进一步丰富和完善自己的人格。

3. 教师要自我激励，迎难而上

教师在自我认识的基础上积极自我激励，激发人格塑造和完善的内在动力，强化磨炼克服各种障碍和阻力的毅力，为达到更高教师人格水平而努力。自我激励是教师进行人格塑造的重要保障，教师要确立奋斗目标来激励自己不断进取，不断总结经验，正确对待别人，严格解剖自己，肯定成绩，增强信心，从挫折和失败的反思中，从克服困难和阻力的磨炼中，提高抗挫折能力，使自己逐渐成熟起来，从而走上成功之路。

著名教育家乌申斯基在谈及教师的人格力量时指出，在教师工作中，一切都应该建立在教师人格的基础上，因为只有从教师人格的活的源泉中才能

涌现出教育的力量。因此，没有教师对学生的直接的人格方面的影响，就不可能有深入性格的真正教育工作。可见，教师的人格是教师职业最重要的本质特征，教师拥有健全的人格是非常重要也是非常必要的。

第二节 警惕自恋，防止"好为人师"

案例与分析

案例直击

王老师是学校里的骨干教师，年纪并不算大却已获奖无数。他前几年可谓风光无限，在学校里走路都是昂首挺胸的。他对新来的年轻教师总是爱摆老资格，指手画脚，"我当年如何如何……"都快成他的口头禅了。年轻教师一开始还愿意听听他的意见，后来渐渐发现他并不是真心为了给谁出主意或指导，纯粹就是自我炫耀，慢慢地就都开始疏远他。

案例诊断

像王老师这种喜欢做别人的老师、不谦虚、自以为是、爱摆老资格的行为就是其内心"好为人师"的自恋人格缺陷造成的，这样的人格容易导致人际关系的疏离，影响自身的进步和发展。

理论与应用

理论导航

一、自恋的定义

自恋（narcissism）一词见于欧美文学作品，取自"水仙花（narcissus）"。关于它有一个凄美的古希腊神话：美少年纳喀索斯在水中看到了自己的倒影，便爱上了自己，每天茶饭不思，憔悴而死，变成了一朵花，后人称之为水仙花。精神病学家、临床心理学家借用这个词，用以描绘一个人爱上自己的现象，形容自我陶醉的行为或习惯。

本章我们主要关注的是人格心理学取向的自恋。从人格心理学的视角来看，在正常人群中，自恋是一种以极度自大为核心特征的人格特质。随着研究的深入，研究者越来越认识到，自恋并不是一个单一的特质，而是存在很多不同的类别，可以从许多不同角度对自恋进行区分，如显性自恋和隐性自恋、主体性自恋和集体性自恋等。近年来，基于自恋构成因素和适应功能的不同，有研究者提出自恋还可以从适应性的角度区分成适应性自恋和非适应性自恋。前者对个体适应有利，后者则不利。

二、教师适应性自恋和非适应性自恋的区分

一般人都会有正常范畴的对自己的认可和自信。在幼年持续得到足够母爱的教师，长大后会对自己有信心，感到自己有能力，认为自己是可爱的，并敢于承认缺点和不足，有勇气面对现实。他们心中充满理想，同时能够立足眼前，脚踏实地，勇于进取。这样的自恋可以说是比较健康的一种，称为适应性自恋。在心理学和精神分析学上，自恋如果过度就会带来夸张、自满、自负、自我或自私等，甚至可能演变成病态，会有严重人格分裂、不正常的表现，如自恋人格分裂，这种自恋通常称为非适应性自恋。

适应性自恋的教师相信自己是可爱的，并认为这是不证自明的，不管别人评价如何。他首先对自己有一种基本的信任，认为自己就是值得喜欢的，即使有人批评我，也肯定是关心爱护我。而非适应性自恋的教师则不相信自己是可爱的，总是需要通过别人的评价来证明。如果遇到批评，他一定会认为是自己不好，别人是在对我进行恶意攻击。

适应性自恋的教师能够区分自己的想象与现实的差别，在面对理想的同时立足于现实；对世界、对他人的评价都比较符合实际，能够较宽容地对待自己和他人。非适应性自恋的教师难以区分幻想与现实，凡事凭主观想象，他们要求现实一定要达到"绝对美好"的程度，沉醉于自己的幻想；对他人强求，要求别人一定要对自己好，却又不停地抱怨、感叹人心叵测、生不逢时，在讨好他人的同时却不信任他人，甚至对他人充满深深的敌意。

适应性自恋的教师能够区分自己与他人的不同。他们爱自己，也爱他人，尊重自己，也尊重他人，能够平等、友好地与他人相处，希望自己过得好，

也愿意别人得到幸福。而非适应性自恋的教师难以区分自己与他人，表面上看他们的自尊心很强，而实际上却是因为无法相信自己。他们往往以自我为中心到了不会为他人着想的地步，他们在夸奖别人的同时总是要表明自己更优秀，甚至不惜贬低他人来标榜自己。

这些来自不同方面的证据一致表明，适应性自恋和非适应性自恋在很大程度上是不同质的两种自恋，对二者进行区分是有必要的。

三、教师适应性自恋和非适应性自恋的影响

适应性自恋与非适应性自恋对心理健康的作用是不同的。总体来说，适应性自恋对个体的心理健康可能起到微弱的保护作用，而非适应性自恋则对个体的心理健康具有明显的破坏作用。

适应性自恋会带给我们一些积极的意义。例如，有着适应性自恋的教师会更自信，更认可自己，也勇于承认自己的不足，坦然接受他人的评价，面对现实，从而更好地发展和完善自己。适应性自恋还会让教师有相对较好的人际关系。

而非适应性自恋会带给我们很多危害。例如，有着非适应性自恋的教师，一般心境抑郁，自信心不足，经常为自己如何行事和别人怎样看待自己而苦恼，对他人的评论十分敏感。这类教师的人际关系也会受到影响，过度的自恋使人高傲自负，固执己见，不尊重他人的意见和感情，难以搞好人际关系。非适应性自恋还会影响一个人的长远发展，如有非适应性自恋的老师往往会故步自封，不愿听取他人意见，长此以往就会不进则退。

四、非适应性自恋的成因分析

关于自恋型人格的成因，研究发现主要是早期童年经验这一影响因素。

经典精神分析理论的解释是这样的：他无法把自己本能的心理力量投注到外界的某一客体上，该力量滞留在内部，便形成了自恋。现代客体关系理论认为，自恋型人格障碍者的特点是"以自我为客体"，通俗地说，就是"你我不分，他我不分"。造成这种现象的原因是，他在早年的经历中体验过人际关系上的创伤，如与父母长期分离、父母关系不和或者父母对其态度过于粗暴或过于溺爱等。有这样一些经历的人，会觉得自己爱自己才是安全和理所

应当的。

在科胡特看来，可以追溯到童年的婴儿时期，按照客体关系理论家马勒等的研究，这一障碍大约形成于一岁半到三岁之间。科胡特认为，每一个个体在其婴儿期都是有个体自大、夸大倾向的，如婴儿稍稍得不到满足就会大哭等。在婴儿的心理世界中，他或她是全能的"上帝"。当这一"上帝"被养育者所满足时，则获得快乐，如果不满足，则因为自己的全能感遭受挫折无法实现而暴怒。如果养育婴儿者是长期如此对待婴儿的，也就是说婴儿是长期无法得到夸大的自体自恋满足的，不能与内部期待配对成功，则婴儿将失望于外在，于是只好通过更多地爱自己来替代补偿这一自恋之需要。这样的自恋往往超出常人所能接受的范围而形成自己独有和过分的自恋，于是就会有以上自恋型人格障碍的类似夸大性格的表现。

了解了非适应性自恋的成因，我们就可以有针对性地进行心理调适了。

🌸 行动研修

通过前面的学习，我们了解到非适应性自恋产生的原因，能深刻领悟到"好为人师"的弊病，希望有此类心理困扰的教师能根据行为表现，时刻自检自查，发挥适应性自恋的积极意义，避免"好为人师"的非适应性自恋。

一、正确的自我认识

有非适应性自恋人格倾向的教师，一般很难认清自己，不接受他人的意见，故步自封，所以想要调适，第一步就需要正确地认识自己。他人对自己客观的评价有助于我们认清自己。我们可以通过乔哈里视窗（图 4 - 1）来更好地认识自己。乔哈里视窗是从"自己知道——自己不知道"和"他人知道——他人不知道"这两个维度，将人的内心世界比作四个窗子：开放区、盲目区、隐藏区和未知区。

（一）开放区

开放区在象限的左上角，是自己知道、别人也知道的信息，如你的姓名、性别、部分经历和爱好等。

（二）盲目区

盲目区在象限的右上角，是别人知道、自己不知道的信息，如性格上的弱点或者坏习惯、你的某些处事方式、别人对你的一些感受等。

（三）隐藏区

隐藏区在象限的左下角，是自己知道、别人却可能不知道的秘密，如你的某些经历、希望、心愿、阴谋、秘密及好恶等。一个真诚的人也需要隐藏区，完全没有隐藏区的人是心智不成熟的。但在有效沟通中，适度地打开隐藏区，是增加沟通成功率的一条捷径。

（四）未知区

未知区在象限的右下角。是自己和别人都不知道的信息，如某人自己身上隐藏的疾病等。未知区是尚待挖掘的黑洞，是我们需要探索的领域。

	自己知道	自己不知道
他人知道	开放区	盲目区
他人不知道	隐藏区	未知区

图 4 - 1　乔哈里视窗

具体操作时，几位教师可以坐在一起通过"我是谁"的心理游戏来"打开"自己的乔哈里视窗，以便更全面、更理智地认识自己。例如，五人围成一圈，每人在纸条上先写下 10 个"我是谁"（表 4 - 1），然后让每个人的纸条在圈内顺时针"漂流"起来，每位教师给别人写评价，最后纸条"漂流"回自己手中，每个人对照乔哈里视窗四个象限去认识不一样的自己。

表 4 - 1　"我是谁"游戏

姓名：					
自己眼中的"我"	他人眼中的"我"				
		同事 1	同事 2	同事 3	同事 4
1. 我是……	你眼中的 TA				
2. 我是……	你眼中的 TA				
3. 我最大的优点是……	TA 的优点				

续　表

4. 我最大的缺点是……	TA 的缺点				
5. 我喜欢……	TA 喜欢				
6. 我不喜欢……	TA 不喜欢				
……	……				
……	……				
……	……				
10. 我希望……	你想对 TA 说				

二、解除自我中心观

非适应性自恋教师的最主要特征是自我中心性，而人生中最以自我为中心的阶段是婴儿时期。由此可见，非适应性自恋教师的行为实际上退化到了婴儿期。朱迪斯·维尔斯特在他的《必要的丧失》一书中指出，"一个迷恋于摇篮的人不愿丧失童年，也就不能适应成人的世界"。因此，要调适就必须了解那些婴儿化的行为。

我们可把自己觉察到的讨人厌的人格特征和行为以及别人对我们的批评罗列下来，看看有多少婴儿期的成分。例如：

（1）渴望持久的关注与赞美，一旦不被注意便采用偏激的行为；

（2）喜欢指使别人，把自己看成"太上皇"；

（3）对别人的好东西垂涎欲滴，对别人的成功无比嫉妒。

通过回忆自己的童年，你可发现以上人格特点在童年便有其原型。例如：

（1）总是渴望父母关注与赞美，每当父母忽视这一点时，便耍赖、捣蛋或做些异想天开的动作以吸引父母的注意；

（2）童年时衣来伸手，饭来张口，父母是自己的"仆人"；

（3）总想占有一切，别的小朋友有的自己也想有。

明白了自己的行为是童年幼稚行为的翻版后，你便要时常告诫自己：

（1）我必须努力工作，以取得成绩来吸引别人的关注与赞美；

（2）我不再是儿童了，许多事都要自己动手去做；

（3）每个人都有属于自己的好东西，我要争取我应得的，但不嫉妒别人应得的。

还可以请一位和我们比较亲近的人作为监督者，一旦我们身上出现自我中心性的行为，能及时给予我们警告和提示，督促我们及时改正。通过这些努力，自我中心观是会慢慢消除的。

三、学会爱别人

对于非适应性自恋型的教师来说，光抛弃自我中心观还不够，他必须学会去爱别人，唯有如此才能真正体会到放弃自我中心观是一种明智的选择，因为要获得爱首先必须付出爱。非适应性自恋的爱就像是幼儿的爱，这是一种不成熟的爱，要努力加以改正。

生活中最简单的爱的行为便是关心别人，尤其是当别人需要我们帮助的时候。在这里给大家介绍一种爱他人的具体方法——培养自己的同理共情能力，通俗点儿说就是学会换位思考。阿瑟为表达同理心提出下面七个步骤：

（1）问开放式的问句；

（2）放慢脚步；

（3）避免太快下判断；

（4）注意你的身体反应；

（5）了解过去；

（6）让故事说出来；

（7）设定界限。

这七个步骤看似简单，却有其不容易之处。

"问开放式的问句"意欲让对话可以持续，不让谈话只停留在黑与白、对与错的二元选项，让对方感受到被尊重，知道自己可以拥有一个暂时的空间，不被批判，只有接纳。例如，你的同事这次评职失败，非常失落，她很信任你，来找你倾诉，这时你可以用开放式的问句问她："你感到失落，是因为你为这次评职做了很多努力，你具体都做了什么呢？"同事、朋友或学生带来问题求助于你，他虽然期待建议，但更希望得到温暖的拥抱。

"放慢脚步"意味着给他人时间整理思绪，也是让自己能更准确地理解对方，也让同理心可以安抚对方。同事来找我们寻求安慰，我们可能会着急想让她快快好起来，急于求成就会让我们把焦点放在解决办法上而不是考虑该如何关心他人。

"避免太快下判断"，若我们在自己内心提前下了判断，那么我们就会坠入批评与判断的深渊，同理心的力量也就无法展现。例如，面对同事评职失败，我们在心里可能会有很多预设判断，"她准备的资料确实不多，这次评不上其实挺正常"，或者"她准备得很好啊，没评上会不会因为面试的时候没发挥好"，等等，从而不能真正做到同理他人。

当表达同理心时，最忌讳身体的行为出卖我们的语言。对他人表达同理心时，一个不经意的手势与表情都可能让对方感觉自己被轻蔑因而对你失去信任。例如，同事在向你倾诉时，你的眼睛真诚地看着对方，时不时点头，当对方情绪激动时，你用手拍拍对方的肩膀，递上一张纸巾等，这些都是在告诉对方"我在认真听你诉说，我和你在一起"。"留意个人身体反应"，使心口如一将同理心的力量发挥到极致。

"了解过去"，理解过往与现今的关联，将更容易为他人找寻到问题的解药。

每个人都有属于自己的人生故事，当"故事说出来"时，我们对一个人的理解将从表面的五官进入内在的心情世界。

同理心的最后步骤是"设定界限"。简单来说，不论是同事评职失败、朋友失恋还是其他什么问题，最终还要靠他们自己的努力去解决，我们切不可模糊了界限。

总之，教师是一种受人尊敬的职业，我们要警惕过度自恋、"好为人师"的人格倾向，通过调适，让我们的人格更完善，通过有魅力的人格、丰富的学识、高尚的品德、真诚的爱心来以德服人，做一位真正受人尊敬的教师。

第三节　专制无益，教师共情向民主

案例与分析

案例直击

孙老师是一名高一的班主任，工作上非常好强。学校举办运动会时，孙老师会思前想后地一个人安排好班级所有参赛项目，学生提出的想法她总有这样那样的理由给否决了或者直接忽略。在孙老师的课堂上，大多是她一个人在讲授，孙老师觉得自己这样的教学方式效率最高且节省时间，自己把所有的重点知识梳理好，学生只要跟着记就行了。孙老师在自习课看班时，教室里鸦雀无声，可一旦她离开，教室顿时乱成一锅粥。

案例诊断

每个人都会追求控制感，因为控制感是安全感的来源，人对控制的渴望是极其正常的。但过度地控制他人就会给人以压迫感，让人失去自由。孙老师对整个课堂以及班级的管理完全掌控，如在课堂上"一言堂"、填鸭式灌输，班级里所有的活动全部由她说了算，学生只能服从命令和安排。但哪里有压迫哪里就有反抗，自习课上学生们当着孙老师的面不敢说话，但孙老师一旦不在就"暴乱"了。以上种种表现都显示出孙老师具有专制型人格倾向。

理论与应用

理论导航

一、教师的类型以及特征表现

心理学家勒温根据教师的领导方式将教师分为专制型、民主型和放任型三种类型。

（一）专制型教师的特征表现

专制型教师在教育教学活动中，无视学生的主体地位，更无视学生的尊严、思想情感等的存在，常出现以命令、权威、疏远为主要特征的师生关系。这种类型的教师扮演着一个"权威者"的角色，时常会高高地摆出架子，完全掌控和安排班级的所有活动，控制学生的行为，学生只能被动地接受安排，一旦不服从就会受到教师的严厉批评。体罚学生就是专制型教师的行为。这类教师对学生严加"监视"，学生没有自由，并且要求学生即刻无条件地接受一切命令。这类教师认为表扬会宠坏学生，所以很少给予学生表扬和赞美。

（二）民主型教师的特征表现

民主型教师在教育教学活动中常呈现开放、平等、互助、自由、尊重为特征的师生关系模式。这类教师以民主的方式教育和管理学生，他们尊重学生的个性发展，真正考虑到学生的独特性、差异性，根据学生的不同特点给予帮助和指导。这类教师认为教师和学生的关系是平等的，很重视集体的作用，尽可能鼓励集体活动，他们与学生共同计划、讨论和做出决定，与学生互相学习，互相促进，并给予学生客观的表扬和批评。

（三）放任型教师的特征表现

放任型教师在教育教学活动中呈现无序、随意、放纵为特征的师生关系模式。这类教师在教学中采取放任的作风，不承担任何实际责任，给予学生充分的自由，他们不控制学生的行为，学生想怎么做就怎么做，也不帮助学生设立和明确目标，不提供学习的指导方法，也不参与活动，一切活动由学生自己完成。这类教师对学生的行为既不鼓励，也不提出反对和批评。

二、教师类型对学生的影响

（一）专制型教师对学生的影响

专制型教师以命令、权威为主的教学和管理模式很容易抹杀学生的天赋，忽视学生的主观能动性和自主创造能力，这种教学模式会使学生神经高度紧张，对学习失去兴趣。在这种专制的班级管理模式下，学生完全是在教师的威力和控制下才努力学习的，教师一旦不在场，学生顿时一片混乱，学生认为是在为教师学习而不是为了自己。专制型教师易导致学生产生逆反心理、抵触情绪，甚至出现过激行为，因此常出现师生关系紧张、受阻甚至破裂的局面。

（二）民主型教师对学生的影响

民主型教师以民主、诚恳的态度对待学生，容易接受学生的合理建议，并且能够尊重学生的兴趣、爱好和情感，因而不会"扼制"学生的学习积极性。学生能够大胆发言，各抒己见，很坦诚地与教师进行沟通，充分发挥主观能动性和自主创造能力。师生关系比较和谐，民主型教师很注意协调和沟通，在学生认同的目标或要求的指引下，积极主动地参与各种学习活动。民主型教师能够和学生共同计划、讨论和做出决定，互相学习，互相促进，能够对教育教学成果产生积极的影响。

（三）放任型教师对学生的影响

放任型教师以不闻不问的态度对待学生，对学生放任自流。学生和教师之间无沟通和情感交流，导致师生关系冷漠。由于这类教师缺乏工作责任心，疏于管理和指导，容易致使学生道德行为较差，学习缺乏目标和指导，不知道应该做什么，也不知道如何去做好，学习成绩落后。同时，整个班级没有团队意识，不懂得合作，集体凝聚力丧失，这对教育教学会产生消极的影响。

三、教师共情，让教师从专制走向民主

（一）教师告别专制走向民主

勒温等人曾对专制型和民主型两种不同类型教师所呈现的师生关系对学生学习成绩的影响进行研究，他们发现：在专制型的模式下，教师在场时学生的学习成绩要高于教师不在场时，而在民主型的模式下，教师在与不在学生的学习成绩没有差异。许多研究发现，民主型教师具有较高的民主意识，对学生既严格要求，又尊重他们的人格与才能，而专制型教师要求学生绝对服从自己，对学生缺乏积极的情感，采用过多的指责。还有研究表明，在专制教育方式下，学生易发生攻击性行为，教师不在时工作进行缓慢，而且在成就动机、人格适应等方面皆不如在民主型教育方式下的学生。因此，专制型教师要向民主型教师转变，这样更有利于学生的发展以及积极教学效果的达成。

（二）教师共情的含义

共情又可译为"同感""移情""同理心""设身处地"等。这个概念最初由人本主义心理学家罗杰斯提出，用于描述咨询师体验他人内心世界的能力。教师共情既是一种意识倾向，又是一种能力，是指能真诚地从学生的角度考虑问题，能对学生的感受与想法进行设身处地、感同身受的体会与思考，进而调节自己的教育教学，以适当的方式引导学生在学业、情感等方面健康成长。教师具有共情能力被视为优秀教师最重要的人格特征之一。

（三）教师共情的意义

1. 教师共情可以更好地理解学生

凯兴斯泰纳认为，共情更有助于教师理解学生。师生之间因为年龄的差

距和心理的差别所造成的隔阂可以通过共情得以弥合。具有共情能力的教师，能从儿童的视角、学生的视角理解学生的言谈举止、喜怒哀乐，更能深入学生的内心世界，准确把握学生的思想意图，深刻体验学生的内在情感，并根据学生的认知状况和思维特点开展工作。

2. 教师共情有利于营造和谐的师生关系

师生关系深刻地影响着教育成效，而教师共情有助于良好师生关系的建立，促进师生的积极互动。具有共情能力的教师能够将心比心，设身处地体会学生被体罚和羞辱、被不公正对待时的感受。这种感同身受更可能引发教师尊重和公正的行为，进而建立更积极和谐的师生关系。

3. 教师共情是实现有效教学的重要因素

教师共情与有效教学之间也存在正向相关的关系。瑞安等人研究发现，在具有共情能力的教师的课堂上，学生表现出更强的学习动机，教师能更好地感知学生的需要，感受到学生不能够理解知识时的焦虑，能更有耐心地教学，更多地为学生着想；在教学内容方面，能照顾到学生原有的知识水平，关注学生的"最近发展区"；在教学方法上，会寻找对学生最适切的教学方法；与学生沟通时，能够采取更加平和的态度及具有亲和力的语言。所有这些，都确保了教学的有效性。

❀ **行动研修**

教师共情是一项能够教授和培养的能力，下面介绍几种方法培养和提升教师的共情能力。

一、角色扮演

要发展教师的共情能力，必须创造机会，使教师能够进入他人的角色和情境，增进对他人感受的理解。要实现这一点，角色扮演是一种很好的方法。角色扮演如同练习穿别人的鞋子，体验一种新的角色，对自己所扮演角色的处境有切身体会，因而更能感同身受。

如在一所接收正常学生的学校里，教师可能难以体会视力障碍学生在日常生活中的种种不便，通过扮演盲人与周围人和环境进行互动，教师便能获得盲生的生存体验。教师可以戴上眼罩，在同伴协助下完成超市购物等体验任务。一天的体验结束后，参与的教师要进行集体讨论和反思。通过角色扮演，教师体会到盲生在日常生活中的困难处境，意识到盲生常常受到正常学生的孤立，并且非常需要他人的帮助。这种体验也让教师在今后的教学过程中能给予特殊学生更多的耐心和帮助，对他们的错误也能够给予更大的宽容。

二、反思性写作

反思性写作是个体检视自我经历，借由自我对话的过程深入探索先前的经验，以了解自我及进行评价。

反思性写作一般分为四个步骤，即报道、反应、解释和总结。

第一个步骤是报道，首先要对过去的事情进行回忆，将外在的事情转化为记忆并自由书写下来。例如，一位小学数学教师在他的反思性写作中写道："今天第一节课是体积计算的新授课，这个知识点对于之前只学习过平面几何的刚进入五年级的学生来说有点困难，在课堂练习时，我叫了班里数学成绩一直不错的小明到黑板上做，几分钟过去后他看上去一点思路都没有，我便让他回座位了。"

第二个步骤是反应，教师需要将自己当时的感受和想法进行表述。还是上例中的教师，他写道："当时我感到有些心急和失望，从他的表情中我也看到了失落。我在想我讲得很清楚啊，怎么还做不出来？这个问题有这么难吗？"

第三个步骤是解释，教师需要分析出现这些感受和想法的原因，并不断向自己提问。上例中如："为什么他表现出失落？""是不是我低估了他的能力？""这部分我该怎么讲才更易于理解？"

第四个步骤是总结，教师要从这些经验中整合出结论，并针对未来的行动提出规划和建议。上例中的教师写道："今天我可能低估了小明，自己当年学习的时候也曾经被老师低估过，当时自己感受到的是不服气和失落。在下次课上我将对重难点重新讲解，并给学生更多练习的机会。"

反思性写作能够唤起过去的经验，教师日后查阅自己反思性写作的内容时便能出于本能地和学生在教学中的经历联系在一起，站在学生的角度考虑问题。

三、体验式训练

体验式训练可以提高教师和学生交流时的共情水平及教师对学生想法的开放程度。教师和学生可以共同参与，分享各自的经历及家庭故事，并要求工作坊内的其他成员对讲述者的故事进行回应。通过师生讲述故事与分享自身及家庭经历，来自不同文化背景的师生的共情能力、热情、容忍力和对他人尊重方面都会有所提升。

四、掌握基本的共情技巧

（一）学会换位思考

教师站在学生的角度为学生的行为寻找合理性，最大限度地了解学生，尽可能多地从各种角度为学生找理由，尽可能从善意的角度理解学生。

例如，小明同学对其他同学说话总是咄咄逼人的样子，是什么使他这样呢？我们假想导致小明咄咄逼人的原因有很多，可能是他目中无人，攻击性强，也可能是他太自卑，想用这种方式加以掩饰，或者是他生活的环境中有很多这样行事的长辈，还有可能只是因为他是急性子，或者不知道怎样与人交往……

这样多角度地去看小明，替他的行为寻找理由，不仅可以更准确、客观地理解他，而且教师自己也能从中受益。如果教师认定小明是目中无人，我们会很反感，但如果我们归因于他不知道如何与人相处，就能够增加对他的理解和宽容。

（二）学会倾听

教师要全身心地聆听学生的表达。教师倾听时不仅要听取学生口语表达出的内容，还要观察学生非语言的行为，如动作、表情、语音语调（如音量的大小、语音的高低、音速的快慢、是否口吃等）。教师还要对学生有适当的反应，表示听了并且听懂了，如点头、浅笑、积极回应等。

对倾听的要求概括如下：全神贯注，不打断学生的讲话，不做价值判断，努力体验学生的感受，及时给予语言和非语言反馈。

（三）正确表达共情

表达共情就是教师以准确、恰当的方式表达对学生情绪与意图的感受、理解与尊重。教师对学生的尊重包括：尊重学生的个性及能力，而不是凭自己的感情用事；接纳对方的信念和所做出的选择或决定，而不是评论或试图替其做决定；以尊重并且恭敬的态度表达自己与学生不同的观点。

1. 正确表达的参考句式

（1）参考句式一：表达对学生情感的理解。

"你现在的感受是……，因为……"

"你感觉……，因为……"

"你感到……，因为……"

（2）参考句式二：表达对学生意图的理解。

"你想说的是……"

"你现在最希望的是……"

"你的意思是……"

（3）参考句式三：表达对学生情感与意图的尊重。

"我理解你的感受，我知道这对你很重要。"

"我能理解这种心情，我知道这种事处理起来很难。"

（4）参考句式四：以具体的行为表达对学生的关心。

"需要我为你做些什么吗？"

"你看我能为你做些什么呢？"

（5）参考句式五：表达不同的观点。

"你的话有道理，但是我还有一点不同意见……"

"你的观点挺新颖，但是我有一点不同看法……"

2. 正确解读学生说的话的含义

教师只有对学生说的话的含义进行正确解读才能给予正确的反应，共情效果才会好。例如，小伟在班级里成绩一直领先，非常优秀，但最近他的数学成绩有点下滑，他放学后找到班主任聊天。下面我们进行情境练习。

（1）情境一

小伟说："我用了整整一周的时间努力学习数学，但成绩还是不好。"小伟的意思是（　　）。

　　A. 抱怨　　B. 无奈　　C. 表达建议　　D. 征求意见　　E. 希望指导

　　当学生仅仅是向教师抱怨的时候，教师就要注意不要给学生指导性的建议。学生其实自己知道怎么做，就只是想发泄一下而已。这个时候学生需要一个很好的倾听者，教师只要听着就可以了。

　　（2）情境二

　　小伟说："我用了整整一周的时间努力学习数学，也不知道怎么搞的，成绩还是不好。"小伟的意思是（　　）。

　　A. 抱怨　　B. 无奈　　C. 表达建议　　D. 征求意见　　E. 希望指导

　　当学生无奈的时候，可能怀疑自己学习数学的方法是否正确，可能需要教师帮自己分析一下学习数学的方法，这个时候教师只要安慰和分析就可以了。

　　（3）情境三

　　小伟说："真是出问题了，我用了整整一周的时间努力学习数学，成绩还是不好。"小伟的意思是（　　）。

　　A. 抱怨　　B. 无奈　　C. 表达建议　　D. 征求意见　　E. 希望指导

　　可能小伟是想从教师这里得到建议，希望和教师一起探讨怎么学习数学。当对方真正向你寻求帮助的时候，教师可以和学生一起分析目前学习数学存在的问题，给出你的建议，但是要说明这仅仅是自己的建议而已。

　　教师只有提高共情能力，才能真正读懂学生，才能站在学生的角度体验学生的感受，以学生的视角看问题，实现从专制走向民主，积极促进学生的发展。这对构建和谐的师生关系以及促进教师心理健康具有重要的实践意义。

第四节　摆脱完美主义，轻松愉悦教学忙

案例与分析

案例直击

　　王老师是一名高二的班主任，也是年级组长。她工作勤恳，但总是闷闷

不乐。她带的班学生成绩不好，这让身为年级组长的王老师很烦心，觉得学生不给自己争脸。遇到学生犯错误她就会大声斥责。有一次，学生忘记带作业了，王老师对学生进行了严厉批评，说这么一点小事都忘记，以后还能记住什么？王老师竭尽全力想把工作做完美，反复修改自己的课件教案，可不论怎么修改，都觉得不满意。上课时如果没有按照教学计划进行，王老师也会觉得这样的课堂不完美。同事们都觉得她比较独断、苛刻，和王老师一起共事很压抑，所以大家平时都避着她。

案例诊断

追求完美本身没有错误，可以从中获得成功的喜悦，但如果标准过高就会呈现不好的效果。王老师不能接受学生学习成绩不好，不允许学生犯错误，自己在工作上力求尽善尽美，如反复修改课件、教案。过度追求完美让王老师常常处于忙碌和焦虑的状态中，而且一旦没有达到自己要求的完美标准，就容易感到挫折和自责。王老师对待同事要求也很高，这让同事们感觉到压抑和被苛责。以上种种都显示出王老师深陷在完美主义人格倾向的泥潭里。

理论与应用

理论导航

一、教师完美主义人格倾向的表现特点及类型

（一）教师完美主义的内涵

完美主义可以分为积极完美主义和消极完美主义。有的教师追求完美，但不害怕不完美，能坦然接受生活和工作中的缺陷、错误和失败，并且能够根据实际情况调整自己的目标，不会过分担心失败和错误，这种表现称为积极完美主义。有的教师则更关注不完美，竭力避免不完美，害怕不完美，所以对缺点和错误感到焦虑甚至恐慌，这种表现称为消极完美主义。案例中的王老师就是典型的消极完美主义者。

（二）教师消极完美主义人格倾向的表现特点

具有消极完美主义人格倾向的这类教师喜欢给自己设定极高的标准，并

且不愿意根据实际情况理性地降低标准，做事即使非常出色也不会感到满意，常常归咎于自己，陷入焦虑和失望之中。比如，有些教师对课程设计反复地进行大量修改，可怎么修改又都觉得不满意。这类教师工作是非常努力和出色的，竭尽全力想达到十全十美，就是要避免失败带来的恐惧感。这类教师不仅对自己高标准、严要求，也不能容忍学生学不会、学得慢，不允许同事犯错误，常对同事横加指责，给同事压迫感。这类教师表面上很自负，其实内心深处却是非常自卑的，几乎很少有快乐体验。特别是在人际交往方面，有些消极完美主义者不敢融入群体，怕暴露了自己的缺点，不敢表露自己的感情，对他人的评价过于敏感，其实是害怕他人的负面评价。

（三）教师消极完美主义的三个维度

第一维度是自我指向完美主义。这类教师的特点就是对自己施加极高的标准，对自己的行为和表现比较苛刻。这类教师会竭尽全力去实现自己的完美目标，同时会极力避免错误和失败。

第二维度是他人指向完美主义。这个维度的特点是对关系亲密的他人施加高标准，并要求他人满足这些标准。这类教师对他人的行为表现吹毛求疵，苛刻评判，喜欢横加指责，不信任他人，甚至怀有敌意，他人与其关系越亲密，对他人的不完美越容易感到焦虑。

第三维度是社会规范完美主义。这个维度的特点是对他人对于自己的期待过分敏感。这类教师会想方设法满足重要他人对自己施加的期望和标准，即便设定的标准很高，因为他们觉得这样才能取悦他人，才能得到他人的高度评价。

二、教师消极完美主义人格倾向的成因

（一）消极完美主义的形成受遗传因素的影响

心理学家通过对双生子的研究发现，完美主义确实显示出遗传的可能性，个体害怕犯错误、行动迟疑、个人标准的水平具有较高的遗传可能性。教师的消极完美主义的倾向性在自我指向完美主义和社会规范完美主义两个维度上与父母遗传的相关性都非常高。

（二）家庭教育对消极完美主义形成的影响

原生家庭父母自身的完美主义人格、父母的教养方式以及父母的惩罚严厉程度与消极完美主义人格的形成有密切关系。有完美主义人格倾向的父母易于培养出有完美主义人格特点的孩子，因为父母的言行直接或间接成为孩子效仿的榜样；父母对孩子的过高期望、设定的过高标准会让孩子不断追求完美，在这种高标准、高压力下成长起来的孩子容易有消极完美主义人格倾向的特点。

（三）社会对教师职业的较高期望

社会对孩子教育的高期望转移到了对教师的高期望上。"没有教不好的学生，只有不会教的老师"，这些社会对教师的过高期许要求教师不断发掘自身潜能，甚至超过自己的能力去扮演社会期望的完美的教师形象，一旦高期许、高标准超过了教师自身的能力水平，教师就会形成巨大压力，从而通过避免出错来缓解这个压力，容易形成消极完美主义人格倾向。

三、教师消极完美主义人格倾向的不良影响

（一）教师常有不良情绪的体验

具有消极完美主义人格倾向的这类教师设定的标准过高，使得他们容易产生失望和挫败感。这类教师害怕不完美，总是害怕犯错误，常有焦虑、恐惧的情绪，同时伴随着巨大的压力感，即便成绩突出，也难以在生活中获得愉悦和成就感。多项心理学研究已经发现，在过重或长期的压力下，具有消极完美主义人格倾向的人容易罹患强迫症、神经性厌食症、持续性心境恶劣、广泛性焦虑、抑郁症等。

（二）教师易产生高度自卑心理

这类教师总是害怕不完美，所以总关注自己的缺点而忽视自己的优势，一旦没有达到自己设定的高标准、高目标就会表现出强烈的自我否定和自我指责，认为自己就应该把这件事情做好，做不好做不到就是自己的无能和错处。例如，某位教师被市里推荐参加全国优质课评选，结果没有评上好的名次，这位教师觉得自己浪费机会，对不起领导，深陷自责之中，同时否定了自己的上课水平，产生了高度的自卑心理。

（三）教师易产生强迫行为

这类教师因为设定的标准过高，又害怕失败，会衍生出反复检查和确认等强迫行为。例如，有的教师反复检查教室的门窗是否锁好，即使反复确认已经锁好了还是不放心，总是悬着的心让他大为苦恼；有的教师上课前反复检查自己的课件和教具是否带好，就是害怕这些东西没带而产生不完美的结果，影响教学效果。这种反复确认的强迫行为让教师深感苦恼，但又无法自我控制。

（四）消极完美主义破坏人际关系

这类教师常出现社交焦虑和社交关系紧张等人际矛盾问题，害怕自己不完美就不愿意在别人面前暴露自己的缺点，出现社交焦虑、羞怯、退缩和回避行为，特别是对来自权威的评价更加敏感。例如，这类教师在上课之前会对课程反反复复进行修改和斟酌，期待能展示一节完美的课，一旦教研员课后点评时提出了疑问和建议，这类教师就感觉到被否定了，从而陷入焦虑和恐惧的情绪里。这类教师对他人的苛求也会对人际关系产生消极影响，如冲突频繁、沟通不畅等。

❀ **行动研修**

教师要积极克服和摆脱消极完美主义在工作和生活中带来的困扰，下面的几种方法有可能会帮助到你。

一、转换角度合理认知

我们对人和事换个角度去观察和思考，就会收获不同的效果。比如，如果设定的标准和目标总超出自己的实际能力，往往是欲速则不达的，反而浪费了时间和精力；在生活和工作中，有些错误是无关紧要的，有些错误是可以原谅的，只有一部分错误是应该尽量避免的；计划只有随现实的变化而改变才能发挥效率；大部分人并不要求别人做到十全十美，以为只有做到完美别人才会赞赏是"以己度人"；别人有时会做得比自己还好，不要只关注别人的缺点；一件事情如果尽力而为，即使没有做到最好，也是有意义的，也是真实的体验。教师可以在工作和生活中切换角度去看待不完美的人和事，这样就会减少因为这些不合理的信念而带来的情绪困扰。

二、积极正确地认识自我，克服自卑心理

教师产生自卑心理的根源就在于没有对自我进行积极的、正确的认识。下面介绍几种正确认识自己的方法。

（一）全面了解自己

我们可以通过自我观察、他人评价以及集体中的表现来全面了解自己，认知自己的优势和不足。

首先，我们可以利用记日记等方式记录自己的内心活动、自己的情绪和情感体验，评价自己的个性特征和行为表现，还可以将自己的兴趣、嗜好、能力和特长全部列出来，然后和其他同龄人进行比较，加深对自身特点的认识和了解。其次，我们可以通过他人对自己的评价来客观、完整、清晰地认识自己，但对于他人的评价要用理性的心态面对，不可盲从，也不可忽略。

比如，通过"他人眼中的我"觉察、感受一下他人眼里的自己是什么样子的，可以让我们站在他人的角度看自己，帮助我们更客观完整地认识自己。

第一步，请教师问问自己：你都在乎哪些人对你的看法？当你看这个题目——"他人眼中的我"时，你最先想到的是谁？请将他们填写在表 4 - 2 的"他（她）"一栏。

表 4 - 2　他人眼中的我

序号	他（她）	我想"他（她）眼中的我"是这样的
1		
2		
3		
4		
5		
6		
7		
8		

第二步，请教师调整一下坐姿，舒服地、安静地坐好，回到内心深处，用心去感受你写出来的第一个名字，想一想你给对方留下了什么样的印象，以及他会如何评价你，用简要的几个词描述出来。请你慢慢地去回忆、去感受第二个人、第三个人、第四个人……他们会怎么评价你呢？就这样去回忆，去感受。

第三步，现在请教师慢慢地睁开眼睛，将刚刚想到的描述他人眼中你的样子的词语写在相应的位置，一边写一边感受。

第四步，教师看着他人对自己的评价词，想象自己在他人心中的形象，感受一下那样的你是自己喜欢的样子吗，以及那样的你和你对自己的看法一样吗。如果都不是，你想到了什么呢？

（二）用发展的眼光审视自己

事物是发展变化的，我们每个人也都在不断发展变化。正确地认识自己就要用全面发展的眼光看待自己。让我们一起做一个小游戏"我的自画像"，通过画出过去的、现在的、未来的三个不同时间段的"我"，用发展的眼光审视自己。

第一步，取一张白纸，将它折成三等份，分别标示为左、中、右。

第二步，在纸的左边画出最能代表过去的你的任何形象，可以是肖像、植物、动物甚至符号。

第三步，在纸的中间画出最能代表现在的你的任何形象，同样没有任何限制，只要这些形象能鲜明地反映出当下你的特点。

第四步，在纸的右边画出最能代表未来的你的任何形象，同样没有任何限制，只要这些形象能鲜明地显现出你对未来的自己的期望。

画完之后，请你看着自己的自画像，感受一下过去的"我"、现在的"我"，看看过去的"我"和现在的"我"有什么不同。现在的你长成自己当初期待的样子了吗？想一想自己是怎么做的。再感受一下未来的"我"。你期待自己是什么样子的呢？想要成为那个样子，现在的你该怎么做呢？

通过"我的自画像"活动，教师既能清晰地认识自己不同时期的样子，更能见证自己的成长和变化，明确未来努力的方向。

（三）转移注意力

教师不要总把注意力放在缺点和失败上面，可以把注意力转移到自己最感兴趣或者自己最擅长的事情上面，从中获得乐趣和成就感，这样做可以强化自信，驱散自卑的阴影，缓解心理压力和紧张感，也可以将成功体验和他人分享。

三、保持合理期望值，增强幸福感

具有消极完美主义人格倾向的教师对自己和他人的期望值过高，所以容易导致失败体验。保持合理的期望值就会提升教师的成就感和自我价值感，从而增强幸福感。下面介绍两种保持合理期望值的方法。

（一）设定积极合理的目标和标准

教师可以依据自己和他人的能力水平和特点，找准"最近发展区"来设定积极合理的目标和标准。教师自己和他人现有的能力水平和通过努力可能达到的能力水平之间的差距就是最近发展区。依据最近区设定目标和标准，我们可以充分调动自身的积极性，更大限度地发挥人的潜能。若设定的目标和标准超出了最近发展区，就会造成过多的压力，大大降低积极性。例如，新入职急切地想要证明自己的班主任，总期待自己所带的班级各个方面都得第一名，这种超出最近发展区的目标和标准会给教师带来巨大的压力，甚至因为拼尽全力却无法实现而产生倦怠。

（二）灵活调整目标和标准

具有消极完美主义人格倾向的教师通常给自己和他人设定的标准过高，因为标准过高所以产生失败的结果，但又不愿调整自己的标准，这种恶性循环会导致身心出现问题。所以，教师若发现是标准和目标过高导致的挫败，则需要根据实际情况灵活调整目标和标准。比如，把过大过长的目标分解为较小较具体的目标或者短期目标，一步一步实现每个小目标，将其各个击破，这是一个实现终极目标的有效方法。这样做会强化自信心，体验到成功的感觉。

四、解决人际关系困扰，建立和谐的人际关系

具有消极完美主义人格倾向的人易出现社交焦虑和社交紧张等问题。下面介绍几种调节方法。

（一）积极的自我暗示

积极的自我暗示是把积极的、正向的观点暗示给自己。这种心理暗示可以让你减少社交焦虑，更加自信和乐观地融入群体之中。比如，一只小猫照镜子，结果镜子里出现的却是狮子，妈妈问小猫为什么会这样啊，小猫说"我自信啊，我就认为自己是一只狮子"，从此以后小猫变得更加勇敢了。这个故事就是积极的自我暗示带给自己的力量感，让自己更加自信。每天晚上睡觉前和早上起床后，对自己说"我周围的人都喜欢我，都尊重我"，通过这种积极的自我心理暗示，教师可以逐步改变以往自己在人际交往中的不自信，使人际关系更加轻松和谐。

（二）放松训练

你可以找一个安静的没有人打扰的地方，舒适地坐下来，闭上眼睛，想象自己来到一个青山环绕、绿树成荫的幽静地方，心境变得平和起来。现在开始放松，从头部到脚部依次想象变松变软……每天至少做一次，长期练习能帮助我们控制自己的身体，有助于克服紧张的反应。

（三）关注他人的优点

总是关注他人的缺点，就总会发现他人的不完美，就会不信任甚至挑剔。发现别人的优点是一种宝贵的能力，它能让人充满希望，让生活充满快乐，让人际关系越来越和谐。请从明天开始，开一个专栏，记录身边每个人的优点，一直记下去。同时，教师不要对他人提出过高的要求，而应根据他人的优点和能力水平设定合理的标准。

总之，教师要学会用一种平常的心态去看待不完美。真正的完美是不存在的，正是这些不完美才让我们有不懈努力的目标，才让我们的生活有了拼搏和奋斗的动力。教师过度追求完美，不仅会给教师带来巨大的压力，还会影响教师的心理健康。所以，教师要懂得放弃苛求完美的冲动，防止陷入苛求完美的陷阱。

第五节　克服急躁，做个"雅致"的教师

案例与分析

案例直击

王老师年轻气盛，平时说话快，走路也快，是个急性子。但他的快人快语总是伤人，得罪同事。比如，他见别的老师吃饭慢，就会数落人家，还会嘲讽吃饭慢的老师为"老年人"。在学校走廊上时常能听到他的"咆哮"声，他总是跟学生"急眼"，学生见了他大气儿都不敢出，生怕一不小心点燃了他的暴脾气。这样导致虽然他管理的班级纪律很好，成绩也不错，可校领导却对晋升他为领导班子成员顾虑重重。

案例诊断

王老师急人快语的性格特征就是急躁型人格特征，有这样人格特征的人办事快，效率高，性格爽朗，但同时容易发脾气，说话容易得罪人，办事因缺乏细致思考而经常有所疏漏。急躁也会影响自身身体健康状况，因此，急躁是需要加以调适的教师人格特征。

理论与应用

理论导航

一、教师急躁的表现

急躁，指性子急，没有耐心，是教师常见的不良人格品质，表现为碰到不称心的事情马上激动不安，遇到问题学生或棘手工作会大发雷霆，控制不住自己。性情急躁的教师说话办事快，竞争意识强，容易冲动，心情常常处于紧张状态，生怕别人落后，急于求成，但实际效果常常达不到期望的目标，从而泄气，发怒，既影响自己的健康和效率，又妨碍人际关系。

急躁人格与冲动型人格障碍是有区别的。冲动型人格障碍也称爆发型人格障碍或攻击性人格障碍，是一种因微小精神刺激而突然爆发非常强烈而又难以控制的愤怒情绪并伴有冲动行为的人格障碍，主要特征为情绪不稳定及缺乏冲动控制能力，暴力或威胁性行为的突然爆发也很常见。冲动型人格障碍治疗起来较为困难。我们这里说的急躁的程度要轻很多。

二、教师急躁的影响

（一）教师急躁心理对个人的危害

1. 使思维混乱

当一个人恼羞成怒时，思维容易出现混乱，神志不清，处理事情时多会做出错误的决定。脾气急躁的教师容易草率行事，缺乏深思熟虑，往往造成无法弥补的失误，给自己留下遗憾。

2. 使身体变差

急躁、发脾气会让皮肤变得越来越差，整个面庞会变得很憔悴无力，整个人也会衰老得厉害。人在生气时会心跳加快，出现心慌、心乱、胸口发闷的症状，严重时还会引发心肌梗死。总之，急躁之人经常发脾气，会严重影响身体健康。

（二）教师急躁对他人和集体的危害

脾气急躁的教师容易冲动，这也会影响到正常的人际交往，与别人相处的时候没有耐心或者容易发怒就可能伤了同事之间的和气和情谊；在处理学生问题时，也可能会因为缺乏耐心而有失公正，不能很好地教育学生、为人师表。另外，急躁心理对社会也有危害，冲动很容易诱发事故和案件，导致犯罪行为。

（三）教师急躁的意义

当然，急躁人格的教师也有其优点。

1. 执行力强

这类教师在生活和工作中对自己和周围的人的要求都是高效率的。他们做事干脆利落，从不拖拉。面对难题，他们会反应迅速，抓住重点，力求达到最后的目标和应有的结果，绝不拖延。

2. 真诚坦率

性格急躁的教师在生活和工作当中，真诚坦率，脾气来得快去得也快，对自己做的事情勇于承担，而对于有意或无意间得罪过的人或事会很快忘记。

3. 适应快节奏

性格急躁的教师喜欢刺激、新鲜感，喜欢挑战。他们总会制订不同的目标，并为之努力，奋勇向前。

4. 擅于把握机遇

性格急躁的人大多都很聪明，在工作和生活当中擅于发现机遇，并且发现机遇就会毫不犹豫地把握住机会。

三、教师急躁人格特征的成因分析

(一) 自身心理因素

心理学有气质类型说。其中，胆汁质的人的气质特点是感情热烈而易激动，行为果断而易鲁莽，由于抑制力较弱，在外界事物的刺激下往往言行失于控制，表现为"火爆脾气"。如果某位教师的气质类型是胆汁质，相较于其他气质类型的教师，在遇到同一件棘手的事情时，胆汁质气质类型的教师更容易急躁。

急躁由自尊心受挫引发。有些教师的自尊心特别强，如果经受挫折，往往反应特别敏感、强烈。又或者这类教师因自己的身体状况、家庭出身、生活条件、工作性质等产生自卑心理，常寻求自卑的补偿方式，当以冲动、好斗来作为补偿的方式时，其行为表现就会有急躁的特征。

此外，急躁的表现也可能是性格的原因。性格是人对现实稳定的态度和习惯化了的行为方式。性格主要是在后天的个人特有生活经历中形成的，具有可塑性。一位教师若是经常有急躁的表现，有可能是他在后天的成长中形成了以自我为中心、急功近利并富有攻击性的性格，比如受到来自家庭的抚育方式、学校的教育和社会文化、早期童年经验、自然物理因素等方面的影响。

不管出于什么原因，如果一位教师的心理状态不够健康的话，必然会对教育教学工作造成不利影响。为避免教师工作中的急躁情绪和行为，一定要重视教师的心理健康问题。

（二）外界社会因素

1. 家庭原因

一般说来，攻击性与家庭教育有较大关系。被父母溺爱的孩子往往个人意识太强，受到限制就容易采取"还击"；在专制型的家庭，儿童常遭打骂，心理受到压抑，长期郁结于内心的不满情绪一旦爆发出来，往往会选择较为激烈的行为来发泄积怨。而且，"种瓜得瓜，种豆得豆"，孩子还会模仿家长的言行举止，所以，有急躁人格特征的教师也有可能是受家庭环境影响。

2. 职业特征

一方面，教师职业具有任务的全面性和艰巨性。中小学教师的教育对象还都是未成年人，身心发展还不够成熟，这就给教师的教学带来艰巨性。同时，教师要使受教育对象获得全面、充分、和谐的发展，需要确保学生的人身安全，考虑学生的心理接受水平和能力等，对于一些知识或道理不得不反复教授，而学生的差异性使得结果不尽如人意，教师难免会产生负性情绪，进而导致急躁行为或人格的形成。另一方面，教师职业具有工作的长期性和复杂性，正如俗话所说"十年树木，百年树人"，尤其是面临升学压力的中学教师，长期处在压力中，同时要肩负与学生家长沟通的责任，参与学校各项活动，参加教研活动，评职评课等，这些事务都会给教师职业带来复杂性，从而导致教师压力倍增，脾气暴涨。

3. 社会压力

教师职业的特殊性也使教师承受着巨大的社会压力，尤其在当今不断深化教育改革的形势下，国家和社会都对教师提出了更高的要求。例如，教师提高学历是一种趋势，除工作外，教师还要通过培训、进修、读研等途径不断更新知识，通过承担课题、发表论文等方式全面提高自身素质，另外要熟悉多媒体教具的使用，自己动手制作课件等。教师每时每刻都要面对很多新问题，因此很容易产生心理压力。而且，教师也是普通人，也要处理生活琐事，如青年教师要恋爱、交友，中年教师负担更重，既要照顾父母又要教育子女，家家有本难念的经，但只要一站到讲台上，不管我们的心情如何，都必须精神饱满地去讲课，满怀热情地与学生交流、沟通，而不良的情绪长时间得不到合理的发泄，也容易产生心理问题。社会公众有时还会认为教师待遇提高了，就应该加倍努力和付出，教师成功了是理所当然的，失败了则归咎于教师的不努力和无能，教师好像应该是无所不能的，个别家长的不理解和不配合以及过度的期望值使教师产生了压力。这些来自社会的种种压力都让教师喘不过气来，烦躁不安，最后造成急躁心理。

🏵 **行动研修**

作为教师要教书育人，为人师表，肩负着培育祖国未来栋梁的重任，那么我们应该怎样克服急躁这一人格缺陷，做个"雅致"的教师呢？

一、充分认识自己的力量，发挥性格优势

我们了解到有急躁人格特征的教师也有其性格优势，如执行力强，办事效率高，真诚坦率，勇于承担，适应能力强，善于把握机遇等，所以，教师要充分认识自己，发掘自己的内在力量，发挥性格优势。例如，学校有什么挑战性的任务时，如赛课、演讲比赛，踊跃报名，把自己办事效率高、勇于接受新事物和挑战的长处发挥出来，还能提高自己的专业水平，丰富自身阅历，何乐而不为呢？

二、认知情绪调整：莫让"木已成舟"悔恨不及

作为教师，我们还要常怀律己之心，及时调整认知和情绪，对自己的急躁脾气进行自我控制。

（一）思先于行

教师首先要加强自我修养，自觉地养成冷静沉着的习惯。在学习、生活中，对于非原则性问题尽量避免与人发生矛盾甚至激化，把精力用到积极思考之中，要用教育智慧以德服人。

（二）控制发怒

性格急躁的教师应把制怒格言"能忍则自安""退一步则海阔天空"铭记在心，时时提醒自己遇事冷静，也可以将急躁情绪合理发泄出来。比如，我们可以面对大海、高山或者空旷之处使劲叫喊，或者通过与别人交流，把心

中的不快宣泄出来，等心理平衡了再冷静地处理问题。

（三）松弛疗法

教师宜坚持静养训练，在工作学习之余，常听轻松、幽雅、恬静的音乐，赏花悦心，书画静神，打太极拳，练练气功，闭目养神，使肌肉、神经都处于放松的状态。

三、行为自控：三思而行

（一）改变行为

细心、认真地行事，吃饭时间不得少于 20 分钟，细嚼慢咽；说话控制语速，比以前慢半拍，不随意打断别人的谈话；看书要一字一句地细读，边读边想；走路或开车时有意不超过别人；工作中改掉冲锋陷阵式的习惯，不着急，有条不紊地做事。

（二）规律化的生活和睡眠

有的时候你是不是发现自己如果前一天睡眠不好的话，第二天就会比较容易急躁，所以无论多忙，每天尽可能保持规律化的生活，保证睡眠的时间。身体健康，心情才会明媚。

（三）"紧急制动"

我们总说"三思而行"，所以不要冲动，急躁情况下做出的决定不理智，甚至会让我们后悔莫及。但真正控制好自己，不是把这样的座右铭贴在办公桌上就能做到的，上文我们讲到，教师的急躁人格可能是受从小的家庭教养方式、后天的职业特点等影响慢慢养成的，那就需要通过具体的行为方法来帮助教师自我调适。

教师可以通过团体心理游戏"紧急制动 60 秒"来训练自己控制行为的能力。具体做法是：几位教师在一个活动室里，由一位教师负责放音乐和计时，其他教师跟着音乐随意走动或跳舞，大家进入比较"嗨"的状态，负责放音乐的教师随机按下暂停键，音乐停止，其他教师不论正在做着什么动作，立马停止，保持最后动作，坚持 60 秒。在这"紧急制动"的 60 秒时间里，大家要保持安静，谁最先绷不住，笑了、说话了或者动了，谁就要表演一个节目或接受一个小惩罚。然后继续下一轮。

"紧急制动60秒"这一游戏非常适合性格急躁的教师用来调适自己。游戏一开始，教师们可能会发笑或者动了，慢慢地他们就能够控制自己的身体，保持安静和静止。在这静止的60秒时间里，教师们还可以反思，经过这样的训练，今后在生活和工作中真正遇到令人烦躁抓狂的事情时，就会让自己冷静下来。

在实际生活中，能让自己"紧急制动"的方法还有默数数字。当发生令我们急躁的事情时，在一股火涌上来时，我们先不要开口或做出行动，先在心里正着默数十个数，再倒着默数十个数，数完让自己稍微冷静一下，再做决定。

（四）有效管理时间，养成工作的计划性

脾气急躁的教师要合理分配时间，建立一套适合自己、有秩序的工作计划，培养行为的计划性、条理性，使生活充满节奏感，就能有效地克服急躁心理。

（五）降低行为动机

做事情的时候不要过多地考虑事情的结果，而是多想想如何将这件事情做好；即使结果不尽如人意，也要正确对待挫折，要想到做任何事情不论结局怎样，我们所经历的过程都是谁也偷不走的宝贵财富，这些经历都不会让我们白白付出，它会在将来的某一时刻给我们惊喜。所以，面对挫折要调整好心态，避免急躁和冲动行为。

总之，教师要了解自己的急躁人格成因，然后有针对性地进行调适和改善，关注自身的身心健康，修身养性，克服急躁，做个"雅致"教师。同时，学校管理者也要重视教师心理健康状况，了解教师的压力和不易之处，适当给予帮助，给教师减压降火。

第六节　发挥品格优势，品味职业幸福

案例与分析

案例直击

李老师是一名小学六年级的班主任。学生们都很喜欢这位既亲切又幽默、热情的美女老师，学生们都很喜欢上她的课，课堂上欢声笑语不断。在校园里迎面碰上的时候，学生不仅不躲避李老师，还会主动向李老师打招呼，李老师也会很热情地回应学生，她总能发现学生身上的小变化夸上几句，说得学生们心里开心极了。班级里家境不太好的学生，李老师经常自掏腰包帮上一把；发现学生生病请假了，李老师还会家访去看望；发现学生有异样时，李老师会不急不躁地问近况，学生也愿意敞开心扉与她谈心；学生犯了小错误，李老师也是微笑地指出问题，还会加上一句"相信你接下来能做得更好"。

🎋 案例诊断

教师的优秀品格对学生具有深远而重大的影响，会带给学生积极的教育力量。李老师对待学生平易近人，亲切又热情，还会从经济上帮助家境不好的学生，慰问生病的学生，对于学生的小错误总能给予恰当的宽容和激励，鼓励学生好学上进，相信自己。李老师的爱、宽容、热情春风化雨般地感召着学生，浸润着学生的心灵，给学生以温暖，对学生产生极大的激励和榜样作用。这样的李老师深受学生喜欢，拥有良好的师生关系，也收获着良好的教学效果。

理论与应用

⚙ 理论导航

一、品格优势的内涵

心理学家开始全面关注人的积极心理现象，开始创建积极心理学。积极心理学认为心理学的研究取向应该是人实际的、潜在的、具有建设性的优势和美德，从积极的角度来解读人的内心世界，关注人的健康、幸福及和谐发展。每个人都有自我认识、自我实现、自我超越的需要，这种需要会激发人内在的积极潜力，使人不断自我完善。以积极心理学之父马丁·塞利格曼为首的心理学家把人类积极的人格特质建立统一的分类标准，他们历时 5 年查阅多个国家的相关名著和史料，发现了在各种文化中普遍存在并被公众广泛认可的六大类核心美德，每类美德中包含的具体品格（共 24 种）即为品格优势。品格优势是个体从认知、情感和行为中表现出来的一组积极特质，它影响或决定着个体认识、情感和行为方式的积极取向，为个体拥有幸福的人生奠定坚实的基础。这些优势可以测量，也可以学会。24 种品格优势具体包括好奇心、喜爱学习、判断力、创造性、社会智慧、洞察力、勇敢、毅力、诚实、仁慈与慷慨、爱与被爱、公民精神、公平、领导力、自我控制、谨慎、谦虚、美感、感恩、希望、目标感、宽恕、幽默、热忱。

二、教师品格优势的内涵

教师队伍是一个专业性极强的群体，科学评估并有针对性地培养教师的品格优势是非常重要的。随着国外积极心理学理论研究和实证研究的不断深入，在对我们的传统文化精髓批判性吸收的基础上，在 21 世纪初诞生了我国本土化的积极心理健康教育思想，对中国心理健康教育朝积极方向转型，对发现和培养教师和学生的品格优势，对提高师生综合素质发生了重要影响。

张冲、孟万金等在参考了塞利格曼为核心的 VIA 项目组的理论架构，借鉴了成人版积极人格特质问卷，并吸收了中国文化和习俗的基础上，2011 年通过对 1080 名中国教师的测量，编制了中国教师品格优势量表，并调研出中国教师品格优势由六大维度 21 种品格优势构成，分别是：（1）智慧和知识的维度，考察认知的力量，包括兴趣和创造力、热爱学习、多角度看问题、智慧（洞察力）4 种品格优势；（2）勇气维度，考察情感的力量，包括热情和活力、勇敢和坚持、诚实 3 种品格优势；（3）人性维度，考察人际的力量，包括爱和被爱、友善、社交智力 3 种品格优势；（4）公正维度，考察公民性力量，包括领导能力、团队精神和公平 3 种品格优势；（5）节制维度，考察避免极端的力量，包括谦虚、自制、宽容、谨慎 4 种品格优势；（6）超越维度，考察精神信念的力量，包括信念和希望、幽默风趣、感恩、审美 4 种品格优势。

三、教师发挥品格优势的意义

（一）教师发挥品格优势可以维护自身身心健康

教师的品格优势可以有效减轻各种负性生活事件对教师的影响，减轻教师的心理应激反应，维护教师身心健康。例如，教师乐观进取的精神、坚韧不拔的毅力、较强的自信心、崇高的职业理想、对未来的美好希望等可以增强教师的职业竞争力，形成对自己和未来的积极期待，激励教师勇敢无畏地面对各种困难和挫折，过一种积极的教育生活，在职业成就中体验幸福。

（二）教师发挥品格优势能够推动学生的成长与发展

教师品格优势对学生心灵的影响，是任何其他教育手段都无法替代的。这种巨大的教育力量潜移默化地影响着学生的心灵。教师只有对学生充满爱心和真诚，才能耐心地倾听并解答学生的问题和困惑，让学生感受到真诚的爱，体会到教师的良苦用心，对教师的教导和要求产生积极的反应。

（三）教师发挥品格优势可以促进自身专业成长，提升职业幸福感

教师品格优势可以有力地促进教师的专业成长。教师对教育充满激情与热忱，对教学充满热情与兴趣，对事业的成功充满希望与热切渴求，才会发自内心主动地学习、思考，真正投入教育改革进程，主动地探究教育的真谛。

❀ 行动研修

一、找出教师自身的突出品格优势

请教师就附录中的《品格优势量表》进行自测，并将 24 种品格优势的分值填入下面的表格，圈出得分为 9 分或 10 分的优势，这些就是你的突出品格优势。请注意优势的排名顺序。

【智慧与知识】

1. 好奇心_____　　　2. 喜爱学习_____　　　3. 判断力_____

4. 创造性_____　　　5. 社会智慧_____　　　6. 洞察力_____

【勇气】

7. 勇敢_____　　　8. 毅力_____　　　9. 诚实_____

10. 仁慈与慷慨_____　　　11. 爱与被爱_____

【正义】

12. 公民精神_____　　　13. 公平_____　　　14. 领导力_____

15. 自我控制_____　　　16. 谨慎_____　　　17. 谦虚_____

【精神卓越】

18. 美感_____　　　19. 感恩_____　　　20. 希望_____

21. 目标感_____   22. 宽恕_____   23. 幽默_____

24. 热忱_____

请记住，每一天在不同场合尽量展现你的突出品格优势，获得最多的满足与幸福。

二、教师品格优势的练习

(一) 品格优势总练习

1. 突出优势练习

这个练习是在你发现自己的突出品格优势之后，使你更频繁、更有创造性地使用它们，以鼓励你发挥自己的优势，感受更多的职业幸福。

第一步，查找品格优势，并找出自己的突出品格优势。

第二步，回顾突出品格优势。请尽可能详尽地回想这些突出品格优势在你过往的生活中都产生过哪些影响，给你带来过哪些好处或成功。回想得越清晰越具体越好，可以把自己回想的内容记录下来，也可以找一个自己信任的人说一说。

第三步，扩展突出品格优势。在接下来的几天里，固定地抽出一段时间，在工作中、在家里或在闲暇时，练习你的一项或多项突出品格优势，体验你在做前、做中、做后的感受，并反思自己是否沉浸其中，忘我体验，是否收获了挑战之后的那种兴奋感和成就感，并且愿意继续下去。请记录下这个过程。

突出品格优势扩展练习的记录

2. 日行一优势

教师要扩展自身的突出品格优势，还要及时捕捉并发展我们身上偶尔闪现出的任何一种优势。

第一步，教师对照 21 种品格优势，任何品格优势只要一出现，就要明确地把它说出来或记录下来，并给予自己奖励，慢慢地你会乐于做这些事，这就是优势发展的契机。所以，请记录下这一周里你每日发挥的几种品格优势，并及时地给予自己奖励。

第二步，在身边人当中，特别是你的同事和学生身上发现他们品格优势的故事，并记录下来，有时甚至可以把你的所观所感告诉他们，这也是你能给予他们的奖励。

```
                        记录"身边的美德"



```

(二) 品格优势单项练习

1. 感恩练习

感恩练习会改变我们对过去的看法。感恩可以让你的生活更幸福，让你更满足。在接下来这个"感恩拜访"的练习中，我们要用一种周到、明确的方式，体验如何表达自己的感激之情。

第一步，请闭上眼睛，想出一个依然健在的人，他多年前的言行曾让你的人生变得更美好，你从来没有充分地感谢过他，但下个星期你就会去见他。想到谁了吗？

你的任务是亲自给这个人写一封感恩信，并亲自递送给他。这封信的内容要具体，在信中你要明确地回顾他为你做过的事，以及这件事如何影响到你的人生，让他知道你的现状，并提到你是如何经常想到他的言行的。感恩信要写得能打动人心。

第二步，写完这封信后，打电话给这个人，告诉他你想要拜访他，但是不要告诉他这次见面的目的。当一切都在意料之外时，这个练习会格外奏效。见到他后，你要慢慢地念你写的信，并注意他和你自己的反应。如果在你念的过程中，他打断了你，那就告诉他，你真的希望他先听你念完。在你念完每一个字后，你们可以讨论信的内容，并交流彼此的感受。

如此做了，一个月内，你将会体验到满满的幸福。

2. 希望和乐观练习

无数的研究讨论过希望和乐观，共同的结论是希望和乐观可以通过练习来培养，而最好的方法就是指认出自己的绝望想法，并且反驳它。下面 4 种方法会使你的反驳更有力量。

（1）提供证据。要像警察一样问自己："这个想法的证据是什么？"于是你会发现，大多数时候证据都会有利，因为本能中我们对不好的事情都会有过分的悲观反应，而恰当地引出证据会反驳自己原本的扭曲解释。

（2）找出可能的其他原因。事情发生既然有那么多可能的原因，为什么要找最坏的理由跟自己过不去呢？问问自己，还有没有其他更好的方式来解释这个失败。搜寻其他的可能性，是摈弃不真实原因和打断破坏性思维习惯的过程。

（3）"去灾难法"。要问问自己，这个糟糕的情况最可能引发的后果如何？把你能想到的所有坏结果都写出来。这时候再回到第一种方法，重新去搜寻证据。

（4）反思用处。有时候抓着一个想法不放其实远比它的真实性还要糟糕。紧抓着它只会更难过，因为这是难以改变的事实。所以应该把注意力转到可以改变的那些事情上，应该去想想：这个情境可以改变吗？该如何改变它？

从现在开始，每天都练习一下，可以就日常发生的事来做这个练习。当听到消极的想法时，反驳它，把它赶尽杀绝，并把反驳的过程记录下来。这样的练习请持续至少一周。

3. 宽恕练习

作为教师，我们每天与集"天使"与"魔鬼"特性于一体的孩子们朝夕相处，一颗宽恕的心是永葆热爱之情的前提。更何况教学之外，我们还要处理好各种纷繁复杂的校园琐事和人事关系呢？要想提升教师的工作满意度和职业幸福感，宽恕练习事半功倍。

第一步，请你回想一个曾让你感到受伤的人，带着这种回想来完成下列条目（表 4 - 3），测试自己的宽恕品质。

表 4 - 3 宽恕练习记录表

	非常 不同意	不 同意	中 立	同 意	非 常 同 意
1. 我要让他付出代价					
2. 我尽量和他保持距离					
3. 我希望他遭遇不幸					
4. 我当他不存在，照样过自己的生活					
5. 我不信任他					
6. 我要他得到应得的报应					
7. 我发现很难对他友善					
8. 我尽量避免看到他					
9. 我要一报还一报					
10. 我会和他断绝关系					
11. 我要看到他倒霉					
12. 他出现的场合我不去					

计分方式：从"非常不同意"到"非常同意"，分别计 1—5 分。

逃避的动机：请将逃避的 7 个项目（题 2、4、5、7、8、10 和 12）的分数加起来，你的分数是_____。

假如你的分数在 17.6 以上，你就属于最愿意逃避的那 30％的人；假如你的分数在 22.8 以上，那么你就位列最逃避的那 10％。如果你的这个测验的分数很高，那么下面的宽恕练习会对你很有帮助。

复仇的动机：请将复仇的 5 个项目（题 1、3、6、9 和 11）的分数加起来，你的分数是_____。

假如你的分数在 7.7 以下，那么你和一般人差不多；如果你的分数超过了 11，那么你就属于最愿意复仇的那 30％；如果你的分数在 13.2 以上，那么你就位列最复仇的前 10％。假如你的复仇分数很高，你会觉得下面的宽恕练习对你非常有帮助。

第二步，请跟随着 REACH 五步骤来练习。

R 是回忆，指跳出来，以旁观者的身份客观地回忆整个事件。现在，请你做深呼吸直到感觉轻松平静下来，再慢慢回想。

E 是移情，指换位思考，从加害者的角度去观察他为什么要伤害你，即设想加害者的所思所想。

A 是利他，指回想你曾体验过的别人原谅自己的伤害行为时的感受和心情，爱来爱返，所以也把这份心情送给侵犯过你的人，想象他被宽恕时的感激和幸福心情。

C 是承诺，指将你的宽恕大方地表达出来。可以给加害者写一封信或打一个电话，或在日记中写下宽恕，或告诉一位你可以信赖的朋友，这些都是最终实现宽恕所必须做的事。

H 是保持宽恕之心。这并不容易，因为过去的记忆会一再被想起，但保持宽恕之心能帮你把记忆中所挂的伤痛标签换掉。宽恕并不代表抹去记忆，只是不会让你的记忆中有复仇和逃避的成分。

4. 公平练习

教师公正地爱学生是教师心灵美的表现，教师应该对所有的学生一视同仁。公平品格优势的练习，需要我们分步骤完成以下任务。

第一步，回想在漫长的求学生涯或日常的工作生活中，你是否曾被不公平地对待过？还记得当初的心情和感受吗？如果有，请尽可能详尽地描述出来。

第二步，回想在过往的生活和学习中，你是否曾被公平对待，这段经历让你记忆犹新吗？如果有，请尽可能详尽地描述你的体验和收获。

第三步，在自己的教学生涯中，你是否懊悔于某次的处事不公，还能清晰地记起当事人的反应吗？如果有，请尽可能详尽地描述出来。

第四步，在过往的生活中，你是否总能恪守公平，公平公正地对待身边的人，特别是你的学生。请尽可能详尽地描述一件事情，说说当事人的反应和你的体会。

教师这一职业要求高，压力大，需要不断投入心理能量和资源，如果得不到适时干预和调整，极易产生职业枯竭现象，因此，教师需要将发挥品格优势的理念根植于心，使其成为能够不断自给心理能源的发动机。

第五章

教师压力问题调适

第一节　认识压力，从教以来常相伴

案例与分析

案例直击

李老师大学毕业后就来到现在的学校任教，她工作以来都很认真努力，课讲得也好，担任班主任以来更是全身心扑在教育教学上。可是一转眼工作多年，连续三次评高级职称她都没评上：第一次，因为班主任工作经历时间短，总分排在后面；第二次，论文数量没有达到要求；第三次，计算机考试没有过关。李老师有些心灰意冷，工作越来越没有劲头，感觉自己怎么努力也是白费，压力越来越大，整天郁郁寡欢。这次期末考试所教班级成绩全年级倒数，更是让她郁闷至极。

而和李老师同一批毕业来到这个学校的张老师，职称是评上了，可是她也有自己的烦恼。前段时间张老师因为跟一个上课捣蛋的学生发火，被学生家长告到了校长那里，非不依不饶地要个说法，还把这事放到了网络上。本来是一件小事，现在闹得沸沸扬扬，张老师这几天饭也吃不下，觉也睡不好，上课没精神，总感觉胸闷头疼，只好请假在家休息了。

案例诊断

以上两位教师遇到的压力问题，很多教师可能都遇到过。在日常生活中，每个人都会有各种各样的压力，甚至很多人的口头禅就是"压力山大"。而作为教师，本身更是身处一个压力群体，面对社会的期望、高强度的教育教学任务、频繁的评比考核、多元的人际关系等，都会导致教师面临很多压力，进而产生一系列不良的连锁反应，以上两位教师就是因为压力过大而导致了心理和生理问题。

理论与应用

◎ 理论导航

一、压力及教师的压力

压力源于物理学术语，原指负荷。二十世纪三四十年代，美国生物学家坎农最先将压力这一概念应用于社会领域。当刺激事件打破了原来的平衡和负荷能力，或超过了个体的能力所及，个体就会体会到压力。这可以从两个方面来理解：第一，压力是人们对于刺激产生的一种心理上和生理上的综合感受；第二，压力的大小既取决于压力源的大小，又取决于个人身心承受压力的强弱程度。哈佛大学教授赫伯特指出压力是一种我们认为无法应对威胁的信念。

教师的压力则是针对教师这一特定群体，也叫教师的职业压力，是教师因职务上所赋予的要求、期望和职责所感受到的来自各方面的压力。教师的职业比较特殊，除了需要精力的投入外，还需要情感的投入，面对不断变化的环境和日益激烈的竞争，教师群体更是会时常承受各种压力。

二、教师的压力现状及压力对其产生的影响

已有的相关研究揭示出教师普遍承受着较大的职业压力。一项调查研究也表明：有 93.1％的教师表示"当教师越来越不容易，压力大"，50.8％的教师则表示"如果有机会将调换工作"。国内还有一项关于中小学教师职业心理状况的调查显示：68.1％的教师认为自己的心理压力越来越沉重，56.9％的教师有职业倦怠感。大量研究都表明，教师普遍承受着较大压力，甚至还有个别因压力过大引发悲剧的案例。2004 年 3 月 30 日，《时代商报》报道，一名工作多年的女教师因工作压力过大，悲观厌世，杀死亲子后服毒自杀。2006 年 3 月 19 日，中国教育先锋网报道，一名年轻的女教师上班 3 个月后，因为不适应新角色而上吊自杀。由这两个案例我们看到，不管是工作多年经验丰富的老教师，还是刚参加工作年轻有为的新教师，都会面对各种压力，且因为不能承受过重的压力，最后产生心理问题，酿成悲剧。

由此可见，教师堆积压力会对其身心健康产生各种影响，主要表现在以下三个方面。（1）压力过大导致一系列情绪和心理问题。比如，紧张，焦虑，烦躁，喜怒无常；敏感，多疑，悲观，迷茫；感情压抑，兴趣和热情减少，厌烦工作；意志消沉，自信心不足，出现无助心理；精神疲劳，产生错觉，甚至思维混乱。（2）压力过大导致一系列生理问题。比如，心率加快，血压升高；身体疲劳，肌肉紧张；失眠多梦，头昏脑涨；恶心，胸闷，头痛，胃痛，出现皮肤问题；免疫力低下，甚至患上恶性疾病等。（3）压力过大导致一系列行为问题。比如，工作懈怠，能力降低，错误率增加；没胃口，吃不下，体重迅速下降或升高；冲动、不顾后果的冒险行为增加；攻击、破坏他人或公共财物的行为增加；与家人或朋友关系疏离或恶化，甚至出现自杀或企图自杀的行为。

三、教师压力的普遍存在性和意义

我们先来看一个心理学实验。早在 1954 年，加拿大麦克吉尔大学的心理学家首先进行了一个叫作"感觉剥夺"的实验。实验募集了很多大学生志愿者，他们每天什么也不用做，只是躺在床上休息，并有每天 20 美元的酬劳，他们还可以自己决定何时退出实验。实验时每个志愿者要带上半透明的护目镜，这样就难以产生视觉，也就是看不到东西；用一种空气调节器发出的单调声音限制其听觉，也就是听不到声音；手臂戴上纸筒套袖和手套，腿脚用夹板固定，限制其触觉。失去感觉，如同毫无压力。可是多数志愿者在实验开始后 24—36 小时都要求退出，没有人能坚持 72 小时，他们从最初毫无压力地惬意享受渐渐变成了不安和厌倦，自言自语，甚至出现幻觉。这个实验证明，我们生命活动的维持需要一定水平的外界刺激，所以环境刺激产生的压力对人类的生存来说具有基本的生理学意义，就是说没压力是不行的。

美国加州大学的丹妮拉考费尔教授团队的研究也告诉我们，中等强度、短期的压力刺激对人类是有益的，因为这种压力可能会改变我们的警觉性和表现力，提高记忆力。例如，教师要发表论文，写论文是一个压力事件，但是在我们的能力范围内，有了这个目标压力，会让我们在查资料、整理实践案例和经验时更专注投入，进而充分激发我们的各方面潜能，而完成论文的过程又一次提升了我们的能力和成就感。也就是说，有适当的压力是好事，一些压力不仅能让教师很好地活着，还能让教师在工作中有好的表现，提升我们的效率，改善我们的能力。

美国心理学家耶克斯和多德森最早对这一观点进行了科学分析，提出了著名的压力曲线，也被称为耶克斯—多德森定律。这两位科学家研究了压力与效率之间的关系，得到了一个倒 U 型曲线，如图 5-1 所示，横坐标代表压力水平，纵坐标代表效率，顶点处对应着中等程度的最佳压力水平，也就是所谓的压力拐点。在拐点之前，提升压力就提升效率，使我们进入最佳的激活状态，但过大的压力可能使我们偏离最佳觉醒状态而产生恐慌，反而降低效率甚至崩溃。

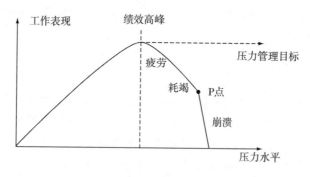

图 5-1　压力与工作绩效关系图

由此可见，压力对人的生存和成长确实很有作用，适度的压力更能让教师在学习和工作时表现良好，发挥出最佳潜能。教师朋友们，请正视压力，接纳这个从教以来一直相随的伙伴，让我们"化敌为友"，与它结伴同行吧！

四、教师压力的预警信号和自我评估

谈到压力调适，心理学有很多专业的方式、方法。要想有效管理压力，首先就要觉察到压力的存在。较严重的压力反应往往存在着预警信号，压力预警信号主要包括三个方面：（1）生理（或躯体）预警信号。头疼及其频率和程度不断增加；肌肉紧张，尤其是头、颈、肩和背部的肌肉紧张；皮肤敏感干燥或长斑点；消化系统问题，尤其是胃痛、消化不良或溃疡；心悸和胸闷、胸痛等。（2）情绪预警信号。容易烦躁，甚至暴躁、喜怒无常；焦虑，

消沉，经常性地忧愁；丧失信心，自暴自弃；工作生活没动力，对事没兴趣，对人情感疏离；性格和生活习惯发生变化，如细心的人变粗心，一向爱干净的人变得邋遢等。（3）精神和行为预警信号。注意力不集中，或做事反复检查，却总爱出错；记忆力减退，思维中断的现象增加；判断力差，分析能力下降；优柔寡断，行动迟缓；饮食和生活习惯发生很大变化，甚至出现疑病的心理倾向等。

通过以上预警信号，教师可以初步觉察自己的压力，要想进一步评估自己的压力状况，可以利用一些专业的压力量表或者压力小测试等。另外，还有一点很重要，我们前面谈到压力的大小也取决于个人承受压力的强弱程度，因此就需要我们不断提升自知力，对自己的压力承受能力有一个合理的评估。心理学中有一个压力公式：压力＝（期望－现实）×压力弹性系数。这里的压力弹性系数也就是个人对压力的心理承受能力。

✿ 行动研修

一、正确认识和看待教师的压力，接纳压力

有句俗话说得好，"井无压力不喷油，人无压力轻飘飘"。压力就像一根小提琴弦，没有压力就不会有动听的音乐，但琴弦绷得太紧就会断掉。心理学中有个压力效应的小故事，有一位经验丰富的老船长，当他的货船卸货后在浩瀚的大海中返航时，突然遇到了可怕的风暴，水手们惊慌失措，老船长果断地命令大家立刻打开船舱往里面灌水。"船长是不是疯了，灌水船下沉不是自寻死路吗？"一个年轻的水手说。但大家还是照做了，船一点点往下沉，渐渐平稳了。老船长松了口气，对大家说："百万吨大船很少有被打翻的，船在负重的时候是最安全的。"负重的船就好比背负着压力前行的人，虽然累，但带着它却可以一直前进下去。

因此，面对压力，教师首先应正确认识它。存在即合理，合理即接纳。人生一世，总会遇到各种各样的压力。可以说，从呱呱坠地的婴儿开始，我们就进入了一个充满压力的世界，首先就要面对离开母体子宫去适应一个全新环境的压力；长大一点到了孩童时期，我们要开始不断学习语言、动作、各种社会规范等来进一步适应环境和生活，这也会受到一定压力；再大点到了学生时代，我们要开始上学学习，参加各种辅导班，通过各种考试，要面

对学习、情绪、人际交往等各种压力；成年以后，我们还会遇到来自工作的竞争、家庭经济、照顾孩子和老人等方方面面的压力；即使到了老年阶段，我们也要面对疾病、生命安全等各种压力。从进化论的观点来看，人类的发展过程中，有限的资源导致竞争，而竞争就必然有压力，发展越快的地方压力越大，人的成长和发展就是不断适应环境压力的过程。人生的每个阶段都需要应对压力，压力无处不在。

在日常工作和生活中，很多人往往把压力事件当成敌人，很多人抱怨压力大，特别是教师群体，更是常感觉自己压力重重，这样的认识难免会增加心理负担，甚至增加畏惧感，降低了克服困难的勇气和信心。如果我们能把压力事件当成一个朋友，一个能够锻炼我们各方面能力、帮助我们进步和成长的朋友，那么，当遇到困难时，我们会以更轻松的心态去面对它，而不会像遇到敌人那样紧张、焦虑和害怕。

二、找出教师压力背后的意义和作用

心理学家曾经这样形容压力，说"压力就像小提琴的琴弦，没有压力就不会弹奏出好听的乐曲"，"压力又可以成为火箭的助推器，有了压力火箭才能一飞冲天"。正如出生时分娩的压力能让婴儿更健康和聪明，学生时代学习和考试的压力促使我们获得知识、成人成才，情绪和交友的压力让我们学会了调整情绪和人际沟通，成年阶段养家糊口的压力让我们收获了责任和担当，老年时健康和安全的压力让我们更珍视生命，学会保健。

因此，教师应找出每一份压力背后的意义和作用。就比如这次突如其来的新冠肺炎病毒，对我们每个人的生命安全都造成了威胁，影响了我们的正常生活、学习和工作，但是在这场全民抗疫的压力下，我们也学习和收获了很多。我们看到了什么是万众一心、共克时艰的爱国情怀，领会了什么是不怕牺牲、勇于担当的奉献精神，敬佩着大爱无疆、逆风而行的白衣战士，也明白了人类应该与自然和谐共生。我们还看到了职业不分贵贱，外卖小哥、快递员、司机等成为冷清道路上的亮丽风景线，领悟到各行各业、各司其职就是坚守。我们教师也通过自己的抗疫行动收获着独特的成长，漫漫长日里宅得住家，紧跟要求快速适应做"主播"，远程管班不懈怠，在家教学两不误……教师把宅家抗疫的自我价值最大化，都变成了扛住压力的光荣战士！

三、借助心理小测验，自我评估教师的压力状况

（一）压力评估测试

前面谈到压力的预警系统和评估方法。专业评估的方法有很多，这里请教师们做一个简单的压力小测验，先初步了解一下自己目前的压力状况。请思考最近一个月内是否出现过以下情况？计分方法：从未发生计 0 分，偶尔发生计 1 分，经常发生计 2 分。

1. 觉得手上工作多，无法应对。
2. 觉得时间不够，所以要加快速度，分秒必争。
3. 觉得没有时间消遣，终日思考工作。
4. 遭到挫败时很容易发脾气。
5. 担心别人对自己工作表现的评价。
6. 觉得单位领导同事和家人都不欣赏自己。
7. 觉得疲劳，工作热情不高。
8. 有头疼或胃痛或肩背酸痛的毛病，且难以治愈。
9. 要借助烟酒、药物、零食等来抑制不安的情绪。
10. 睡眠不好，甚至有时要借助安眠药。
11. 与家人、朋友或同事相处时发脾气。
12. 与人倾诉时，打断对方的话题。
13. 太多工作，每件事都想做到尽善尽美，但又很难做到。
14. 空闲时间轻松一下也会觉得内疚。
15. 做事急躁、任性，之后感到内疚。
16. 怀疑目前的工作对自己是否有意义。

评估方法：0—10 分：压力程度低，但可能感受到沉闷、乏味，做事动力不高；11—16 分：压力程度中等，虽然有些时候感到压力较大，但仍可应对；16 分以上：压力程度偏高，应反省一下压力来源，寻求解决问题的方法。当然，以上小测验并不绝对证明你的压力情况，如需进一步准确测量，可以采用专业的心理学量表，进行专业的心理评估。

（二）压力预警信号练习

接下来让我们再做个小练习：预警信号练习。为了更好地觉察压力，可

以隔一段时间填一次表格（表 5 - 1），观察自己在这段时间（一天、一周或者一个月）是否出现以上几方面的变化，将这些变化填在相应的表格里。需要注意的是，如果自始至终表现一直如此，就不属于压力预警信号的范围了。例如，性格偏于内向的人本来就不善于人际交往，一直朋友不多也属于正常现象。

表 5 - 1　压力预警信号练习

躯体	
情绪	
认知	
行为	
关系	
精神（心理）	

生活需要奋斗，但有时候我们可以给它放些调料，让它有滋有味……教师工作辛苦，压力繁多，却是太阳底下最光辉的职业！亲爱的教师们，压力并不可怕，它其实可以成为我们的朋友，助力我们走向成功！

第二节　种种压力，困扰师心需调适

案例与分析

案例直击

最近大家都在议论某幼儿园教师虐童案。这不刚刚忙了一天、拖着疲惫身体下班的刘老师，一进自家小区大门，就听见几个邻居大妈在那破口大骂："现在这社会怎么这样，连老师都这么缺德！""一天被学生家长敬着，就是给他们惯的，没一个好老师！"听了这话，刘老师想上前理论，可想到今天在学校的烦心事，顿时觉得心头梗住，气力全无。她今天一大早到校就被校长找去，说这次评先进在她和另一位教师中二选一，最终结果是民主测评刘老师少了一票，只能等下次机会了。她回到班级，两个调皮捣蛋的男同学刚刚打了起来，一个头还出血了，刘老师赶紧带学生去医务室，并通知双方家长，被打学生的家长也很激动，两位家长在办公室还差点动手，刘老师费了半天劲才劝和。她中午都没顾得上吃饭，又要赶着去参加市里的教研活动，会上还有自己的经验交流，她为此已经好几个晚上熬夜准备了。好不容易忙完了一天，回到家还听到邻居的议论，虽然刘老师知道不是在说自己，却让她又气愤又伤心。她回到家里，不理女儿和老公，自己躲进房间偷偷抹起了眼泪。

案例诊断

刘老师之所以会如此气愤和伤心难过，是因为她遇到了太多的压力事件，而这些压力事件又来自各种压力源——社会大众对教师的片面认知压力、工作评比考核的压力、学生家长的压力及对自我成长的追求所带来的压力等，种种压力最终引发了刘老师的一系列负面的情绪和行为。

理论与应用

理论导航

一、压力源及教师的压力源

压力源又称应激源和紧张源，是指对个体的适应能力进行挑战、促进个体产生压力反应的因素，也指个体感知到的经过认知评估认为对机体有威胁并引起机体压力反应的事件或环境刺激。当今社会，人人都有压力，每个人的压力来源也都有很多，而教师的压力来源更是不少。

国外教师压力的研究最早从 20 世纪 30 年代开始，心理学家马特贾维斯在总结以往研究成果的基础上，将教师的压力源分为三类：（1）教学工作本身的因素，如工作量、工作时间、角色负荷、教学秩序等；（2）对压力的认知不足，相关因素包括自我效能感和归因方式等；（3）系统因素，如缺乏社会支持，教育教学变革等。国内学者对教师的压力及压力源也有很多研究，有研究发现 70% 以上的教师面临较大的职业压力，压力感来源主要有以下几方面因素：学生因素、社会因素、工作负荷、考试压力、学校要求、自我发展需要、职业期望、人际关系等。不同层次教师所处的环境不同，他们面对的主要压力因素也有一定差别，国内研究几乎都提到了考试压力是我国中小学教师重要的压力源之一。综合以往研究，这里我们总结四个主要方面的教师压力源。

（一）社会压力

1. 现代信息技术的普及和新课程改革给教师带来新的挑战和压力

随着信息的普及化程度大大提高，教师早已经不是学生唯一的信息来源了，这使得教师的权威感日益下降，教师的社会地位和社会作用受到严峻挑战。尤其是在国家推行新课程改革的当下，各种先进的教育教学理念、各种创新的教学模式和方法、各种现代多媒体信息技术的应用等，都对教师的教育教学方式和能力提出了全新的要求。

2. 社会大环境对教师的刻板印象、较高期待导致较高心理压力

社会公众普遍持有这样的想法：教学质量低、学生问题多、考试成绩差等都应归责于教师。当很多社会问题出现时，人们会首先想到是教师的问题，"没有教不好的学生，只有不会教的老师"，这样一种刻板印象和思维模式往往会让教师觉得"压力山大"，甚至压得喘不过气来。

3. 社会发展中的社会地位和经济地位导致教师心理失衡

随着社会的发展、国家对教育的重视和投入程度加大，教师的社会地位和经济地位在不断提升，但与教师劳动的复杂度和繁重性相比，教师的地位和待遇仍有待提高。尽管他们头上戴着"人类灵魂工程师"的冠冕，但是在现实的商品经济社会中，教师也要承担家庭责任，正所谓"一分钱难倒英雄汉"，有些时候，现实生活的压力使得他们不得不无奈、尴尬地"钻到钱眼里"。

4. 社会舆论对个别负面新闻的关注和放大给教师带来形象压力

近年来，教师队伍中的个别人做了有损教师形象、违背社会道德甚至触犯国家法律的一些恶性行为。由于媒体的关注和社会舆论的放大，个别教师的行为导致社会对教师的整体形象和认可度都大打折扣。当然，教师队伍中的害群之马毕竟还是凤毛麟角，但社会舆论无疑会对教师产生无形的压力感和危机感。

(二) 工作压力

1. 较高的教学强度和繁重的工作量，使教师身心疲惫

教书育人是教师的首要职责，很多教师每天时间都排得满满的，他们除了要承担几个班级的多节教学课程，主科老师课后还要深入班级辅导，批改大量的作业，上课之余还要备课、教研、参加培训、出考试题、批改试卷等。

2. 对学业成绩和考试成绩的要求和重视，让教师一刻不能放松

虽然我们一直在大力提倡素质教育，但大环境下人们很难摆脱"分数"的制约，毕竟升学率还是衡量学校水平的一个重要标准，班级学生的成绩也是评价一名教师的有力指标，被夹在升学率与"减负"之间的教师更是时常感到压力巨大。

3. 对学生教育和管理的责任，也压在教师的肩膀上

教师除了忙碌的教学，还要处理很多班级、学校、社会和家庭问题。特别是班主任老师，在关注学生学习的同时，要关注班级学生的思想、心理、行为及人身安全等各方面的问题，还有班级日常管理，组织各种学生活动，应付家长咨询等。

4. 各种教师管理制度和频繁的评比考核，给教师带来额外压力

学校的各种检查、各种评比，职称评定的各种考试，评优评先的各种测评，还有各种赛课、公开展示、教研培训等，都会给教师带来压力。

(三) 人际压力

1. 处理师生关系

教师是一个与人打交道的职业，这个职业不仅需要脑力和体力的付出，还需要更多情感的投入。教师最直接面对的就是学生，师生关系就成了需要处理的第一人际关系。很多教师抱怨现在的学生越来越难管，发生在我们身边以及媒体报道的师生冲突事件也越来越多。面对"难管"的学生，教师要怎么管，管到什么程度，这些都需要我们去细细斟酌。

2. 处理和家长的关系

家庭教育从孩子出生就开始潜移默化地影响着每一个孩子。孩子是父母的心头肉，每个父母都对孩子寄予很高的期望，"望子成龙，望女成凤"的心理必然投射到教师身上。而在孩子教育问题上，家长也有很多自己的理念和方式，有时如果与教师的教育理念和方式不一致，又缺乏有效的沟通，难免会产生矛盾。

3. 处理和领导、同事的关系

在学校中，教师要应对的还有与领导和同事之间的人际关系，这就涉及教师的性格特质和很多人际沟通的技巧。有些教师在学校很受欢迎，领导支持认可，同事关系和谐，可有些教师却不能那么左右逢源，有意无意地总会跟领导和同事发生一些矛盾。

4. 平衡工作和家庭的关系

教师除了要承担社会角色，还有很重要的家庭角色。都说"家和万事兴"，家庭幸福，工作才能顺心。而教师繁重的工作压力势必会影响到他们对家庭投入的时间和精力，甚至有些教师还会把工作中的不良情绪带回家中，导致与家人间的矛盾冲突，这样更会加重教师的压力和心理负担。

（四）自我压力

1. 人格特质或个性原因

国外有研究表明，人格特质是引起教师压力的一个重要因素。比如，A型人格特征或外控型的教师由于其性格内向、好静、忧郁，难以适应环境，往往会承受更大的职业压力。英国心理学家卡特尔还研究了16种人格特质，指出不同的人格特质有不同的行为倾向性。因此，在面对同一压力事件时，具有不同人格特质的教师会有不同的认知和看法，而不同的认知和看法又导致不同的情绪和行为，这就是美国心理学家艾丽斯提出的著名的情绪 ABC 理论。

2. 自我价值感和职业需求

自我价值感是指个人对自我价值所做的主观判断，是个人对自己的能力、重要性、成败和价值感的经常性、整体性的评价。教师自我价值感的高低会影响到在面对压力事件时的态度和应对能力。人本主义心理学家马斯洛认为自我实现是人的最高心理需要，其基本特征包括富有创造性和反抗社会上现存的文化类型等。而对于专业成长的需求和自我价值的实现，既会是教师前进的动力，也会给教师带来无形的压力。

3. 自我调适的能力和方法

自我调适能力也是一种自愈力，通过自我调节可以保持人的身心健康。随着社会的发展、改革的深入，教师的观念要与时俱进，教师的心态也要不断调整，以更好地适应现实工作和生活。但是，很多教师在面对压力事件时，没有及时意识到自我调适的重要性，或者没有采取科学合理的调适方法，而使本来很小的问题被放大。教师朋友们请相信，遇到问题不可怕，自我调适有方法。

二、不同压力源对教师的影响

1. 社会压力导致教师心理失衡

随着社会对教育要求的与日俱增，对教师角色要求也越来越严格、全面，加上媒体新闻报道对一些不良事件的大肆渲染，这些都会加重人们对教师的认知偏差，也势必给教师的心理带来巨大冲击和压力，使其对工作缺乏信心和动力，甚至开始怀疑和否定自己的职业选择。近些年，在社会舆论的压力下，个别教师因为不堪重负，甚至选择轻生的案例时有发生，让人既惋惜又痛心。

2. 工作压力导致教师身心疲惫，甚至产生职业倦怠

长期高强度的工作压力势必会导致教师休息时间少，甚至经常熬夜，这又会导致工作效率下降，体力透支，严重影响教师的身心健康。咽炎、头痛、颈椎病、胃病等都成了教师的职业病。一些因为长期的工作压力导致免疫力低下而患上恶性疾病的教师也是屡见不鲜。很多教师因为工作压力而出现了职业倦怠，渐渐丧失了对工作的热情，甚至对自己失去了信心。

3. 人际压力导致教师缺乏社会支持

教师从事的是与人打交道的职业，较多的情感投入势必会消耗较多的心

理能量和资源，若再长期得不到学生、家长、同事朋友的理解，他们更加会觉得孤立无援。加上教师的活动范围和人际圈子都比较窄，也会限制他们自身的眼界和对社会的了解，忙碌的工作更减少了与家人和亲戚朋友的沟通和交流，出现问题时势必会缺少足够的社会支持。

4. 自我压力导致教师出现心理行为问题

前面谈到由于个性原因和自我期望过高等，一些教师在工作、学习、生活中不能处理好理想和现实的矛盾，长期不良的情绪得不到疏解，当遇到挫折时就容易产生心理问题，如自卑、嫉妒、愤懑、焦虑、偏激、妄想、抑郁等，这些不良情绪慢慢堆积，达到一定程度就可能造成不良甚至恶性的行为问题。

三、教师压力管理和调适的意义

教师是"辛勤的园丁"，是"人类灵魂的工程师"，但如果他们遇到压力问题时不能及时解决，不能将自己的压力调整到适当水平，又怎么能培育好"祖国的花朵"呢？因此，教师的压力管理和调适就显得尤为重要。

1. 教师压力管理促进身心健康

身心健康是教师工作和生活的基础。身心健康的教师才能培养出积极阳光的学生，才能更好地完成教育教学，实现自己的职业理想。因此，如何认识压力、管理好压力、将压力转化成动力，是教师首先应掌握的一门必修课。

2. 教师压力管理提升工作绩效

教师管理好压力，卸掉双肩无形的重量，以轻松的心态迎接工作，以最佳的身心状态投入工作，以最优的方式解决工作中的一个个问题，才能以更轻快的步伐在职业道路上走得更远。

3. 教师压力管理促进人际和谐

生活幸福安宁的教师才能保持持续的工作学习热情，使得事业有成，家庭和睦，人际和谐，形成良性循环。教师管理好压力，处理好工作和生活，才能以良好的状态面对家人和朋友，以最美的笑容面对学生和家长。

❀ 行动研修

一、了解压力来源，教师再次评估自己的压力源

练习（一）：寻找你的压力源

请将你目前或一直感受到压力的事件按照顺序填在表 5-2 中，列出相应的情绪行为反应，分析原因，并将压力事件归类为各属于哪一类压力源。

表 5-2 寻找你的压力源

序号	压力事件	情绪行为反应	原因（压力源）
1			
2			
3			
4			
5			
……			

练习（二）：压力评估圈圈图

请将工作和生活中面临的压力事件填写到下面一个个大大小小的圆圈中，圆圈越大代表压力越大，圆圈越靠近中间的自己代表越近期的压力，圆圈的数量、大小和远近可以根据自己的实际情况进行调整。

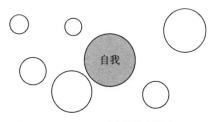

自我

图 5-2 压力评估圈圈图

通过练习（一），我们能一目了然地梳理出自己当下的各种压力，归类出相应的压力源。练习（二）则可以帮助我们进一步评估自己的压力事件，更清晰地了解和评估每个压力事件的轻重缓急，以便优先应对影响巨大又紧急

的压力事件，使我们的压力水平趋于中等水平，激发教师最佳的生活状态和工作效能。

二、重视压力管理，教师主动寻求应对压力的方法

（一）调整认知，直面问题

教师在不能改变压力事件本身时，可以改变对压力事件的认知。对压力从另一个积极的角度来认识，有利于缓解我们的紧张、焦虑等不良情绪，改变我们的一些不适当行为，让压力成为我们不懈努力的"助推器"。如何调整认知，重获积极心态，化压力为动力，本书在下一节将重点谈到。

（二）提前规划，善用时间

"时间就是生命"，善于管理时间的人，无论生活和工作都更加从容和淡定。教师在面对压力事件时，确定合理目标，提前做好规划，科学高效管理时间，能让我们在执行任务的过程中有条不紊，告别"忙乱""盲目"和"迷茫"，"一切尽在掌握中"这种感觉本身就能很好地缓解压力。关于时间管理的理论、方法和技巧，本章第四节会详细阐述。

（三）行为训练，放松身心

正所谓"身心合一"，运用一些减压疗法，启动身体"减压阀"，能有效缓解身心紧张和疲劳，从而有助于排解和释放教师的压力。科学的减压方法有很多，如冥想放松法、腹式呼吸法、渐进性肌肉放松法等具体操作方法，本章第五节会具体讲解。

（四）沟通理解，寻求支持

社会支持是教师在社会中得到承认的重要体现，也是教师面对压力时的重要支持系统。如何通过有效的人际沟通建立良好的人际关系，获得较多的社会支持，特别是教师整日周旋在各种人际关系中，如何优化社会支持系统，营造良好的工作生活氛围，也是本书后面将继续深入讨论的内容。

有心理学家说过，压力像小提琴的琴弦，没有压力弹奏不出好听的音乐，但压力太大琴弦就会断掉。教师就好比每天在弹奏音乐的小提琴家，需要适当的压力才能有最好的发挥。教师是个高压力群体，有很多压力来源，每种压力源都会对其产生一定影响。因此，教师的压力管理和调适问题不容忽视。压力常常见，其实不可怕，科学管控它，这里有方法！

第三节 改变认知，用好压力"双刃剑"

案例与分析

案例直击

上学期期末人事调整，校长找来王老师和李老师谈话，希望她们下学期分别担任两个班级的班主任工作。两位教师虽然接受了同样的任务，但她们的想法和状态却截然不同。

王老师很高兴地答应了，她想：班主任工作很重要，这是领导对我的信任，我正好可以利用这个机会好好锻炼和提升自己。我还能深入了解学生的实际情况，多多实践自己的教育想法，可以通过和其他任课教师交流，丰富自己的带班经验。我一定不辜负领导的信任和学生及家长的期望，我得更努力工作才行！

而李老师接到任务后却愁坏了，她想：班主任工作责任这么大，谁都知道是费力不讨好的活儿。现在的学生不好管，家长事儿又多，班主任起早贪黑的多挣那几个辛苦钱，真有点犯不上。这是啥时候不小心得罪的领导呀？怎么专挑上我了？哎！也不好推掉，只能硬着头皮勉强接受了，真是倒霉！

一个学期下来，王老师和李老师所带的两个班级也呈现出两种不同的面貌，一个是优秀班级，一个却成了"问题"班级。

案例诊断

上面两位教师面对同样的压力事件，却产生了不同的情绪和状态，原因在于她们对相同的压力事件有着不同的认知。积极的认知产生积极的情绪和行为，也会形成积极的结果，而消极的认知则会产生消极的情绪和行为，最终很可能导致消极的结果。压力其实是一把"双刃剑"，我们只有调整好认知，才能真正用好这把剑。

理论与应用

◎ 理论导航

一、教师的认知与压力反应

《塔木德：犹太人的经商智慧与处世圣经》一书中说到，我们看到的事物不是它本来的样子，而是我们把它看成的样子。我们每个人感到的压力也并不是单纯压力事件本身，其实更多是一种对我们生理或心理健康存在威胁的感受，是一种我们认为无法应对这种威胁的信念。对压力合理的认知和信念能帮助教师更好地应对压力事件。

美国心理学家、认知疗法的创始人贝克认为，适应不良的行为与情绪都源于适应不良的认知，认知产生了情绪及行为，异常的认知产生了异常的情绪及行为。认知是情感和行为的中介，情感问题和行为问题与歪曲认知有关。人们的早期经验形成一些假设称为图式，决定着人们对事物的评价，成为支配人们行为的准则，而不为人们所察觉，即存在于潜意识中。一旦这些图式被某种严峻的生活实践所激活，则有大量的"负性自动想法"在脑中出现，即上升到意识层面，进而导致情绪抑郁、焦虑和行为障碍。

另一位美国心理学家艾利斯提出了著名的情绪 ABC 理论，艾利斯认为人的情绪和行为障碍不是由于某一激发事件直接所引起的，而是由于经受这一事件的个体对它不正确的认知和评价所引起的信念，最后导致在特定情境下的情绪和行为后果。通常认为，压力反应直接由激发事件引起，而情绪 ABC 理论则认为压力事件只是压力反应的间接原因，B 即个体对压力事件的认知和评价而产生的信念才是直接的原因。不合理的认知和信念引起不良的压力反应，只有通过疏导和辩论来改变和重建不合理的认知和信念，才能达到治疗目的。

因此，教师只有正确地认识和看待压力事件，才能更好地应对压力。也就是说，教师压力管理首先应从调整认知开始。

二、引发教师压力反应的歪曲认知

（一）绝对化（必须，一定）

绝对化是指个体以自己的意愿为出发点，认为某一事物必定会发生或不会发生的信念。这种特征通常与"必须"和"应该"这类词联系在一起。例如，一位教师对自己的要求是"我今年必须评上先进"，这种绝对化的要求是不一定会实现的，而且这种绝对化的要求本身就会给人压力，如果再因为某种原因，这位教师今年没有评上先进，他就更加会感到难以接受，从而产生极大的压力感，陷入不良情绪困扰之中。

（二）过分概括化（以偏概全，盲人摸象）

过分概括化是一种以偏概全的不合理的思维方式，就好像以一本书的封面来判定它的好坏一样。它是个体对自己或别人不合理的评价，其典型特征是以某一件或某几件事来评价自身或他人的整体价值。例如，一位教师面对多次评高级职称失败就认为自己能力太差，甚至"毫无价值"。这种片面的自我否定往往会导致自卑、自弃的心理压力和不良情绪，而一旦将这种评价转向于他人，认为自己评不上职称是考试不公平，就会一味地责备别人，并产生愤怒和敌意的情绪压力。

（三）糟糕至极（主观放大）

糟糕至极是一种对事物的可能后果非常可怕、非常糟糕甚至是一种灾难性的预期的非理性观念。对任何一件事情来说，都有比之更坏的情况发生，因此没有一件事情可以被定义为百分之百的糟糕透顶。若人坚持这样的观念，那么当他认为遇到了糟糕透顶的事情发生时，就会陷入极度的负性情绪体验之中。例如，一个学期下来，一位年轻的新任教师所教班级学生平均分在年级倒数第一，她感觉自己不适合当老师，不可能再教好学生了，没有前途了，一切都完了。这种糟糕至极的想法让她陷入了极大的压力和恐慌之中，甚至出现了一些消极可怕的行为。

三、调整认知，将压力转化为动力

（一）转变固有的思维方式（克服思维定式）

有这样一个故事：一天某个农夫的一头驴子不小心掉进了一口枯井，农夫绞尽脑汁想办法救驴子，但几个小时过去了，驴子还在井里痛苦地哀号着。最后，农夫决定放弃，于是请来邻居一起帮忙把驴子埋了。邻居们一人一把铲子，开始将泥土铲进枯井。驴子一开始叫得很凄惨，但出人意料的是一会又安静了下来。农夫好奇地探头看，当他们铲进井里的泥土落在驴子的背上时，驴子的反应令人惊奇，它将泥土抖落在一旁，并将泥土踩成了一个泥土堆，然后站在泥土堆上，就这样驴子很快上升到了井口。在众人惊讶的表情中，驴子自救成功了。

我们在生活中遇到困难时就像掉进了枯井，压力则像泥土一样从四周涌来，如果我们不能把泥土踩在脚下，则会被掩埋，如果我们能把泥土转化成垫脚泥，则会成功自救。因此，调整我们的认知，转变固有的思维方式，增强生活和工作中的积极性和主动性，教师才能化压力为动力。

（二）转变角度，积极认知

还有一个故事：老婆婆有两个女儿，大女儿卖雨衣，小女儿卖遮阳伞。无论雨天晴天，老婆婆都发愁。晴天时，她担心大女儿的雨衣卖不出去。雨天时，她担心小女儿的遮阳伞卖不出去。后来，有人提醒老婆婆换位思考，晴天时小女儿的生意好，雨天时大女儿的生意好。这样一来，老婆婆每天都很高兴。

这个小故事告诉我们，很多时候并不是事情本身影响了我们，而是我们对这件事情的看法和态度影响了我们的情绪和行为。这就是我们前面提到的情绪 ABC 理论的观点。面对同样的事，消极的认知会产生消极的情绪和行为，积极的认知则会产生积极的情绪和行为。因此，教师对待压力事件，要改变原有的消极认知，多从积极面去看，坏事变好事，压力成动力。

（三）由抱怨担心转向问题解决

俗话说得好，"兵来将挡，水来土掩"。问题来了莫要怕，攻克它就是；骨头太硬莫要怕，啃下它就是。教师面对压力事件，与其整天抱怨担心，生活在焦虑中，不如立即行动起来，专注当下可以做的努力，争取以最有效的方式处理压力问题，这种直面问题、积极应对的态度也能很好地将负面压力转为正向动力。

四、调整自我，轻松进课堂

（一）合理定位，降低期望值

心理学中有个著名的"期望效应"，或叫"皮格马利翁效应"，是说积极的暗示和期望会产生一种正能量，使被期望者的行为达到预期要求，或者获得所期待的结果。期望是一种动力，但过高的期望值甚至不合理的期望值却可能成为一个沉重的包袱，增加人的心理负担，甚至压得人喘不过气来。因此，我们教师在工作或生活中，应正确地认识自己，不断地审视自己，给自己一个合理的目标和期望值，卸下过重的压力包袱才能轻装前行。

（二）凡事莫求完美，但求尽力

人活一世，每个人都应该有追求更美好生活的信念，却不必处处苛求完美。因为现实生活中"完美"这个字眼的诞生就伴有缺憾，"金无足赤，人无完人"。华为技术有限公司创始人任正非的一段话很有道理，他说，人人都有缺点，有缺点很正常，不要试图去改正所有缺点做个完美的人，应把更多精力放在自己的优点上，发挥自己的长处。正如"新木桶效应"，也叫"长板效应"，告诉人们不要过于在意自己的"短板"，而强调了解和利用好自己的优势。完美是一座心中的宝塔，教师可以内心向往它，但切莫当作一种现实的存在去追求，这样会让自己陷入压力的漩涡，导致困难重重，无法自拔。

❀ 行动研修

一、换个角度，认知教师压力事件

日常生活中一些不合理的信念会导致我们感到"压力山大"，而对压力合理的认知和信念才能帮助教师更好地应对压力事件。比如前面谈到的几位教师的实际例子，我们来看看如何改变认知，转换角度重新思考一下。

一位各方面都很优秀的骨干教师面对评先进这件事，他的想法是"我今年必须评上先进"。他平时工作努力，各种参评材料也很齐备，但因为名额只

有一个，最后一关民主测评仅仅以一票之差落选。这件事在一般人看来也许会有些失望，但不会对自己造成太大影响，"这次不行，下次争取呗"。但这种绝对化的信念却让这位教师陷入极大的压力和痛苦中。他可以换个角度这样想：为什么我今年必须要评上先进呢？评先进是一个好事，激励我们努力工作、不断上进，但没有评上也不一定就是坏事。就像学生面对考试，只要过程努力了，结果如何都不后悔。我们努力工作的成效体现在日常教育教学的方方面面，优秀的班级、学生的爱戴、家长的认可等都胜过一个称号。

另一位教师工作多年，面对多次评高级职称考试失败，认为自己能力太差，甚至"毫无价值"，完全对自己丧失了信心。这种以偏概全的想法让这位教师陷入自我否定的压力之中。他可以换个角度这样想：我评不上高级职称，别的事情就都做不好吗？换个角度来想，评职结果固然不理想，但过程中我收获了很多。因为有了这个目标，我一直努力工作和学习，积累了大量的工作业绩和实践经验，有效地服务了教育教学，也促进了个人专业成长。我是在不断进步的，相信经过失败会找到不足，下次还会有所进步，最终实现目标。

还有一位年轻的新任教师，一个学期下来，所教班级学生平均分在年级倒数第一，她感觉自己不适合当老师，不可能再教好学生了，没有前途了，一切都完了。这种糟糕至极的想法同样可以让这位教师一蹶不振。她可以换个角度这样想：班级学生一个学期的成绩能决定一切吗？仔细想想这并不是什么最糟糕的事情，一个学期的成绩也代表不了什么，后面还有大把的时间可以努力，况且我是刚任教的年轻老师，刚工作遇到一些挫折不是坏事，也没什么大不了的，及时发现问题，找到不足，今后才能有更大的上升空间。

二、调整自我认知，卸下教师压力包袱

（一）了解自己，建立合理、客观的自我期望

认识自我是人类永恒的课题，只有充分了解自己，才能建立合理、客观的自我期望，才能将压力调整到一个适度水平，转化为前进的动力。成功的教师虚怀若谷，淡泊名利，不会盲目攀比，也没有过于强烈的荣誉感和永远无法满足的虚荣心，心理包袱少了，烦恼自然就少了。所以，教师请放平心态，重新审视自己，你会发现很多问题其实并不是问题。

（二）学会放下才能释放压力

我们每个人都背负着行囊走在人生的道路上，如果你的行囊总是装得太满，当然会很沉重，感觉压力很大，因此，学会放下才能释放压力。就比如我们教师，要完成的工作很多，要处理的问题很多，要追求的成长和进步很多，要实现的职业理想也有很多……这些都会导致我们面临的压力事件越来越多，而我们的精力和时间都是有限的，一些经过努力而暂时实在无法解决的问题，不如先选择放弃。"有舍才有得"，有时舍弃眼前的利益是为了追求更远大的目标。

你不能决定生命的长度，但可以控制它的宽度。你无法控制事情的压力，但可以调整自己的想法，控制自己的情绪。教师的劳动是一种充满生命涌动的、高创造性的劳动，如果我们以积极阳光的心态去看待学校、学生和生活，就会发现单调乏味的工作和生活变得丰富多彩了，就会发现学生们都变成了可爱的小天使，也会把平淡无奇的日子过得有滋有味！

第四节 时间管理，告别教学"忙盲茫"

案例与分析

案例直击

连续几个晚上熬夜做课件的周老师终于扛不住病倒了，她躺在病床上回想自己这段时间的工作压力，顿时觉得喘不过气来。不知怎么回事，所有的事都赶到一起了，期中考试班级平均分被几个成绩不好的学生拖了后腿，被领导找去谈话，她又着急又上火，每天有时间就抽空去"特殊关照"这几名学生，可其中一名学生的问题比较严重，各方面表现都不好，整天调皮捣蛋，家长还不好沟通，叫了几次都推脱有事不来。周老师开始头疼：每天要上三四节课，自习课还得深入班级答疑辅导，要批改的试卷和作业本一摞又一摞；学校艺术节就要开幕了，班级文艺展演还得午休时间领着排练；下个月参加市评优的课还在打磨中，区里集体调研展示公开课又被选中；小课题结题等待交的材料一拖再拖，下周的教研活动还得准备发言；白天一天忙得像个陀螺，备课改稿只能留在下班回家，晚上哄孩子睡着了，自己一熬就到后半夜，这样的日子何时是尽头？到底是自己能力有问题？还是工作效率低或方法有问题？

🦋 案例诊断

上面周老师遇到的工作压力问题，很多老师可能都会遇到。教师每天都有较多的工作任务，工作量繁重，如果再不能科学恰当地进行时间管理，无法高效完成任务，恶性循环导致压力过大就很可能引发身心健康问题。焦头烂额的生活会带来很大压力，而有条不紊、井然有序的日程安排则可以消除紧张情绪，让我们一起学会管理时间，告别教学"忙盲茫"。

理论与应用

◎ 理论导航

一、教师做好时间管理的意义

鲁迅先生曾经说过："时间就像海绵里的水，只要你愿意挤，总还是有的。"很多教师常常会不经意地感叹：我的工作压力好大呀！其实压力多数是因为无法有效管理时间造成的。人生犹如一盘棋，坐在对面跟你下棋的正是"时间"。一天只有 24 小时，时间对每个人都是公平的。无论生活还是工作，都需要一个很好的时间管理方法，尤其在这个碎片化严重的时代，有效的时间管理会帮助教师更好地分配自己的时间。

心理学家请被试一起做过这样一个实验：铁桶一只，大石块两块，碎石若干，细沙一堆，水一桶。要求将以上物品尽可能多地装进桶里。如果请教师做这个实验，你们会按什么顺序装才能更高效地完成任务呢？这些物品就好比我们日常工作和生活中的很多压力事件，需要应对和处理，如果想把压力事件都顺利地装进桶里，那就需要科学有效地计划和管理。

有效的时间管理可以减轻教师的工作压力，掌握有效的时间管理策略除了能避免时间截止时没完成工作所带来的压力，还能提早完成工作，减少紧张和焦虑感。教师做好时间管理的意义正在于合理计划时间，做好确定目标，进行自我管理，从而高效完成教育教学及各项工作，减少浪费时间的因素，使时间经济效益发挥到最大。

二、常用的时间管理理论和方法

时间管理是人生成功的关键，也能帮助教师有效应对工作和生活中的压力事件。时间管理就是用最短的时间或在预定的时间内把事情做好，或者说通过事先规划，运用技巧、方法帮助人们完成工作，实现目标。时间管理并不是要把所有事情做完，而是更有效地运用时间。心理学中时间管理的理论和方法也有很多，这里总结几个常用的理论和方法。

（一）四象限时间管理法

这是美国著名管理学家科维提出的一个时间管理的理论，即时间"四象限"法。工作按照重要和紧急两个不同维度进行了划分，分为四个"象限"：既紧急又重要，重要但不紧急，紧急但不重要，既不紧急也不重要。这四个象限的划分有利于我们对生活中的事件进行深刻的认识，并对时间进行有效的管理。

第一象限是既紧急又重要的事情。教师每天都有一些紧急而重要的事情，如上课、批改作业等，无法回避也不能拖延，必须首先处理，优先解决，也就是要立即去做。

第二象限不同于第一象限，这一象限的事件不具有时间上的紧迫性，但是它具有重大的影响，对于个人的发展有重大的意义。如期末评先进、参加职称考试等，这类事件我们可以有计划地做。

第三象限是那些紧急但不重要的事情。这一象限的事件具有很大的欺骗性，因为很多时候我们会误以为"紧急的事情就很重要"，像我们刚收到的未读微信留言，多数人都会着急去看手机，还有朋友打电话来找你倾诉等，这些并不重要，却往往因为它紧急，就会占据人们的很多宝贵时间。这类事件可以根据实际情况慢慢做，不用成为自己的负担。

第四象限的事件大多是些琐碎的杂事，没有时间的紧迫性，没有任何的重要性，如发呆、刷视频、网上闲聊、游逛等。我们花少量时间做这些事是劳逸结合，但如果长时间做这些事纯粹是在扼杀时间，是在浪费生命，因此这类事情尽量少做。

（二）帕累托原则（二八定律）

这是 19 世纪意大利经济学家帕累托提出的，其核心内容是生活中 80％的结果几乎源于 20％的活动，如世界上 80％的财富是被 20％的人掌握着，因此，要把注意力集中在 20％的关键事情上。这一原则也要求教师把要做的事情分出轻重缓急，类似于前面提到的四象限时间管理法，重要且紧急的事情立即做，重要但不紧急的事情慢慢做，紧急但不重要的事情不着急做，既不紧急也不重要的事情有闲工夫再说。这个定律也告诉我们，做事情切记不要"胡子眉毛一把抓"，而要抓关键。若能控制具有重要性的少数因子则能控制全局，要学会合理分配我们的时间和精力。

（三）六点优先工作法

该方法是效率大师艾维利在向美国一家钢铁公司提供咨询时提出的，他使这家公司用了 5 年时间由濒临破产一跃成为当时美国最大的私营钢铁企业，艾维利因此获得 2.5 万美元咨询费，故该法又被称为"2.5 万美元时间管理法"。这一方法要求把每天要做的事情按重要性顺序，分别从 1 到 6 标出六件最重要的事情，每天一开始先全力以赴做好标号 1 的事情，直到它被完成或完全准备好，然后全力以赴做标号 2 的事情，依此类推……艾维利认为，如果一个人能每天全力以赴完成六件最重要的大事，那么他就是一位高效率人士。

（四）莫法特休息法

《圣经新约》的翻译者詹姆斯·莫法特的书房里有三张桌子，第一张摆着他正在翻译的译稿，第二张摆着他的一篇论文的原稿，第三张摆着他正在写的一部侦探小说。莫法特的休息方法是从一张书桌搬到另一张书桌，继续工作也是休息。正如农业上有一种科学种田的方法叫"间作套种"，人们在实践中发现，连续几季都种植相同的作物，土壤肥力会下降很多，因为同种作物吸收同一类养分，长此以往，土地会枯竭。人的脑力和体力也是这样，隔一段时间就变换不同的工作内容，大脑会产生新优势兴奋灶，原来的兴奋灶会被抑制，这样人的脑力和体力就可以得到有效的调剂和放松，而应该完成的各项工作也一个没有耽误。

三、目标和职业发展规划理论

心理学家发现，一个人有了目标才能更好地迈向成功，有了目标做事也更有计划性。人生就像登山，在坚持不懈的努力下，目标越高，你就会前进得越远。目标成就未来。思想家爱默生曾经说过："心向着目标前进的人，整个世界都会给他让路。"时间管理中很重要的一项是做好计划，而确定目标是计划的首要任务。

（一）目标设定理论

美国心理学家洛克于1967年率先提出目标设定理论，他认为目标本身就具有激励作用，目标能把人的需要转化为动机，使人们的行为朝着一定方向努力，并将自己的行为后果与既定目标对照，及时进行调整和修正，从而实现目标。目标的两个基本属性是明确度和难度，这也是我们在设定目标时需要注意的两个关键点。

（二）SMART目标管理原则

这个原则是由管理大师彼得·德鲁克提出的，又叫目标管理五原则。S指明确性，目标是具体的；M指可衡量性，目标达成是可以量化的；A指可实现性，目标是基于现实并具有一定挑战性的；R指相关性，设定目标与其他目标或价值是有关的；T指时限性，目标达成是有时间限制的。教师在目标设定与执行过程中应按上述原则进行，才有利于目标的顺利达成。

（三）职业生涯规划理论

职业规划就是对职业生涯乃至人生进行持续的、系统的计划的过程。一个完整的职业规划由职业定位、目标设定和通道设计三个要素构成。职业生涯规划最早起源于美国，有"职业指导之父"之称的弗兰克·帕森斯针对大量年轻人失业的情况，成立了世界上第一个职业咨询机构，从此职业指导开始系统化。到五六十年代，舒伯等人提出了"生涯"的概念，于是生涯规划不再局限于职业指导的层面。职业规划的一个重要目的是通过规划求得职业发展，确定今后各个阶段的发展平台，并且拿出攻占各个平台的计划和措施。教师的时间管理微观来说是管理好每天的时间，而宏观来说是则是做好自己整个教师生涯的职业规划。

❀ 行动研修

一、巧用时间，教师告别繁忙的教育教学

由前面谈到的时间管理理论，给教师总结一些时间管理的策略。

（一）做好计划

包括短期和长期，计划可以从一天、一周、一个月到一年，再到更长一段时间内要做的事情或要实现的目标。

（二）对事情进行四象限归类

按照重要程度和紧急程度来进行"轻重缓急"的区分。那如何评估一件事情的重要程度以及紧急程度呢？重要程度是按照职业价值观来判断的。比如，你现在的职业是教师，那么做什么事情对于一个教师的教育教学和专业发展有长远好处，这件事就是"重要事情"。紧急程度是按照时限来确定的。

所以，当教师面对那一堆要做和想做的事情时，建议：把一天的事情都列出来，并在所有事情后面增加三列，分别是"重要程度"和"紧急程度"，以及"象限"；第二，先对事项进行"轻重"区分，以学生身份为标准区分为是重要还是不重要；第三，再对事项进行"缓急"区分，把所有事情以时间截止期限为标准区分是紧急还是不紧急；最后，把事情归集到对应象限中。

（三）谨记处理四象限事情的法则

第一象限：立即去做；第二象限：有计划去做；第三象限：别让他人的事成为自己的负担；第四象限：尽量不去做。

（四）抵住各种诱惑，避免浪费时间

很多时候我们把大量时间浪费在无意义的事情上，如刷手机。很多教师也会控制不住自己玩手机的时间，那就可以借助外力来帮助你，可以在手机上下载类似番茄 ToDo、Forest 专注森林这样的时间管理软件，帮助你抵挡手机诱惑。另外，建议大家删除没有必要的 App，让自己的手机变得索然无味，你自然就不愿意再动它了。另外，降低手机负面影响的最佳方式之一，就是给它安排一个固定的地点，来给自己设置拿到手机的障碍。你可以把它放在远离工作区域的地方，从心理学上来讲，一件事相对困难，我们就会减少做

这件事的次数。将手机放在一个固定的无法触手可及的地方，来削弱你感觉无聊时使用手机的本能习惯。

（五）遵循自己的生物钟

你办事效率最佳的时间是什么时候？将优先办的事情放在最佳时间里。比如，百灵鸟型的教师可以选择早上干一些重要的工作，而猫头鹰型的教师则可以把重要的事留到晚上去做。另外，要善于把零散的时间也利用起来，自己效率不高的时间段可以做一些不太重要的事情。

（六）奖赏自己，合理休息

列宁说："不会休息，就不会工作。"教师可以运用莫法特休息法，重要的两三件事可以交替着做，这样既能放松大脑，又不会耽误工作。每完成一个任务或取得一个小小的成功，也应该庆祝一下，可以事先给自己许下一个奖赏诺言，事情成功之后一定要履行诺言。

二、设定目标，立即行动，教师告别盲目追求

目标是前进的动力，是成功的方向，做任何事情只有有了目标，才能告别盲目。而设定目标不是泛泛而谈，一定要包含具体的、可行的、可衡量的、必要的、有时限的这五大要素，也就是要符合目标管理五原则。例如，一位班主任老师刚接管一个新的班级，给自己的目标设定为"一个月内了解班级学生并和学生建立好关系"。这就比较笼统且难以实现，良好的师生关系也并非一个月就能建立起来的。按照 SMART 理论，新任教师熟悉学生这个目标是必要的，我们确定时限是一个月也没有问题，那么总体目标可以说"一个月内了解和熟悉班级学生的特点及家庭情况"，这样的总体目标就变得可行了。接下来怎么样做到具体和可衡量呢？那就要将这个大目标分解开来，一个月有四周，每周五个工作日设定一个目标，然后具体到每一天设置一个小目标。比如，第一周的目标是能准确快速叫上和写出班级 50 名学生的名字，第一天的具体目标则是能准确叫上并写出第一组 10 名学生的名字，这样类推，制订每个星期、每一天的具体的、可衡量的目标，并每天检查自己是否完成。这样一步步做好才能实现总体目标。教师可以运用 SMART 原则进行目标的设定与执行，根据下面的 SMART 目标计划表（表 5 - 3）和目标执行

表（表 5 - 4），帮助自己井然有序地工作和生活。

表 5 - 3　目标计划表

序号	时间	SMART 原则				
		S 具体的	M 可衡量的	A 可实现的	R 相关性的	T 有时限的
1						
2						
3						
4						

表 5 - 4　目标执行表

序号	任务	日期				
		星期一	星期二	星期三	星期四	星期五
1						
2						
3						
4						

三、做好职业发展规划，教师告别迷茫的从教生涯

　　时间管理小到管理好每一天的时间，大到管理一生的时间，甚至是自己职业生涯的全部时间。从教以来，能做好每日计划的教师很多，但能够做好自己职业规划的教师并不多。教师们很有必要制订自己的个人专业发展规划，并通过有效实施规划以达到促进自身专业水平不断提高、教育教学质量不断提升的目的。做好职业发展规划，建议教师们可以从以下几个方面入手：第一，自我分析，全面充分地认识自己；第二，目标定位，确立长期的目标和愿景；第三，制订具体措施和行动方案，一步步落实规划。

　　英国教育学家赫胥黎曾经说过："时间最不偏私，给任何人都是 24 小时；

时间也最偏私，给任何人都不是 24 小时。"时间管理的核心可以概括为三句话：每天要做的事情列一份清单；确定优先次序，从最重要的开始做；每天都这样做。我们不能延长生命的长度，那就拓宽生命的宽度吧！等到花开时刻，你一定会感恩一直拥抱着压力而与时间赛跑的自己！

第五节 减压疗法，身心愉悦进课堂

案例与分析

案例直击

"张老师太可怜了！还不到 50 岁就得了这个病。""是呀，谁不知道他是个拼命三郎啊！为了班级的期末成绩他这段时间真是拼了，没白天没晚上的，这下挂在讲台上了。"初三学年组的老师们说的正是昨天上课时突发心梗的张老师，大家今天刚去医院看他，情况不太乐观。旁边的刘老师接过话："看了张老师真让人难过，我这段时间也一直觉得心脏不舒服，还没抽空去医院查查。""不会有事的，咱们当老师的哪个没有点慢性病呀，我一熬夜批改就犯胃病，吃点药也扛过去了，"一旁的李老师安慰道。办公室里最年轻的小陈老师也坐不住了，"我也是一忙起来总感觉腰酸背痛的，肩膀上像扛了块大石头，昨天放学前让我班那个'刺头'给气蒙了，回家就跟老公大吵了一架，事后一想，我这是怎么啦？一点小事至于发这么大脾气吗？把我老公气得说我更年期提前了，我就更生气了，一晚上都没理他。""你一定是让'青师赛'给折磨的，人压力一大这脾气也大，我们也是这么熬过来的，慢慢适应就好啦！"李老师又开始安慰起小陈老师。老师们互相倾诉了一番后，又开始各自低头忙碌起来。

案例诊断

上面这些教师遇到的身心健康问题，很多教师可能都会感同身受。繁重的工作导致很多教师长时间处于身心疲劳的状态，工作生活中又要面对各种压力，如果没有有效的减压方法，日积月累、长此以往，恐怕会影响教师的身心健康，甚至引发一些恶性疾病。

理论与应用

◎ 理论导航

一、学会减压训练，释放教师身心压力

当日常工作生活中面对较大压力，教师们感到身心疲惫时，不妨学习一些心理学中常用的减压疗法，正确地练习和运用，可以有效释放身心压力。人们常说"身心合一"，从行为主义心理学角度讲，改变我们的一些行为或者通过一些行为训练的方法可以改变我们的状态，身体轻松了，心情也就放松了。常用的行为减压疗法有放松训练法和系统脱敏疗法。除了这两种很好用的行为减压疗法之外，当下心理学界较为流行正念冥想减压法和表达性艺术疗法，也可以帮助我们有效减压。

（一）放松训练法

放松训练法又称放松疗法或松弛疗法，它是一种通过训练有意识地控制自身的心理生理活动、降低唤醒水平、改善机体功能紊乱的心理治疗方法。实践表明，心理、生理的放松均能起到缓解压力的作用，能够预防因为压力过大而出现的身心问题，经常训练还有利于教师提高心理承受能力，在面对种种压力事件时保持一种轻松的心态。放松训练常用的方法有深呼吸放松和肌肉放松两种，肌肉放松又可分为全部放松和渐进性放松两种程序。放松训练很容易掌握和实施，只需要给自己提供一个安全的环境，选一个舒服的姿势，还可以配合自己喜欢的音乐，用正确的方式按步骤训练即可。

（二）系统脱敏疗法

系统脱敏疗法是由美国学者沃尔帕创立和发展的。沃尔帕认为，人和动物的肌肉放松状态与焦虑情绪状态是一种对抗过程，一种状态的出现必然会对另一种状态起抑制作用。例如，在全身肌肉放松状态下的肌体，各种生理生化反应指标，如呼吸、心率、血压、肌电、皮电等生理反应指标，都会表现出同焦虑状态下完全相反的变化，这就是交互抑制作用。而且能够与焦虑状态有交互抑制作用的反应不仅是肌肉放松，进食活动也能抑制焦虑反应，

这种方法建立在行为主义经典条件性反射和操作性条件反射的基础上，主要是通过诱导存在心理压力的人缓慢地暴露出导致自己出现心理压力的情境，并通过心理放松状态来对抗导致心理压力的压力情境，从而达到缓解心理压力的目的。

（三）正念冥想减压法

正念冥想减压法始创于 1979 年，美国的医学博士卡巴金为麻州大学医学院开设减压诊所，并设计了此减压疗法，其本身是一套用来缓解压力的较严格、较标准的团体辅导训练课程，课程的核心就是正念冥想练习。冥想最早来自瑜伽中的一项珍贵技法，是实现入定的途径，把人引导入"解脱"的境界。随着科学的发展，冥想早已告别过去青涩神话的背景。通过简单的想象练习，可以帮助教师告别负性情绪，体会身心放松。静坐冥想是正念训练最基本的技术，包括正念呼吸、正念身体、正念声音、正念想法四个方面，此外，常用的技术还有身体扫描、三分钟呼吸空间和轻瑜伽等练习。

（四）表达性艺术疗法

表达性艺术疗法主要强调视觉符号或意象是人类经验最自然的交流形式，可将人们潜藏的创造力再度激起，用来帮助人们将无法说出的冲突以不同的方式表现出来，提供一种非语言的表达方式与沟通机会，进而可以更加深入地探索个人内在与外在的经验，同时释放内在的压力和负能量。表达性艺术疗法的种类有很多，如游戏、沙盘、音乐、舞蹈、绘画、说故事、雕刻、写作、心理剧等多种方式。台湾著名心理学家赖念华认为，人类与生俱来艺术创造的能力，而艺术作品可以展现人类最原始的情感，透过情绪的再经验将有助于带动认知与行为层次的改变。

沙盘游戏治疗、绘画疗法以及音乐治疗是表达性艺术疗法目前研究较多的三个有效方式。沙盘游戏治疗是一种有效的心理教育和治疗技术，它更注重人格的整合和发展，促进教师压力的宣泄和自我的成长。绘画疗法则是使用图画这种符号化的语言，教师可以在安全、受保护的心理氛围下自由呈现自己，同时舒缓情绪，释放压力。音乐治疗则能对教师的生理进行调节，从而起到放松心情的目的。研究证明，音乐刺激能影响大脑某些递质如乙酰胆碱和去甲肾上腺素的释放，从而改善大脑皮层的功能。音乐还能直接作用于下丘脑和边缘系统等人脑主管情绪的中枢，调节人的情绪，使人精神焕发，消退消极的情绪，进而起到减压放松的目的。

二、践行健康生活方式，活出教师幸福人生

瓦努阿图，是一个位于太平洋西部，由跨度为 1200 公里的 83 个岛屿组成的群岛共和国，是一块几乎未经人工雕琢的天然璞玉。那里的人们尊重传统，与天地共存，生活得自由自在。为什么这样一个经济落后、物资匮乏的小国却能被评选为全球幸福指数第一的国度？正是因为那里的人们生活自由，平静安宁，与世无争。在这个高速运转的时代，人们早已习惯了忙碌，变得很难停下脚步，早已习惯了快节奏的生活，而难以慢下来静静思考，起早贪黑地工作早已让人们忘记了休息和放松。研究表明，10 分钟的散步能带来随后两个小时的充沛精力，并使紧张感和疲劳感减轻。教师如果能够转变一下自己的生活方式和习惯，平衡好工作和休息的时间，经常锻炼身体，避免精力和体力的过度消耗，让自己的效率提上去，让自己的脚步慢下来，自然能够提高抗压能力。

❀ 行动研修

一、运用放松疗法，教师科学排解压力

在日常工作生活中，当教师被烦恼和压力困扰而感到身心疲惫，甚至出现一些不良反应时，不妨试一试下面的练习。

（一）放松训练的具体操作方法

深呼吸放松训练的操作方法：调整到一个舒服的姿势，可以坐着或者平躺，将注意力全部集中到自己的呼吸上，用鼻子缓慢地深深吸进一口气，感觉腹部微微鼓起，请保持一会（大约 10—15 秒），然后慢慢用嘴巴把气呼出，停 5—10 秒，再反复进行这一过程 2—3 次。

渐进性肌肉放松操作方法：从头到脚让身体的每一个部位先刻意紧张然后放松的方式。如此一来，我们才可以区分紧张与放松两种不同的状态。例如，可以平躺在地板上，深深吸一口气并且屏住呼吸，同时将你的双脚、双手举起离开地面约 30 厘米。紧绷你全身的肌肉，并且让这样紧绷的感觉停留

大约 5 秒钟，然后放下双手与双脚，随着气流缓缓吐出慢慢体会肌肉放松的感觉。接下来，轻松地想象着自己好放松，放松得好像要陷入地板里头一样，带着这样放松的感觉从头到脚再体会一次。你的感觉如何？跟放松之前有没有特别不一样的地方呢？这样的练习可以同时再做几次，也可将全身肌肉从头到脚分别做练习，每个部位的肌肉先绷紧一会儿，然后慢慢放松，静静体会这种感觉。此时也可以结合冥想练习，头脑中可以同时想象湛蓝、开阔的天空，或一望无际的草原等景象，或者回忆一些让你身心轻松愉悦的事情等。

（二）系统脱敏训练的具体操作方法

第一步，通过深呼吸和肌肉放松两种放松训练方法进入放松状态。

第二步，建立压力问题等级层次，把导致压力的问题按照等级程度从小到大顺序排列。

第三步，想象脱敏训练。先让自己想象某一等级的刺激情境，当自己能清晰地想象并感到紧张时停止想象，开始全身放松，之后再重复以上过程，直到不再对这个等级的压力问题产生心理反应，这个等级的脱敏就完成了。依此类推，做下一个等级的脱敏训练，直到通过全部等级，可以由模拟情境转向现实情境，并继续进行训练。例如，某教师面对评职称面试紧张这个等级的压力事件时，可以让自己在放松的状态下，想象面试的每一个细节，从敲主考官房门开始，从自己怎么走进去、自己的第一个表情、自己说的第一句话开始，直到面试结束自己走出大门，整个过程的每一个细节都要仔细想象。当想到哪个地方自己感到有紧张反应时，立即停止做放松练习，直到自己平静下来后，再接着想象，直到想象整个过程都不再感到紧张为止。还可以模拟现场的环境和摆设，模拟面试情境，进行更进一步的脱敏训练。

（三）正念冥想减压具体操作方法

1. 静坐冥想

先选择一个可以注意的对象，可以是一个具体的看得见的事物，也可以是一个抽象的事物，可以是一种声音，也可以是一种气味，可以是自己身体的一部分，或者只是自己的呼吸都可以。然后需要找个舒服的姿势坐着，闭上眼睛，先进行几个腹式呼吸放松练习，再调整好呼吸，将注意力集中于你选择的注意对象上。在这个过程中可能出现分神或被打断的情况，如果出现这种注意力转移的情况也不要紧，只需要随时回到原来的注意力上就可以。训练 10－15 分钟后，休息 5 分钟，再开始其他工作。

2. 冥想式运动

与传统的有氧运动不同，冥想式运动减压法有四个特点：（1）关注意念，自己注意力集中的地方；（2）运动通常比较缓慢、放松，具有流动性，可以是动态的，也可以是静态的，没有固定的形式和编排；（3）关注呼吸，通过调整呼吸来放松自己，同时吸收能量；（4）这是一种深层次的身心放松状态。瑜伽、太极、气功是目前国际上普遍流行的冥想式运动，均可以用来缓解压力。瑜伽更多地强调呼吸，太极则注重动静结合或者体势，而气功更关注"气"的意识和运行。教师可以根据喜好自己尝试简单练习，用心体会一下。

（四）表达性艺术疗法的运用

"一沙一世界，一树一菩提"，沙盘游戏是一种很好的释放情绪、缓解压力的方式。目前，很多中小学心理辅导室都配置了沙盘，有团体的也有个体的。建议教师们可以走进沙盘室，在心理老师的陪伴下，一起来体验沙游神奇的魅力。如果没有沙盘也不要紧，绘画也是一种很好且简单易行的减压方式，从最简单的随意涂鸦、无主题绘画，到房—树—人等各种主题画的创作，再到当下流行的彩绘曼陀罗疗法，根据喜好和实际情况自己都可以尝试。还有很多团体绘画形式，"绘画接力"共同完成一幅作品，限时绘画接龙等，可以几位教师一起进行，发挥团体动力，通过一起绘画和分享，达到相互倾诉、深入理解、换位思考、释放情绪、舒缓压力等目的。另外，音乐疗法也是一种很好的放松方法，如听一些轻音乐、钢琴曲、古典乐、欢快的流行乐等，可以根据自己的喜好听听喜欢的音乐，也可以伴随着轻柔的乐曲进行放松和冥想练习，或散步运动等。

二、养成健康的生活方式和习惯，小小建议为教师助力

下面给出几个小小的建议：

（1）确定一个"放松时段"，融入你的日常生活中，养成放松的习惯；

（2）会工作，也会休息，注意劳逸结合，并尽可能多地做些令自己感到愉快的事情；

（3）避免劳累过度或接受太多的工作任务；

（4）学会记住自己的成绩和进步，并学会表扬和奖励自己；

（5）转移注意力，把压力找个合理途径宣泄出来；

（6）善待他人，学会尊重、欣赏、赞美、感恩；

（7）善待自己，遵从内心，投入工作，享受生活；

（8）学会选择，懂得放弃，人无完人，有舍有得；

（9）重视健康和养生（食疗），培养健康的兴趣爱好；

（10）有空约上三两好友，一起坐坐聊聊。

印度瑜伽大师艾扬格说过："平静的湖水会反射出周围景物的美丽，当心灵平静后，你自身的美丽也将被反射出来。"你的心情好了，压力小了，生活自然就美好了！而作为教师，只有当我们调整好自己，身体轻松、心情平静、身心愉悦地走进课堂，才能给学生以最佳的状态和最好的印象，而这种好状态和正能量也会传递给每一名学生，在良好的班级教育教学氛围中完成师生的共同成长。

第六节　优化社会支持，构建和谐家校环境

案例与分析

案例直击

郑老师最近真是烦透了，家里、学校一堆事。自己的"更年期"撞上女儿的"青春期"，每天见面说不上三句话就开始吵架，这么多年自己教得了无数学生，却教不了一个孩子，这不母女俩又冷战了三天，还没缓解呢；老公在外地工作，大半年才回来一次，这个家里里外外几乎都靠她自己照顾。郑老师为人内向，不善言谈，平时朋友不多，在单位里也没见与谁走得近，整天起早贪黑地低头工作，班级带得本来挺好的，可最近又出了事。一名新转过来的学生上课表现不好，还多次以作业落在家里为由不交作业。郑老师被他气得大声训斥了几句，谁知道这名学生居然趁老师不注意自己跑出了教室。

当时课上到一半，郑老师为了不耽误全班同学，坚持上完课，下课后立即联系家长，家长说孩子已经回家，郑老师这才放心。可谁知第二天家长就来到学校找校长告郑老师的状，校长劝了半天以为没事了，第三天家长却又告到了教育局，更要命的是第四天家长居然把这事挂到了网络上，当然是各种抹黑郑老师的语言。这对郑老师真是个不小的打击，半辈子勤勤恳恳教书，却被人这样抹黑，不了解情况的人会怎么想？郑老师伤心难过还无处跟人说，自己生闷气、窝火，结果病倒了……

🐝 案例诊断

上面郑老师遇到的压力问题，一些教师可能也遇到过，因为沟通不畅或者其他误会，跟家人吵架或者跟学生、家长闹得不愉快的事也时有发生。但一些人遇到烦心事时，找人说说，吐吐苦水，听人劝劝，想想变通，也许就想开了，可也有一些人遇到烦恼压力时，总是憋在心里，自己扛着，或者没有人可以倾诉，孤立无援，往往会陷入痛苦无法自拔，甚至影响身心健康。

理论与应用

◎ 理论导航

一、教师的社会支持系统

所谓"社会支持系统"，也称为"社会关系网"，是 20 世纪 70 年代提出的心理学专业词汇，即个人在自己的社会关系网络中所能获得的、来自他人的物质和精神上的帮助和支援。这个系统是个体通过与环境中人物的互动所建立的一种关系网络，个体能从中获取心理的支持，能够缓解心理压力，提高自身对环境的适应能力和对变化的应对能力。社会支持从性质上可以分为两类，一类为客观的、可见的或实际的支持，包括物质上的直接援助和社会网络、团体关系的存在和参与，这类支持独立于个体的感受，是客观存在的现实。另一类是主观的、体验到的情感上的支持，指的是个体在社会中受尊重、被支持、被理解的情感体验和满意程度，与个体的主观感受密切相关。

教师的社会支持系统则是指以教师为中心，教师及其周围与之有接触的人们（支持者），以及教师与这些支持者之间的交往活动所构成的系统。教师在日常生活和工作中，可以从支持系统中得到的物质和精神上的帮助和支持、学校中融洽的人际关系、家庭中美满的婚姻与温馨的亲情、社会各方面与教师密切的交流等都有利于缓解教师的压力，促进教师身心健康。

二、教师社会支持系统的功能

拥有良好和谐的社会支持系统，不仅是快乐生活的源泉，也是教师能否适应环境和应对压力的关键，它决定着我们内心深处的安全感，在遇到困难时可以给予教师最有力的支持和最需要的慰藉。社会支持系统的功能具体包括以下几个方面。

（一）满足教师的社会性需求

社会性需求是指与人的社会生活相联系的一些需求。人类具有动物的天性——群居性，人际交往的需求也就成为一种重要的社会性需求。按照心理学家马斯洛"需求层次理论"，人的需要的第三层次就是归属和爱的需要。在群体中，每个人都希望被接纳，被认可，进而获得归属感和他人的情感支持，从而更好地适应环境和应对各种变化。

（二）促进教师的自我了解和个人成长

"以人为镜，可以知得失"，就是说以他人的行为来端正自己的行为，而"三人行必有我师"则可说明在人际互动中人们能够彼此学习，取长补短。正如心理学家库利的"符号互动理论"指出的，"人的行为在很大程度上取决于对自我的认识，而这种认识主要是在与他人的互动中形成的"。每个人的成长都是在他人评价中逐步深入认识自我的。在人际互动中，教师能通过他人的视角和行为更全面地了解自我，进行反思，在这个过程中也能不断学习他人，借鉴经验，更好地完善自己。

（三）利于教师得到他人支持，促进心理健康

"与人分享的快乐是加倍的快乐，有人分担的痛苦是减半的痛苦。"研究认为，社会支持是影响压力水平的重要因素，是决定心理应激与身心健康的重要中介因素之一。心理学家研究还发现，社会支持与教师的工作压力直接相关，与教师的心理健康也密切相关。良好的社会支持系统能使人获得心理支持，减轻心理压力，有利于身心健康，而不良社会关系的存在则会损害身心健康。

三、良好人际沟通，构建教师的社会支持系统

我国著名心理学家丁瓒曾指出："人类的心理适应，最主要的就是对于人际关系的适应。所以人类的心理病态，主要是由于人际关系的失调而来。"可见，如果教师人际关系失调，不仅不能做好教育、教学工作，还会影响心理健康。要想拥有良好的人际关系，获得有利的社会支持，就需要进行人际沟通。下面介绍几种沟通理论和原理。

（一）萨提亚沟通模式

萨提亚沟通模式是由美国首位家庭治疗专家维琴尼亚·萨提亚女士所创建的理论体系，它从家庭、社会等系统方面着手，更全面地处理个人身上所背负的问题。萨提亚建立的心理治疗方法的最大特点是着重提高个人的自尊，改善沟通，最终目标是个人达到"身心整合，内外一致"，实现个人潜能的最大限度发挥。萨提亚认为人们并非生来就会沟通，沟通是学来的，而且多半还是模仿他人的结果，我们主要是从父母身上学到如何沟通，然后变成我们习惯的模式。通常我们在压力状态下的沟通有以下四种模式，即讨好、指责、超理智和打岔。

1. 讨好型

占人群的50%。讨好别人，只有他人和环境，没有自己。试图远离对自己产生压力的人，或减轻自己因某些人所带来的压力。常说："都是我的错。""我不值得。""你喜欢怎么样？""没事没事。"

2. 指责型

占人群的30%。攻击别人，只有自己和环境，没有他人。试图表明不是自己的过错，让自己远离压力的威胁。常说："都是你的错。""你到底在搞什么？""你从来都没做对过。""要是你……那就……""我完全没有错。"

3. 超理智型

人数较少，占人群的15%。压抑感觉，逃避感受。只有情境，没有自己和他人，逃避现实的任何感受，也回避因压力所产生的困扰和痛苦。常说："人一定是要讲逻辑的。""一切都应该是有科学依据的。""人需要冷静。"

4. 打岔型

人数更少，占人群的 5%。避重就轻，习惯闪躲。自己、环境和他人都没有，经常改变话题来分散注意力，不能专注在一件事上，避开个人的或情绪上的话题，讲笑话，打断话题，词不达意，不愿意真正去面对。让别人在与自己交往时分散注意力，也减轻自己对压力的关注，想让压力因素与自己保持距离。

(二) 非暴力沟通

在日常生活中，我们很多时候并不认为自己的谈话方式是暴力的，但我们的很多语言却常常会引发自己和他人的痛苦。暴力沟通是指沟通时满足自己的某些愿望，却忽略了他人的感受和需求，以至于彼此疏远和伤害。暴力沟通方式含有道德批判、比较、回避责任和强人所难。而非暴力沟通指导我们转变谈话和聆听的方式，我们不再条件反射式地反应，而是去明了自己的观察、感受和愿望，有意识地使用语言；我们既诚实、清晰地表达自己，又尊重与倾听他人。非暴力沟通的四个要素是：观察（就事论事不评价）、感受（真诚表达自己的感受）、需要（说出哪些需要导致那样的感受）和请求（表达改善的请求）。非暴力沟通的一个关键就是：感激生活的赐予，而不贪心。印度哲学家克里希那穆提曾经说，"不带评论的观察是人类智力的最高形式"。以色列哲学家马丁·布伯也说过："尽管有种种相似之处，生活的每时每刻就像一个刚出生的婴儿，一张新的面孔，我们从未见过，也不可能再次见到。我们无法停留在过去，也无法预见我们的将来。我们需要不带成见地感受变化，我们需要用全身心去倾听。"

(三) 人际交往中常见的心理效应

1. 首因效应

"首因"也可以说是第一印象，一般指人们初次交往接触时各自对交往对象的直觉观察和归因判断。第一印象会对人们的认知产生重要影响。在人际交往中，首因效应对人们交往印象的形成起着重要作用。

2. 近因效应

首因效应一般在交往双方还彼此生疏的阶段特别重要，而随着双方了解的加深，近因效应就开始发挥它的作用了。近因效应是指交往过程中，我们对他人最近、最新的认识占了主导地位，掩盖了以往的评价，也称为"新颖效应"。

3. 晕轮效应

晕轮效应指人们通过局部的、鲜明的、突出的特征来对人的整体做出评价，又称"光环效应"，在爱情和偶像崇拜中最明显。

4. 刻板印象

刻板印象指人们通过刻印在自己头脑中的关于某一类人的固定的、笼统的印象去预先判断他人的心理现象，又称"定性效应"。

5. 互酬效应

互酬效应指生活中那些相互帮助的人，其关系总是会比较亲密。人际交往中的互酬效应一般表现在能力互酬、性格互酬、感情互酬、兴趣互酬和信息互酬等方面。

6. 期望效应

期望效应指因为高期望值所带来的积极性反馈，如在人际交往中当教师努力发现学生的优点并由衷赞美和鼓励他时，教师就会看到学生的表现越来越符合表扬和期待的样子。

7. 投射效应

投射效应指人际交往中，人们会不知不觉把自己的优点或缺点投射到他人身上，认为别人也是这样，也就是"以己论人"。

❀ 行动研修

一、增强人际沟通技巧，改善教师的社会支持系统

正因为社会支持系统的强大功能，人人都需要社会支持系统，人人也都有自己的社会支持系统。有些教师的社会支持系统良好，互动性强，有利于成长，但有些教师的社会支持系统则互动性比较弱，不利于成长。那么我们该如何改善自己的社会支持系统呢？

（一）增加交往的主动性，学会有效沟通

首先，教师要增强主动与人交往的意识，多给自己主动与他人沟通交流的机会，在人际沟通过程中尽量避免萨提亚讲到的在压力状态下的四种沟通模式，而是采用非暴力沟通的技巧，传递"我"的信息，而不是一味地要求"你"。也就是说，教师要客观表达自己对事情的感受，真诚表达自己的需求和改善的期望，做到对事不对人。例如，老师在上课时，一名学生总爱讲闲话。老师一般会这样批评学生："你怎么回事？怎么总是不守纪律？上课说话影响老师讲课，也影响其他同学听课……"如果换成非暴力沟通的有效方式，可以这样对学生说："你上课说话这件事让老师感到很疲累，我需要提高嗓门喊着讲课，才能让全班同学都听到。我希望课堂安静下来，不用我喊到嗓子哑……"

（二）换位思考，接纳感恩

我们应该以自己希望被对待的方式对待别人。将心比心，角色互换，站在对方的角度想问题，这是换位思考的第一步。不要把自己的观点强加于别人，正如前面讲的投射效应。我们认为是为对方好的理念，也许并非是对方能够接受的，这一点是在亲子沟通中常出现的问题。我们是教师，也是家长。作为家长，总是自觉或不自觉地把自己的想法强加在孩子身上，"有一种冷叫妈妈叫我穿秋裤"就是一个很好的例子。我们需要仔细聆听对方，了解孩子或学生的真实需求，而不是凭我们自己的想法去判断。人际交往中多站在他人角度考虑，理解接纳，心怀感恩，人际冲突也会减少很多，我们的人际交往压力也会大大减轻。

（三）真诚地评价和赞美

"生活中不缺少美，而是缺少发现美的眼睛"，如果你足够细心和耐心，多从积极的视角观察，总能找到对方的优点和好的变化。赞美是扬他人所长、避他人所短的一种方式，被赏识是人们的一种内心需求和渴望，正如前面讲的期望效应，被赞美和鼓励能激发人的潜能，催人奋进。而且基于事实并发自内心的评价和赞美会让人心情舒畅，此时也是开始沟通与交流的最佳时机。当你正为如何找到话题而不知所措时，不妨来一点赞美，这样能迅速有效地拉近你和他的距离，让他对你有好感，愿意和你沟通，并接纳你的意见。

二、运用各种心理效应，优化教师的社会支持系统

1. 首因效应，优化第一印象

心理学研究发现，与一个人初次会面，45 秒钟就能产生第一印象。因此，初次见面形象整齐干净、谈吐自然很重要。我们应尽量展现自己最吸引人的地方，建立良好的第一印象。

2. 近因效应，为人处世有始有终

认真对待每一次交往，有好的开始，也要有好的结尾，在与人沟通时既要注重开头，也要注意结尾，如果希望别人记住你的话可以最后发言。教师上课结束前的小结就是利用近因效应帮助学生巩固和记住知识点。

3. 晕轮效应，扬长避短

人际交往中突出自己的优点，强化他人对自己的好感。教师可以利用晕轮效应，让学生因喜欢你而喜欢上你的课，进而喜欢并擅长你所教的科目。

4. 刻板印象，避免戴"有色眼镜"

人际交往中不要仅从交往对象的地域、职业、地位、背景等出发做出简单、笼统的判断。教师要避免给学生"贴标签"，仅从某个方面就对其下结论。

5. 互酬效应，助人助己

所谓"赠人玫瑰，手有余香"，人际交往中那些乐观、热情、豁达大度、乐于助人、兴趣广泛的人总是会交到很多朋友。

6. 期望效应，期待成真

教师期望学生成为什么样的人，学生就会朝着这个方向发展。我们应善于发现学生的优点，真诚赞美，积极鼓励，合理期望，帮助学生树立信心，学生就会朝着好的方向不断努力。

7. 投射效应，"己所不欲，勿施于人"

人际交往中不能总站在自己的角度考虑问题，要顾及他人的感受，尊重理解他人，遇到问题要理性分析，一分为二地对待自己和身边的人。

毕淑敏曾把社会支持系统比喻成斜拉桥的绳索，孤立来看每一根都貌不惊人，一旦按照科学规律排列组合，就有了惊天动地的合力，保证着车水马龙的安全。当身边充满欢声笑语，当遇到困难时有一双无私的援手，当环顾四周发现自己并非孤身一人，我们无疑会如释重负，一身轻松。愿每一位教师都能在良好的人际关系、愉快的课堂氛围、和谐的家校环境中诲人不倦，桃李芬芳！

附录 《品格优势量表》

这个量表中包含对 24 种品格优势的测量，关于每种品格优势有两个问题，两个问题的总分数就是您此种品格优势的分值。此量表采用五点计分法，选项前面的数字就是得分。若某种品格优势的分值达到 9 分或 10 分，它就是你的突出品格优势。

1. 好奇心

好奇心使我们对不符合预想的事物产生尝试的兴趣。好奇心可以是特定的（如只对玫瑰花），也可以是广泛的（如对每件事都睁大眼睛去观察）。好奇心驱使我们主动地追随新奇的事物，而被动地吸收信息，如坐在沙发上吃着薯片看着电视就不属于这个范畴。好奇心强的反面是容易厌倦。

A "我对世界总是很好奇" 这句话对于你来说，（　　　）。

5 非常符合　　　　　4 符合　　　　　3 既没有符合，也没有不符合

2 不符合　　　　　1 非常不符合

B "我很容易感到厌倦" 这句话对于你来说，（　　　）。

1 非常符合　　　　　2 符合　　　　　3 既没有符合，也没有不符合

4 不符合　　　　　5 非常不符合

请把上面两个问题的分数加起来写在这里："好奇心" 分值＿＿＿＿＿。

2. 喜爱学习

喜欢学习新的东西，不论是在课堂上还是在生活中。不妨问一问自己："我" 是某个领域的专家吗？在没有任何外在诱因的情况下，"我" 还会对这个领域有继续学习的兴趣吗？例如，英语教师的口语很棒，但这只是工作上

的需要，并不表示他们一定对此有兴趣。

A "每次学习新东西我都很兴奋" 这句话对于你来说，（　　）。

5 非常符合　　　　　　4 符合　　　　　　3 既没有符合，也没有不符合

2 不符合　　　　　　1 非常不符合

B "我从来不会特意去参观博物馆或其他教育性场所" 这句话对于你来说，（　　）。

1 非常符合　　　　　　2 符合　　　　　　3 既没有符合，也没有不符合

4 不符合　　　　　　5 非常不符合

请把上面两个问题的分数加起来写在这里："喜爱学习"分值_____。

3. 判断力

这里所说的判断力是指客观地、理性地筛选信息，做出的判断利己也利人。这种优势的特点是不会将自己的需求和诉求与事实相混淆。

A "不管是什么主题，我都可以很理性地去思考它" 这句话对于你来说，（　　）。

5 非常符合　　　　　　4 符合　　　　　　3 既没有符合，也没有不符合

2 不符合　　　　　　1 非常不符合

B "我常会很快做出决定" 这句话对于你来说，（　　）。

1 非常符合　　　　　　2 符合　　　　　　3 既没有符合，也没有不符合

4 不符合　　　　　　5 非常不符合

请把上面两个问题的分数加起来写在这里："判断力"分值_____。

4. 创造性

当你看到自己梦寐以求的东西时，你会采用创新的方法去获得它吗？你不满足于大家都使用的方法，这种优势就是创造性。

A "我喜欢以不同的方式去做事情" 这句话对于你来说，（　　）。

5 非常符合　　　　　　4 符合　　　　　　3 既没有符合，也没有不符合

2 不符合　　　　　　1 非常不符合

B "我的大多数朋友都比我有想象力" 这句话对于你来说，（　　）。

1 非常符合　　　　　2 符合　　　　　　　3 既没有符合，也没有不符合

4 不符合　　　　　　5 非常不符合

请把上面两个问题的分数加起来写在这里："创造性"分值_____。

5. 社会智慧

社会智慧是对自己及他人的认知，你能理解别人的动机和感觉，并能对它做出很好的回应。具有社会智慧的人能注意到人与人之间的不同，尤其是他们情绪、脾气、动机和意图的不同，然后针对这些不同点做出恰当反应。

社会智慧是其他 23 种优势的基础，它的另一个层面是能找到自己的用武之地，最大程度地发挥自己的技能和兴趣。不妨问一问自己："我"是不是选择了合适的工作、友人和业余爱好，以使"我"的优势得以发挥呢？教书育人是不是"我"最擅长的事情？

A"不论社会情境怎样，我都能轻松愉快地融入"这句话对于你来说，（　　）。

5 非常符合　　　　　4 符合　　　　　　　3 既没有符合，也没有不符合

2 不符合　　　　　　1 非常不符合

B"我不太知道别人在想什么"这句话对于你来说，（　　）。

1 非常符合　　　　　2 符合　　　　　　　3 既没有符合，也没有不符合

4 不符合　　　　　　5 非常不符合

请把上面两个问题的分数加起来写在这里："社会智慧"分值_____。

6. 洞察力

"洞察力"已十分接近"睿智"。具有这种优势的人通常被称为智者。智者是生活中解决问题的专家，他们看问题的方式往往可以使问题迎刃而解。

A"我可以看到问题的整体方向"这句话对于你来说，（　　）。

5 非常符合　　　　　4 符合　　　　　　　3 既没有符合，也没有不符合

2 不符合　　　　　　1 非常不符合

B"很少有人向我寻求帮助"这句话对于你来说，（　　）。

1 非常符合　　　　　2 符合　　　　　　　3 既没有符合，也没有不符合

4 不符合　　　　　　　5 非常不符合

请把上面两个问题的分数加起来写在这里："洞察力"分值_____。

7. 勇　敢

勇敢的人能够将恐惧情绪与行为分开，面对恐惧情境他不去理会主观和生理反应所带来的不适，会抗拒要逃跑的冲动。胆大妄为和冲动并不是勇敢，即便害怕但仍面对危险才是勇敢。

现今，勇敢的意义已超越了战场上的勇敢和身体上的勇敢，还包括道德上的勇敢和心理上的勇敢。道德上的勇敢是明知站出来会带给你不利，但仍挺身而出。心理上的勇敢包括泰然地甚至愉悦地面对逆境，不为此丧失尊严。

A "我常常面对强烈的反对"这句话对于你来说，（　　　）。

5 非常符合　　　　　　4 符合　　　　　　3 既没有符合，也没有不符合

2 不符合　　　　　　　1 非常不符合

B "痛苦和失望常常把我打倒"这句话对于你来说，（　　　）。

1 非常符合　　　　　　2 符合　　　　　　3 既没有符合，也没有不符合

4 不符合　　　　　　　5 非常不符合

请把上面两个问题的分数加起来写在这里："勇敢"分值_____。

8. 毅　力

有毅力的人有始有终，会承担困难的工作并把它完成，而且不会抱怨。这样的人不仅能完成所承诺的部分，有时还会做得更多。"毅力"并不是说不顾一切地追求不切实际的目标。勤勉的人是务实的，而且不是完美主义者。"野心"有积极和消极的意义，它积极的一面便属于这种优势类别。

A "我做事从来都是有始有终"这句话对于你来说，（　　　）。

5 非常符合　　　　　　4 符合　　　　　　3 既没有符合，也没有不符合

2 不符合　　　　　　　1 非常不符合

B "我做事时常会分心"这句话对于你来说，（　　　）。

1 非常符合　　　　　　2 符合　　　　　　3 既没有符合，也没有不符合

4 不符合　　　　　　　5 非常不符合

请把上面两个问题的分数加起来写在这里："毅力"分值_____。

9. 诚　实

诚实的人会真实地面对生活，不虚伪，为人真诚。这里的诚实不仅指不说谎，还包括真诚地对待自己与他人，不论说话还是办事都诚诚恳恳。如果你对自己真诚，就不可能对别人虚伪。

A "我总是信守诺言" 这句话对于你来说，（　　）。

5 非常符合　　　　　　4 符合　　　　　　　3 既没有符合，也没有不符合
2 不符合　　　　　　　1 非常不符合

B "我的朋友从来没说过我是个实在的人" 这句话对于你来说，（　　）。

1 非常符合　　　　　　2 符合　　　　　　　3 既没有符合，也没有不符合
4 不符合　　　　　　　5 非常不符合

请把上面两个问题的分数加起来写在这里："诚实"分值_____。

10. 仁慈与慷慨

具有这种优势的人，当别人来找他帮忙时，他会竭尽全力提供帮助，即使对方是不太熟的朋友。这类人有一个共同点：能够看到别人的价值，凡事先替别人着想，有时甚至会将自己的利益放在一边。

A "上个月我曾主动去帮助邻居" 这句话对于你来说，（　　）。

5 非常符合　　　　　　4 符合　　　　　　　3 既没有符合，也没有不符合
2 不符合　　　　　　　1 非常不符合

B "别人的好运不能像我自己的好运那样使我激动" 这句话对于你来说，（　　）。

1 非常符合　　　　　　2 符合　　　　　　　3 既没有符合，也没有不符合
4 不符合　　　　　　　5 非常不符合

请把上面两个问题的分数加起来写在这里："仁慈与慷慨"分值_____。

11. 爱与被爱

你非常珍惜自己与别人的亲密关系，别人是否也一样珍惜呢？如果是，这就证明你有爱与被爱的优势。这种优势不仅仅指爱情方面。

A "在我的生活中，有很多人关心我的感觉和幸福，就像关心他们自己一样" 这句话对于你来说，（　　　）。

5 非常符合　　　　　　4 符合　　　　　　　　3 既没有符合，也没有不符合

2 不符合　　　　　1 非常不符合

B "我不太习惯接受别人对我的爱" 这句话对于你来说，（　　　）。

1 非常符合　　　　　2 符合　　　　　　　　3 既没有符合，也没有不符合

4 不符合　　　　　5 非常不符合

请把上面两个问题的分数加起来写在这里："爱与被爱" 分值_____。

12. 公民精神

具有公民精神的教师通常是学校中的优秀分子，他们会通过努力做好本职工作来使团队获得成功。这种优势并不是指盲从，而是指对权威的尊重。

A "为了集体，我会尽最大努力" 这句话对于你来说，（　　　）。

5 非常符合　　　　　　4 符合　　　　　　　　3 既没有符合，也没有不符合

2 不符合　　　　　1 非常不符合

B "我对牺牲自己的利益去维护集体的利益很犹豫" 这句话对于你来说，

（　　　）。

1 非常符合　　　　　2 符合　　　　　　　　3 既没有符合，也没有不符合

4 不符合　　　　　5 非常不符合

请把上面两个问题的分数加起来写在这里："公民精神" 分值_____。

13. 公　平

公平指不让个人感情影响自己的决定，给每个人同等的机会。你在日常教学和管理学生时做到公平了吗？你可以把私人偏见放在一边而秉公处理吗？

A "我对所有人一视同仁，不管他是谁" 这句话对于你来说，（　　　）。

5 非常符合　　　　　　4 符合　　　　　　　　3 既没有符合，也没有不符合

2 不符合　　　　　1 非常不符合

B "如果我不喜欢这个人，我就很难公正地对待他" 这句话对于你来说，

（　　　）。

1 非常符合   2 符合   3 既没有符合，也没有不符合

4 不符合   5 非常不符合

请把上面两个问题的分数加起来写在这里："公平"分值_____。

14. 领导力

领导力是指有很好的组织才能，并能监督任务的执行。一个有领导力的教师首先应该有效率，能与学生保持良好的关系，并能如期实现教学目标。处理学校里的各种关系时，他能够对人有爱心，对所有正确的事都坚持。

A "我可以让人们为了共同的目标而努力，而且不必反复催促"这句话对于你来说，（   ）。

5 非常符合   4 符合   3 既没有符合，也没有不符合

2 不符合   1 非常不符合

B "我对组织集体活动不太在行"这句话对于你来说，（   ）。

1 非常符合   2 符合   3 既没有符合，也没有不符合

4 不符合   5 非常不符合

请把上面两个问题的分数加起来写在这里："领导力"分值_____。

15. 自我控制

自我控制指的是在某些情况下，人们能控制住自己的情绪、欲望、需求和冲动。但仅仅知道应该节制是不够的，还要有节制的行动。当不好的事情发生时，你能控制自己的情绪吗？即使在困难的情境下，你也能使自己愉快吗？

A "我可以控制我的情绪"这句话对于你来说，（   ）。

5 非常符合   4 符合   3 既没有符合，也没有不符合

2 不符合   1 非常不符合

B "我的节食计划总是虎头蛇尾，半途而废"这句话对于你来说，（   ）。

1 非常符合   2 符合   3 既没有符合，也没有不符合

4 不符合   5 非常不符合

请把上面两个问题的分数加起来写在这里："自我控制"分值_____。

16. 谨　慎

谨慎指在反复确认正确后再发布行动命令。谨慎的人会三思而后行，不说、不做以后会后悔的事，能够为了将来的成功抵抗眼前的诱惑。

A "我避免参与可能存在危险的活动"这句话对于你来说，（　　）。

5 非常符合　　　　　　4 符合　　　　　　　3 既没有符合，也没有不符合

2 不符合　　　　　　　1 非常不符合

B "我有时会交错朋友或找错恋爱对象"这句话对于你来说，（　　）。

1 非常符合　　　　　　2 符合　　　　　　　3 既没有符合，也没有不符合

4 不符合　　　　　　　5 非常不符合

请把上面两个问题的分数加起来写在这里："谨慎"分值_____。

17. 谦　虚

谦虚的人不喜欢出风头，而是让成绩自己说话。一个谦虚的人不看重自己的成败。如果把眼光放远一点，个人的成败或痛苦实在微不足道。

A "当人们称赞我时，我常转移话题"这句话对于你来说，（　　）。

5 非常符合　　　　　　4 符合　　　　　　　3 既没有符合，也没有不符合

2 不符合　　　　　　　1 非常不符合

B "我常常谈论自己的成绩"这句话对于你来说，（　　）。

1 非常符合　　　　　　2 符合　　　　　　　3 既没有符合，也没有不符合

4 不符合　　　　　　　5 非常不符合

请把上面两个问题的分数加起来写在这里："谦虚"分值_____。

18. 美　感

你停下脚步去闻路边的花花草草，欣赏各领域中美好和卓越的东西，不论是自然的还是人为的，不论是文学的还是科学的。你对美好的东西充满了敬畏与惊喜。看一场精彩的球赛，目睹人类无私的高尚行为，这些都会激荡你的灵魂并使你奋发。

A "在过去的这个月，我曾被音乐、美术、戏剧、电影、运动或科学等领域的某一个方面感动"这句话对于你来说，（　　）。

5 非常符合   4 符合   3 既没有符合，也没有不符合

2 不符合   1 非常不符合

B "我去年没有创造出任何美的东西" 这句话对于你来说，（   ）。

1 非常符合   2 符合   3 既没有符合，也没有不符合

4 不符合   5 非常不符合

请把上面两个问题的分数加起来写在这里："美感" 分值＿＿＿＿。

19. 感　恩

懂得感恩的人从不认为自己本该如此幸运，他们会向别人表达感谢。感恩行为是对别人优秀的道德情操表示感激，它是对生命的感谢和欣赏。我们不仅要感谢那些指向我们的恩情，还要感恩任何好人和好事的发生。

A "即使别人帮我做了很小的事情，我也会说谢谢" 这句话对于你来说，（   ）。

5 非常符合   4 符合   3 既没有符合，也没有不符合

2 不符合   1 非常不符合

B "我很少停下来想想自己有多幸运" 这句话对于你来说，（   ）。

1 非常符合   2 符合   3 既没有符合，也没有不符合

4 不符合   5 非常不符合

请把上面两个问题的分数加起来写在这里："感恩" 分值＿＿＿＿。

20. 希　望

希望指的是期待未来会更好，为了实现这一目标做好计划并努力工作。我们期待好的事情会发生，相信只要努力便会有好运。

A "我总是看到事情好的一面" 这句话对于你来说，（   ）。

5 非常符合   4 符合   3 既没有符合，也没有不符合

2 不符合   1 非常不符合

B "我很少对要做的事情有周详的计划" 这句话对于你来说，（   ）。

1 非常符合   2 符合   3 既没有符合，也没有不符合

4 不符合   5 非常不符合

请把上面两个问题的分数加起来写在这里："希望"分值_____。

21. 目标感

拥有这种优势的人对人生的意义有坚定的信仰，知道自己的人生是有目标的，他们的信仰会塑造他们的行为，而信仰也是他们获得慰藉的源泉。回想一下，你曾通过更广泛的视角去寻找生命的目的和意义吗？

A "我对生命有强烈的目标感" 这句话对于你来说，（　　）。

5 非常符合　　　　　　4 符合　　　　　　　　3 既没有符合，也没有不符合

2 不符合　　　　　　　1 非常不符合

B "我的生命没有目标" 这句话对于你来说，（　　）。

1 非常符合　　　　　　2 符合　　　　　　　　3 既没有符合，也没有不符合

4 不符合　　　　　　　5 非常不符合

请把上面两个问题的分数加起来写在这里："目标感"分值_____。

22. 宽　恕

懂得宽恕的人总是会给别人第二次机会。当宽恕别人时，他们的主要动机或行为就转向仁慈和慷慨等积极面，而较少消极地回避或报复。

A "过去的事我都让它过去" 这句话对于你来说，（　　）。

5 非常符合　　　　　　4 符合　　　　　　　　3 既没有符合，也没有不符合

2 不符合　　　　　　　1 非常不符合

B "有仇不报非君子，总要报了才甘心" 这句话对于你来说，（　　）。

1 非常符合　　　　　　2 符合　　　　　　　　3 既没有符合，也没有不符合

4 不符合　　　　　　　5 非常不符合

请把上面两个问题的分数加起来写在这里："宽恕"分值_____。

23. 幽　默

幽默的人总是会看到生活中积极正向的一面。他们喜欢说笑话，给自己和身边的人带去欢乐。与前面那些严肃的优势不同，后两种优势是比较有趣的。

A "我总是尽量将工作与玩耍融合在一起" 这句话对于你来说，（　　）。

5 非常符合 4 符合 3 既没有符合，也没有不符合

2 不符合 1 非常不符合

B "我很少说好玩的事" 这句话对于你来说，（　　）。

1 非常符合 2 符合 3 既没有符合，也没有不符合

4 不符合 5 非常不符合

请把上面两个问题的分数加起来写在这里："幽默"分值_____。

24. 热　忱

热忱指的是充满热情、全心全意地投入工作。你每天睁开眼睛后，会不会迫不及待地想开始一天的工作？你的工作热情是否会带动别人的热情？

A "我对每一件事都全力以赴" 这句话对于你来说，（　　）。

5 非常符合 4 符合 3 既没有符合，也没有不符合

2 不符合 1 非常不符合

B "我老是拖拖拉拉" 这句话对于你来说，（　　）。

1 非常符合 2 符合 3 既没有符合，也没有不符合

4 不符合 5 非常不符合

请把上面两个问题的分数加起来写在这里："热忱"分值_____。

参考文献

[1] 杨敏. 教师常见心理问题成因及对策 [J]. 亚太教育，2015 (21)：189.

[2] 彭康清. 教师问题行为对学生心理健康影响的研究 [J]. 南昌教育学院学报，2015 (5)：116－119.

[3] 刘晓明. 关注教师的心理成长：教师问题行为的心理预防 [M]. 长春：东北师范大学出版社，2006.

[4] 刘刚，刘强. 我国中小学教师心理问题的成因 [J]. 文教资料，2007 (8)：135－136.

[5] 杨文玲. 中学教师心理问题的表现及应对策略研究 [J]. 长春教育学院学报，2014 (11)：103，122.

[6] 李玉荣，王国钧，郑力，等. 教师心理健康手册 [M]. 大连：大连理工大学出版社，2007.

[7] 谭平，彭豪祥. 教师对学生的认知偏差及其解决对策 [J]. 教学与管理，2013 (12)：74－76.

[8] 秦旭芳，刘慧娟. 教师情绪劳动失调窘境与理性化调控 [J]. 教育发展研究，2016 (10)：41－45.

[9] 彭聃龄. 普通心理学（第 4 版） [M]. 北京：北京师范大学出版社，2012.

[10] 张卫东，刁静，Constance J. Schick. 正、负性情绪的跨文化心理测量：PANAS 维度结构检验 [J]. 心理科学，2004 (1)：77－79.

[11] 钱铭怡. 心理咨询与心理治疗 [M]. 北京：北京大学出版社，1994.

[12] 张奇勇，卢家楣. 情绪感染的概念与发生机制 [J]. 心理科学进展，2013，21 (9)：1596－1604.

［13］王潇，李文忠，杜建刚. 情绪感染理论研究述评［J］. 心理科学进展，2010，18（8）：1236－1245.

［14］张文海，卢家楣. 情绪调节的理论观点、相关模型及其展望［J］. 心理科学，2012，35（6）：1474－1477.

［15］孟昭兰. 情绪心理学［M］. 北京：北京大学出版社，2005.

［16］刘超，钱丽菊，曹中昌. 抑郁障碍的认知理论研究进展［J］. 精神医学杂志，2018，31（1）：76－80.

［17］周雅，刘翔平，苏洋，等. 消极偏差还是积极缺乏：抑郁的积极心理学解释［J］. 心理科学进展，2010，18（4）：590－597.

［18］王力娟. 中小学教师状态焦虑研究［D］. 重庆：西南大学，2008：173－176.

［19］鲁珍珍. 数学师范生的教学焦虑研究［D］. 长沙：湖南师范大学，2018：3－6.

［20］马丁·塞利格曼. 真实的幸福［M］. 洪兰，译. 沈阳：万卷出版公司，2010.

［21］阳缘园. 提升中小学教师积极情绪的团体干预研究［D］. 杭州：杭州师范大学，2015.

［22］钟振华. 教师的积极情绪、主动心态对学生的影响［J］. 都市家教，2014（2）：1.

［23］任俊，王岱莹. 美丽教育：教师积极情绪的培养［J］. 中小学校长，2014（3）：22－25.

［24］Dennis Greenberger，Christine A. Padesky. 理智胜过情感：如何改变你的抑郁、焦虑、愤怒和内疚情绪（第二版）［M］. 宋一辰，李稔秋，译. 北京：中国轻工业出版社，2018.

［25］Judith S. Beck. 认知疗法基础与应用（第二版）［M］. 张怡，孙凌，王辰怡，等，译. 北京：中国轻工业出版社，2013.

［26］Corinne Sweet. 认知与改变——CBT 对情绪和行为的积极影响［M］. 段鑫星，等，译. 北京：人民邮电出版社，2016.

［27］陈福国. 实用认知心理治疗学［M］. 上海：上海人民出版社，2012.

［28］Judith S. Beck. 认知疗法：进阶与挑战［M］. 陶璇，唐谭，李毅

飞，等，译. 北京：中国轻工业出版社，2014.

[29] David D. Burns. 伯恩斯新情绪疗法 [M]. 李亚萍，译. 北京：科学技术文献出版社，2014.

[30] 魏青. 探讨教师心理健康的非理性认知与调适 [J]. 教育与职业，2006 (15)：122－124.

[31] 郑淑杰，孙静，王丽. 教师心理健康 [M]. 北京：北京大学出版社，2014.

[32] 潘文煜. 教师自我认知偏差对有效教学的影响研究——基于教学决策的视角 [D]. 重庆：西南大学，2013.

[33] 彭豪祥，罗筱端. 教师对教学理论与教学研究认知偏差的调查研究 [J]. 三峡论坛（三峡文学·理论版），2011 (5)：123－125，150.

[34] 彭豪祥，李红梅. 教师教学认知偏差的实质及其特点分析 [J]. 三峡大学学报（人文社会科学版），2011 (1)：113－116.

[35] Eva Szigethy, John R. Weisz, Robert L. Findling. 儿童与青少年认知行为疗法 [M]. 王建平，王珊珊，闫煜蕾，等，译. 北京：中国轻工业出版社，2014.

[36] Michael L. Free. 团体认知治疗：实践指南与资源（原书第 2 版）[M]. 张英俊，徐庆琪，刘宇，等，译. 北京：机械工业出版社，2018.

[37] 李嘉，董圣鸿，王小桃. 自恋与心理健康：适应性自恋与病理性自恋的不同作用 [J]. 心理学探新，2018 (6)：568－573.

[38] 余震坤，刘云芝，罗宇，等. 区分适应性自恋和非适应性自恋：多视角的证据 [J]. 心理科学进展，2019 (1)：96－105.

[39] 张冲，孟万金. 中国教师积极心理品质量表的编制研究 [J]. 中国特殊教育，2011 (2)：58－64.

[40] 赵珂，周成海. 论教师共情的意义及其培养 [J]. 教育评论，2018 (11)：104－107.

[41] 方新，钱铭怡，訾非. 完美主义心理研究 [J]. 中国心理卫生杂志，2007，21 (3)：208－210.

[42] 陈基山. 两类师生关系对教学效果影响之比较分析 [J]. 安徽文学，2009 (12)：243－244.

［43］黄益远. 关于中小学教师职业压力的研究［J］. 教学与管理. 2002（33）：9－10.

［44］朱从书，申继亮，刘加霞. 中小学教师职业压力源研究［J］. 现代中小学教育，2002（3）：50－54.

［45］李玉峰. 中小学教师的职业压力与应对策略［J］. 中小学心理健康教育，2004（11）：38－40.

［46］李艳芬. 中小学教师职业压力的因素分析［J］. 辽宁教育研究，2005（10）：93－94.

［47］沐扬. 新课改背景下教师心理压力的思考［J］. 中小学心理健康教育，2008（23）：35.

［48］李琼，张国礼，周钧. 中小学教师的职业压力源研究［J］. 心理发展与教育，2011（1）：99－106.

［49］张宇晴. 中小学教师压力现状分析及策略［J］. 现代交际（学术版），2017（17）：108.

［50］葛斐. 中小学教师压力管理干预计划构建及实施路径［J］. 基础教育论坛，2019（10）：3－5.

［51］李秋菊. 现代员工的压力管理与心理调适［M］. 北京：企业管理出版社，2016.